第四辑

国际儒学研究通讯

主　编　滕文生
执行主编　张西平　任大援　田辰山

学苑出版社

图书在版编目（CIP）数据

国际儒学研究通讯 . 第四辑 / 滕文生主编 . -- 北京：学苑出版社，2020.5
ISBN 978-7-5077-5942-6

Ⅰ . ①国… Ⅱ . ①滕… Ⅲ . ①儒学—文集 Ⅳ . ① B222.05-53

中国版本图书馆 CIP 数据核字（2020）第 083672 号

责任编辑	潘占伟　李　媛
出版发行	学苑出版社
社　　址	北京市丰台区南方庄 2 号院 1 号楼
邮政编码	100079
网　　址	www.book001.com
电子信箱	xueyuanpress@163.com
联系电话	010-67601101（销售部）、010-67603091（总编室）
印 刷 厂	北京建宏印刷有限公司
开本尺寸	787×1092　1/16
印　　张	19
字　　数	255 千字
版　　次	2020 年 6 月第 1 版
印　　次	2020 年 6 月第 1 次印刷
定　　价	88.00 元

《国际儒学研究通讯》编辑委员会

学术顾问：张立文　牟钟鉴　安乐哲（Roger T. Ames）　成中英
主　　编：滕文生
执行主编：张西平　任大援　田辰山
通 讯 员：［埃及］阿齐兹（Abdel Aziz Hamdi）
　　　　　［芬兰］安雅·拉赫丁宁（Anja Lantinen）
　　　　　［比利时］巴德胜（Bart Dessein）
　　　　　［泰国］巴萍（Prapin Manomivibool）
　　　　　［蒙古］巴雅萨呼（Bayasakh Jamsran）
　　　　　［澳大利亚］戴理奥（Rosita Dellios）
　　　　　［印度］狄伯杰（B. R. Deepak）
　　　　　［德国］杜仑
　　　　　［葡萄牙］高埃及（Elisabetta Colla）
　　　　　［美国］顾林玉
　　　　　［俄罗斯］黄立良
　　　　　［土耳其］吉来（Giray Fidan）
　　　　　［意大利］李集雅（Tiziana Lippiello）
　　　　　［斯洛文尼亚］罗亚娜（Jana S. Rošker）
　　　　　［土耳其］欧凯（Bülent Okay）
　　　　　［日本］秦兆雄
　　　　　［越南］阮俊强（Nguyen Tuan Guong）
　　　　　［意大利］史华罗（Paolo Santangelo）
　　　　　［法国］王论跃（Wang Frédéric）
　　　　　［美国］魏雅博（Albert Welter）
　　　　　［瑞士］韦宁（Ralph Weber）
　　　　　［澳大利亚］伍晓明
　　　　　［加拿大］张志业
　　　　　［马来西亚］郑文泉（Tee Boon Chuan）
　　　　　（排名不分先后，以中文名音序排列）
编 辑 部：罗　莹　孙　健　韩振华　张明明　郭景红
本期责编：罗　莹

目　录

学术研究

日本《仪礼》百年研究概况——1900—2009年之回顾与展望
〔日本〕工藤卓司 / 3

今天的大学之道仍然是"修齐治平"？
〔马来西亚〕郑文泉 / 60

典籍译介研究

西方首部《诗经》全译本——孙璋《孔子的诗经》
李　慧 / 75

诗经，即诗歌经典
〔法国〕毕　欧　著　刘国敏　译 / 89

耶稣会士与欧洲早期《诗经》知识
张万民 / 103

卫礼贤德译本《易经》序言和引言
孙立新　译 / 120

海外华人《论语》英译研究述论

　　王承丹　吴丽娜 / 136

国别研究与评论

从万白安编《孔子与〈论语〉新论》看美国儒家伦理研究大势

　　李玉良 / 151

北美汉学家论先秦儒家的文学思想

　　任增强 / 166

日本朱子学近期研究综述

　　陈晓杰 / 181

韩国诗话中的韩愈诗歌研究

　　薛茜严 / 197

作为宗教的儒学在印度尼西亚小学中的教学目标简述

　　〔印度尼西亚〕Hendy Yuniarto　著　暴华英　译 / 213

国际儒学研究概览

当代欧洲儒学研究与传播（1990—1999）

　　张西平　孙　健 / 223

学人评述

"角色伦理"：让中国哲学讲中国话

　　田辰山 / 241

国外中国传统文化研究前沿目录

密歇根BAS数据库与儒学相关的法语研究论著目录
  伍昕瑶 张明明 译 / 275

《国际儒学研究通讯》征稿启事 / 286
《国际儒学研究通讯》撰稿体例 / 288
《国际儒学研究通讯》目录撰稿体例 / 292

Contents

Academic Research

The Studies of *Yili* in Japan in 1900-2010: Reviews and Prospects   Takushi Kudo / 3

Is *The Higher Learning* Still the Confucian Framework Today?   Tee Boon Chuan / 60

The Overseas Translation of Chinese Classics

The First Western Full Translation of *Shijing*: the *Confucii Chi-king* of Alessandre de la Charme   Li Hui / 75

Shijing, the Classic of Poetry   Trans. Liu Guoming / 89

The Jesuits and Europe's Early Knowledge of the *Shijing*   Zhang Wanmin / 103

The Preface and Introduction in Richard Wilhelm's German Translation of the *Book of Changes*   Trans. Sun Lixin / 120

A Review of Studies on Overseas Chinese English Translations of the *Analects*   Wang Chengdan, Wu Lina / 136

Country Studies and Comments

Looking at the Trend of Confucian Ethics Research in the United States from Bryan W. Van. Norden's New Compilation *Confucius and the Analects—New Essays*   Li Yuliang / 151

North-American Sinologists' Views of Pre-Qin Confucian Literary Thought

Ren Zengqiang / 166

A Summary of Recent Studies on Zhuzi Studies in Japan Chen Xiaojie / 181

The Studies on Han Yu's Poetry in Korean Poetic Criticism Xue Xiyan / 197

Brief Description on Learning Competence of Confucianism as Religion at Indonesian Formal Elementary School Hendy Yuniarto, Trans. Bao Huaying / 213

Overview of Overseas Confucian Studies

Research and Dissemination of Confucianism in Contemporary Europe (1990—1999) Zhang Xiping, Sun Jian / 223

Interview with Scholars

Roger Ames's Role in International Confucian Studies Tian Chenshan / 241

Annual Bibliography of Traditional Chinese Culture Studies

Collection and Translation of the French Studies Related to Confucianism from BAS Database Trans. Wu Xinyao, Zhang Mingming / 275

Solicitation Notice / 286

Style Guide for Article / 288

Style Guide for Catalog / 292

学术研究

日本《仪礼》百年研究概况

——1900—2009年之回顾与展望*

〔日本〕工藤卓司

摘要： 三礼之中，因为《仪礼》几无文献上的怀疑，学者认为是最有本质性的书籍，我们研究中国古代文化时，仍不应忽略。那么，日本学者如何研究《仪礼》？本文回顾近一百年的日本《仪礼》研究之重要成果。

关键词：《仪礼》 近代日本 研究回顾 三礼 展望

前言

三礼之中，《仪礼》位居于特别的位置，是因为与《周礼》《礼记》两书相比，《仪礼》几乎没有文献上的怀疑，被认为是"最有本质性的书籍"。[1] 可是，三礼之中最难读的也是《仪礼》，宋张载曾说："看得《仪礼》，则晓得《周礼》与《礼记》。"[2] 因为《仪礼》非常难读，并且后来人人较重视《礼记》，所以读《仪礼》者逐渐减少，造成文本上的混乱，《仪礼》更加难读，引起恶性循环。尤其是明朝，

---

* 本文原刊于《中国文哲研究通讯》2013年第22卷第3期，转载时文字略有改动。
[1] 〔日〕池田末利：《儀禮》，〔日〕日原利國編：《中國思想辭典》，東京：研文出版，1984年，第80-81頁。
[2] （清）朱彝尊：《经义考》，第130卷。

最后从科举科目中去掉《仪礼》，结果以后几乎无人认真读《仪礼》了。清儒顾炎武曾指出明监本的粗劣，此背后可能存在着科举制度的影响。

另一方面，如唐韩愈云："余尝苦《仪礼》之难读，……然文王、周公之法，粗在于是。"[1] 明郝敬也说："《仪礼》者，礼之仪，周衰礼亡，昔贤纂辑见闻，著为斯仪，非必尽先圣之旧，然欲观古礼，舍此末由矣。"[2]《仪礼》虽是非常难读的文献，但确实提供给我们许多中国古代有关的资料。《仪礼》中，可看出大量中国古代风俗的痕迹。当然，这些不尽是当时现实社会所施行的，一定包括古代的理想。不过，我们研究中国思想、历史、文化时，仍然不应该忽视。

日本如何看待《仪礼》？一般而言，因为日本与中国社会有不同之处，所以"三礼"之学在日本不太盛行，尤其是《仪礼》和《周礼》。6世纪的日本文献中，未发现《仪礼》传到日本明确的证据，说礼时大部分用《礼记》的文辞，可能是因为唐朝的影响，并且《五经》先传到日本的关系。[3] 到了7世纪，《养老律令·学令》有："凡经，《周易》、《尚书》、《周礼》、《仪礼》、《礼记》、《毛诗》、《春秋左氏传》，各为一经。《孝经》、《论语》，学者兼习之。"又云：

> 凡教授正业：《周易》，郑玄、王弼注；《尚书》，孔安国、郑玄注；三礼、《毛诗》，郑玄注；《左传》，服虔、杜预注；

---

[1] （唐）韩愈：《读仪礼》，《韩昌黎全书》，台北：台湾中华书局，1965年，四部备要本，第11卷。

[2] （明）郝敬：《仪礼节解》，《四库全书存目丛书·经部八七》，台南：庄严文化，1997年，第352页。

[3] 据《日本书纪》卷17曰："（继体天皇）七年夏六月，百济遣姐弥文贵将军、洲利即尔将军，副穗积臣押山，贡五经博士段杨尔。"（小岛宪之等：《日本書紀》第2卷，收入《新編日本文學全集》，東京：小學館，1996年，第3册，第300-301頁），可推测公元513年百济五经博士段杨尔来日本时，五经也传到日本。关于这点，可参考市川本太郎：《日本儒教史·上古篇》（東京：汲古書院，1989年）、内野熊一郎：《日本漢文學研究》（東京：名著普及会，1991年）等。

《孝经》，孔安国、郑玄注；《论语》，郑玄、何晏注。

　　凡《礼记》、《左传》各为大经，《毛诗》、《周礼》、《仪礼》各为中经，《周易》、《尚书》各为小经。通二经者，大经内通一经，小经内通一经。若中经即并通两经。其通三经者，大经、中经、小经各通一经。通五经者，大经并通。《孝经》、《论语》皆须兼通。[1]

《养老律令》是日本第二律令，在天平宝字元年（757）施行。引文中，《仪礼》在大学"明经"科目之中，位于中经。一般认为，《养老律令》与日本第一律令《大宝律令》略同。《大宝律令》是在大宝元年（701）参考唐朝《永徽律令》而成，《大宝律令》也可能已含有这些条文。假使如此，《仪礼》最晚到7世纪末传到日本。

然而，唐《永徽律令》条文中尚有《公羊传》与《谷梁传》，相反地，《养老律令》中未有这两部书。在此可以看出当时日本人的抉择：即，他们不选《公羊传》和《谷梁传》，但采用《仪礼》。古代日本，通过遣唐使而接受唐朝律令，虽然稍微加以改变，还承认《仪礼》在日本古代社会中的必要，将其当作朝廷仪礼的基础。德川时代的学者唐桥（菅原）在家（1729—1791）指出："朝廷亦然。人唯知其制度仿隋、唐，而不知其礼本出于《仪礼》。"[2] 现在皇室仪礼中仍可看到古代朝廷仪礼的痕迹。

虽是如此，后来读《仪礼》者并不多。藤原佐世（847—897）《日本见在书目录》只载录"仪礼十七卷（郑玄注）"及"仪礼疏五十卷（唐贾公彦撰）"而已，此数目不但比《周官》、《礼记》极少，经书

---

[1] 〔日〕惟宗直本：《令集解》，第15卷，载《新订增补 国史大系》，東京：吉川弘文馆，1943年，第23卷，第447-449頁。
[2] 《儀禮序》，〔日〕長澤規矩也編：《和刻本經書集成（古注之部）》，東京：古典研究会，1976年，第2輯，第321頁。

中也最小。[1] 这意味着当时日本人没对《仪礼》感兴趣。日本虽然模仿中国国家制度，但因为日本与中国社会的不同之处不少，并且《仪礼》对日本人来说更难读，所以《仪礼》学不太盛行。德川时代，本来重视《仪礼》的朱子学繁盛，日本人对《仪礼》的态度没变，一直到现在。

但另一方面，日本文化可说是尚"礼"的文化。此"礼"概念如何培养？现在在日本说到"礼"，就想到"小笠原流礼法"等传统礼法。"小笠原流礼法"在鎌仓、室町时代被一部分上层阶级（武士）独占，但到了德川时代扩大到一般民众。明治时代日本受到西方国家的影响，政府就重新制定官制礼法，可是，那也不是完全地西化，而是将"小笠原流礼法"等日本传统礼法作为基础。所以"小笠原流礼法"等代表的日本传统礼法适应时代的变化而遗留到现在，仍然受到日本人的重视。这些日本传统礼法已与国家制度无关，只与个人的行为（礼节）、人际关系（礼貌）相关，例如，荻生双松（字茂卿、号徂徕，1666—1728）《经子史要览》曰："礼者，天下万事之仪式也。学之如今人习吉良、小笠原等诸礼故实。不及读书籍，只以习其举止为主。"[2] 强调"诸礼故实"、"举止"可说是日本独特的"礼"。那么，既然如此，这些礼法一定非参考"三礼"不可成，尤其是《仪礼》。因为《仪礼》正是论

---

[1] 藤原佐世《日本国见在书目录》中，与《周礼》相关书籍有《周官礼》十二卷（郑玄注）、《周礼义疏》十四卷、《周官礼抄》二卷、《周礼义疏》六卷（冷然院）、《周官礼义疏》卌卷（汴重撰）、《周官礼义疏》十卷、《周官礼义疏》十九卷、《周官礼义疏》九卷、《周礼疏》（唐贾公彦撰）、《周礼音》一卷、《周礼图》十五卷、《周礼图》十卷以及《周礼图》十卷（郑玄、院（阮）谌等撰）；《礼记》相关书籍有《礼记》廿卷（汉九江大守戴圣撰郑玄注）、《礼记》廿卷（魏术军王肃注）、《礼记抄》一卷（郑代注）、《礼记子本义疏》百卷（梁国子助教皇偘撰）、《礼记正义（义）》（孔颖达撰）、《御删定礼记月令》一卷（冷然院录云一卷第一卷）、《月令图赞》一卷（何楚之撰）、《礼记音》（徐爱撰）。另外有《三礼》卌卷（陆善经注）、《三礼义宗》（崔灵恩撰）、《三礼大义》卌卷（梁武帝撰）、《三礼开题义恺》（崔通盘撰）、《吉凶礼》一卷、《丧服九族图》一卷、《古今丧服要记》一卷（冷然院）等，应该与《仪礼》有关，但与《仪礼》相比还是不多，不但三礼中最少，《日本国见在书目录》载录经书中和《谷梁传》同样最少。请参考藤原佐世：《日本国见在书目录》，台北：新文丰出版公司，1984年，第7-10页。
[2] 〔日〕長澤規矩也編：《江戶時代支那學入門書解題集成》，東京：汲古書院，1975年，第1集，第260頁。吉良氏当时掌管德川将军家的仪典、礼法。吉良义央（1641—1703）与赤穗藩主浅野长矩（1667—1701）围绕仪典发生冲突，后来引起出名的赤穗事件，徂徕也担任这事件的处理。

述"诸礼故实"的书。的确，日本人不太重视《仪礼》这部书，但是，日本传统礼法的基础一定包含与《仪礼》相通的概念。

如上所述，我们应承认"礼"的概念在日本社会上确实担任了相当重要的角色，而且日本的"礼"并非只在日本社会中形成和发展，一方面确实有着独自礼法的发展，但另一方面仍然受到中国礼学的影响。因此，我们得注意日本传统礼法背后存在着"三礼"，尤其是《仪礼》。换而言之，研究《仪礼》不单为了厘清中国礼学的一端，对于研究日本礼法也相当值得，此点我们不应忽视。

那么，日本人如何研究《仪礼》？本文先回顾从1900年到2009年一百多年的日本《仪礼》研究的情况，再试图展望未来的《仪礼》研究。

一、《仪礼》的和刻本与日译

德川时代，汉籍版刻极为盛行。但是，《仪礼》本身的和刻本并不多，只有两种而已。其一，宽永十三年（1636）的周哲（号愚斋，生卒年不详）点：《仪礼》十七卷、《周礼》六卷合刊本，这本只有经文，没附上注、疏。《序》曰：

> 予见《仪礼》、《周礼》二书，苦其难读，且憾无倭字之训解。古或有之，而为失火所焚邪？抑遭乱贼而委于尘土邪？尝窃听罗山先生之点焉，意必秘而不出越，不揆梼昧点之，而思授诸童蒙者，故悉鄙情，从事于机案间，手写白文经三霜，而渐终其功。自汉、唐、宋、元以来注之者有多门，予惟从郑康成之解，则聊存古之义也。既而顾蛣蜣转凡之讥，谒于先生需是正之，先生使予读其始终，被质十其一二，遂跋其卷尾。[1]

---

[1]　〔日〕長澤規矩也編：《和刻本經書集成（正文之部）》，東京：古典研究会，1975年，第2辑，第3页。

宽永九年（1632）林道春（名信胜、号罗山，1583—1657）《跋》又曰：

> 《仪礼》者，文王、武王之制度，而周公所撰之经也。……余往日滴句读之露，行墨点之鸦，姑藏于家，以待再校。今兹大江参议甲州牧君之今习周哲生，手自写白文，且点之，来问其臧否，又请补写其脱落者恳甚。于是出示家本以使参考焉。[1]

由此可知，由于当时未有《仪礼》与《周礼》日本的训解，大江参议[2] 的家臣周哲也苦恼二礼的难读。因此，他花了3年亲自撰写《仪礼》和《周礼》的白文经，而后依郑注而加句读点。周哲后来访问林道春，求教他的校本是否有错误。于是，林道春把事先亲点的《仪礼》《周礼》提供给他参考，还加以订正、跋文。所以这本可说是周哲与林道春合作完成的。池田末利说"林道春跋周哲点本文字、训读都较为正确，可以看出费了心血"，高度评价。[3]

另外一种是宝历十三年（1763）刊河（河野）子龙（字伯潜、号恕斋，1743—1779）校点本。河野子龙是肥前莲池藩（现佐贺县之一部）儒官，住在大阪时参与混沌诗社的活动，[4] 主要著作有《洪范孔传辩正》、《国语韦注补正》、《韩非子解》、《格物余话》、《儒臣

---

[1] 〔日〕長澤規矩也編：《和刻本經書集成（正文之部）》，東京：古典研究会，1975年，第2輯，第124頁。

[2] "参议大江甲州牧"可能指长府藩（现山口县之一部）初代藩主毛利秀元（1579—1650），因为毛利氏祖先是大江氏，且他的官位达到正三位参议。德川时代后期的随笔《雨窗闲话》（著者、成书年未详，收于《百家说林》，东京：吉川弘文馆，1905年10月，正编上）又云："昔日有十个人，他们身为大猷公御噺之众，每晚登城陪他讲故事。毛利甲斐秀元侯、丹羽五郎左卫门长重侯、蜂须贺蓬庵至镇侯、林道春之类也。"可知毛利秀元当过甲斐守，即甲州牧。再加上，在此看出毛利秀元与林道春的密切关系。因而毛利秀元的家臣周哲岂不可以认识林道春而向他请教？周哲的生涯不明朗，但早稻田大学所藏《御指物揃》也有他所写的序文。

[3] 〔日〕池田末利：《跋——改訂再版を終えて？》，《儀禮Ⅴ》，東京：東海大学出版社，1992年，第648頁。

[4] 混沌诗社是明和元年（1764）以片山北海（1723—1790）为盟主创设的汉诗沙龙、学问所，辈出木村兼葭堂（1736—1802）、筱崎三岛（1737—1813）、尾藤二洲（1745—1814）、赖春水（1746—1816）、古贺精里（1750—1817）等知识分子。

传》、《功臣传》等等。《仪礼》是他在20岁时的著作。他所写《刻〈仪礼〉序》云：

  《礼经》，周公之所制作也。……鲁高堂生所传者，裁一十有七篇，是乃周公所制作《礼经》也。唯其王朝之礼咸缺邦国之制存半。淹中之出者，亦埋泯之余，亾有师说，夲是以不传。今之《仪礼》，即高堂生之旧也。

子龙认为，高堂生所传的17篇就是今之《仪礼》，也是周公所制作《礼经》的一部。但是，后来学《仪礼》者减少，子龙描述当时中国《仪礼》学寂寥的情况：

  呜乎，专门之学废，而士之习礼节者益少，明氏排《仪礼》，学官独立《礼记》，陈氏之说遂孤行，而世之读《仪礼》者益鲜。亾稽之谈一错厕，明氏之敝斯流矣，悲矣夫。且夫辞之棘焉，韩愈而难之，仪文已繁，读者不能竟篇，奇辞奥旨又奚自得焉。世之儒者，遂束而不窥，弁髦而麾弃之，乃又诿曰："礼不在法度、威仪，屑屑焉于繁文末节，祝史之事尔。"

根据子龙的说法，《仪礼》学衰退的原因有二：第一，明代科举只采用《礼记》，不用《仪礼》；第二，如韩愈也曾谈过，《仪礼》之难读。所以世之儒者不顾《仪礼》而束之高阁，视为无用而放弃之。子龙又说：

  《礼经》虽缺，有固之制可知也。其物之与本，既审而已矣。读《仪礼》者之于礼也，其犹视诸其掌乎。不独礼也，六籍皆是也。余得钱塘钟氏校本校之，文字纰缪甚多，不浮则不通，乃会数本遍搜诸注家，即朱熹以降莫不该焉，唯其古义之得以为难。自朱熹旁引经传，分析篇章，其徒颇知言《仪礼》，而其得也盖少。独元敖继公所著论，学虽不纯古，皆诵证于"二礼"、《春秋》，多所发明，予是以旨之，于是改定较订，穷年累月，始得其正。[1]

他认同《仪礼》六经中的重要性，以钱塘钟氏版本为底本开始校勘，但发现文字上有相当多的误谬。于是汇集诸家注释，朱熹以后的注释几乎无不收集。可是，他认为朱熹后学通古义者不多，只有元敖继公《仪礼集说》多有明见。敖继公《仪礼集说》成于元大德五年（1301），其《序》曰：

> 此书旧有郑康成注。然其内疵多而醇少，学者不察也。予今辄删其不合于经者而存其不谬者，意义有未足则取疏记或先儒之说以补之，又未足则附之以一得之见焉。因名《仪礼集说》。[2]

虽然郑注有瑕疵，但当时学者都不知，敖继公对此非常不满。于是，他把不合经文的郑注删掉，在说明不足的部分以先儒之说和自己的看法补之。[3] 河野子龙参考敖继公书而加以改订，终于认为"始得其正"。此书完成时，菅原在家"喜而不寐"。对当时人而言，《仪礼》是非常难读的书籍，所以河野完成《仪礼》和刻本时，菅原非常高兴。京都儒者皆川愿（号淇园，1735—1807）亦利用此文本，一边在行间注上敖继公之说，一边修改河野训点错误的部分。

《仪礼》本身的和刻本只有两种，但我们不能忽视朱子《仪礼经传集解》的存在。朱子学在日本德川时代的影响很大，根据大庭修的

---

[1] 〔日〕長澤規矩也編：《和刻本經書集成（古注之部）》，東京：古典研究会，1975年，第2輯，第322-325頁。
[2] 《文渊阁四库全书》，台北：台湾商务印书馆，1983—1986年，第105册，第36页。
[3] 请参阅程克雅：《敖继公〈仪礼集说〉驳议郑注〈仪礼〉之研究》，《东华人文学报》第2期（2000年7月），第291-308页。关于敖继公书，有曹元弼等的批判。

研究，当时朱子所著《仪礼经传通解》相关书籍的输入数也不少，[1] 可知《仪礼经传通解》相当被重视。关于《仪礼经传通解》的和刻本，有户川芳郎详细的解说。[2] 依他的研究，最早期的和刻本是宽文二年（1662）五伦书屋刊本。户川根据德川后期水户藩儒会泽安（号正志斋，1782—1863）著《及门遗范》载录他师父藤田一正（号幽谷，1774—1826）"野中兼山尝命镂之（笔者注。《仪礼经传通解》）梓"之言，认为土佐（现高知县）野中良继与此和刻本很有关系。野中良继（号兼山，1615—1663）一边是实行藩政改革的政治家，一边身为朱子学一派南学的学者，他尊重儒教，甚至禁止火葬。由于开版的五伦书屋在京都，户川认为山崎嘉（号闇斋，1619—1682）也可能帮助他的版刻事业。因为山崎在土佐时与野中交往过，又于山崎明历元年（1655）回到京都，和刻本《仪礼经传通解》出刊时刚好还在那里。[3] 大高坂季明（号芝山，1649—1713）《芝山南学传·兼山传》云：野中出版《仪礼经传通解》前，"缮写异本，校订舛讹"。户川根据此记事，最后认为野中良继就是宽文二年版的开板者。另外有宽文九年（1669）京都山本平左卫门（秋田屋）印本，此是最普及的，后来宽政八年（1796）大阪柳原喜兵卫（河内屋）也用同板印刷。

继承朱子《仪礼经传通解》事业而最后完成的黄干《仪礼经传通解续》，天明二年（1782）以新发田藩藏本为底本，由京都吉野屋（林权兵卫、文泉堂）和秋田屋（山本平左卫门、景云堂）共同出版。新发田藩第八世藩主沟口直养（号浩轩，1736—1797）信奉山崎嘉的学问，安

---

[1] 〔日〕大庭脩：《江戶時代における唐船持渡書の研究》，大阪：關西大學東西学術研究所，1967年。
[2] 〔日〕户川芳郎：《解题》，载〔日〕長澤規矩也编：《和刻本儀禮經傳通解》，東京：汲古書院，1980年，第3辑，第397-417頁。
[3] 实在越后（现新潟县）新发田藩道学堂藩版目录载录"《仪礼经传通解》三十七卷《续》二十九卷合二十四本 同上"。这"同上"指上文"《四书章句集注》十九卷十四本 山崎嘉点"的"山崎嘉点"。由此可知，当时存在被称为"山崎嘉点"的《仪礼经传通解》。户川认为，这也可能是宽文二年野中所刻的版本，后来由于山崎嘉与此版本的关系密切，传成"山崎嘉点"本。

永元年（1772）创立藩校道学堂而开山崎派朱子学的课程，主动出版崎派相关文献。如此脉络上，《仪礼经传通解续》也出版。但是，此版本因为是覆刻明本，所以毫无训点。

这两部和刻本究竟源自什么版本？户川当时还未仔细地调查，所以保留结论。但是，因为京都大学图书馆所藏明刘瑞序刊本，并且《仪礼经传通解续》著录和刻本半叶十一行、一行二十字的形式与南京国子监一致之精刻本，再加上《仪礼经传通解续》校注有与"宋本"、"清本"比较的部分，所以户川最后推测两本都源于明本。

如上所述，德川时代《仪礼》和刻本并不比其他经书多。可是，一部分知识分子承认《仪礼》的重要性。德川时代后期学者市野光彦（1765—1826）曰：

> 《仪礼》实难读，然圣制之所在，学者不可不读也。先效先辈句读本而正其句，其后取诸本校之，习熟可以得其意矣。[1]

市野本来学朱子学，后受到狩谷望之（号棭斋，1775—1835）的影响而成为考证学者。他的看法与周哲、林道春、河野子龙等一致，可知德川时代的学者不管属于任何学派，都视《仪礼》为"文王、武王之制度，而周公所撰之经"、而重视"周公之所制作"、"圣制之所在"。《仪礼》相关书籍，另有越后高田藩儒松安（本名村松贞吉，号芦溪，？—1787）撰《新定仪礼图》、纪州藩（现和歌山县）儒川合衡（号春川，生卒年未详）撰《仪礼宫室图解》等。[2]

到了明治时代，汉籍的日译逐渐开始，但很久未有《仪礼》的日

---

[1] 〔日〕市野光彦：《讀書指南》，载〔日〕長澤規矩也編：《江戶時代支那學入門書解題集成》，東京：汲古書院，1975年，第2集，第305頁。
[2] 〔日〕池田末利：《解說——經學史的考察——》，《儀禮Ⅴ》，東京：東海大学出版社，1977年，第525-643頁。

译。第二次世界大战后才有影山诚一的《仪礼通义》。[1] 自昭和二十四年（1949）到昭和三十三年（1958）之间总共出版了七册。笔者未见，所以在此借用池田氏的《解说——经学史的考察》。影山的《仪礼通义》依据胡培翚《仪礼正义》，参考其他清儒的见解，还加以自己的看法，全文达1317页之长。先有总叙，其内容是《序说》、《经学与其范围》、《礼学与其对象》、《仪礼的成立》、《仪礼的传承》以及《仪礼参考书目》。接着，加训点于各篇经文，附之以详细解说。池田批评："他加训点的方法，为了了解经文的意思补缺字等，非常诚恳，解说亦极为详细，且全盘都精确。"[2] 就池田的说明而言，影山的《仪礼通义》还不是日译，可说是训点本。

《仪礼》日文版目前仅有两种：其一是川原寿市《仪礼释考》[3]，另一种是池田末利（1910—2000）的《仪礼》。[4] 不知何故，任何日本汉文丛书都未收录《仪礼》。

首先介绍川原氏的《仪礼释考》。第一册中有小岛佑马（1881—1966）《读川原君〈仪礼释考〉》一文，曰：

> 先师狩野君山者，熟悉四部书籍的通儒，特地以经学为主，尤其最重视礼学。川原先生在京都大学附设临时教员养成所承蒙君山

---

[1] 〔日〕影山诚一：《儀禮通義》，富来田町：油印本，1949—1958。笔者未见。根据 NACSIS Webcat（http://webcat.nii.ac.jp/webcat.html），在日本只有东洋大学图书馆所藏。
[2] 〔日〕池田末利：《解說——經學史的考察——》，《儀禮Ⅴ》，东京：東海大学出版社，1977年，第615页。
[3] 〔日〕川原壽市：《儀禮釋攷》（京都：朋友书店），第1册（解说篇）（1973年）；第2册（士冠礼、士昏礼、士相见礼）（1974年）；第3册（乡饮酒礼、乡射礼）（1974年）；第4册（燕礼、大射仪）（1974年）；第5册（聘礼）（1974年）；第6册（公食大夫礼、觐礼）（1974年）；第7册（丧服上）（1975年）；第8册（丧服下）（1975年）；第9册（士丧礼）（1975年）；第10册（既夕）（1975年）；第11册（士虞礼、特牲馈食礼）（1976年）；第12册（少牢馈食礼、有司彻）（1976年）；第13册（生辰礼、育成礼）（1976年）；第14册（索引上）（1978年）；第15册（索引下、贅语录）（1978年）。贅语录转录《礼记曾子问篇孔子の老聃を引〈四条〉》、《孔子禮を老子に問うことについて》、《老子の思想》三篇论文。
[4] 〔日〕池田末利：《儀禮Ⅰ》，东京：東海大学出版社，1973年；《儀禮Ⅱ》，东京：東海大学出版社，1974年；《儀禮Ⅲ》，东京：東海大学出版社，1975年；《儀禮Ⅳ》，东京：東海大学出版社，1976年；《儀禮Ⅴ》东京：東海大学出版社，1977年。

师的指导，一定受到师父学风的影响。师父长久的在任中，在京都大学受他多年熏陶的许多英才，没有一个继承师志而专心研究礼学。川原先生虽师事的时间不多，只听师绪言，终于为了礼学贡献出自己的生命，令人钦佩。假如师在世中知道这件事，一定会非常欢喜。[1]

狩野君山，就是京都帝国大学教授狩野直喜（1868—1947）。川原，大东文化学院毕业后，[2] 暂时在狩野指导下读书，后来担任立命馆大学预科教授。此时的同事有白川静，白川与川原就中国旅行谈过话，可见于《芦北先生遗事》。[3] 可是，川原于昭和十六年（1939）辞职，结束二十多年的教师生活，而后开始执笔《仪礼释考》。正当其时，日本开始战争，他与妻子很辛苦地致力于著作，总共花了7年，昭和二十三年（1948）草稿终于完成。狩野直喜1947年过世，所以小岛说："假如师在世中知道这件事，一定会非常欢喜。"

川原《仪礼释考》以皆川愿订河野子龙本为底本。首先，川原在内容上把各篇分为几个部分。比方说：《士冠礼》，分成《加冠前的诸杂仪》、《加冠之仪》、《依醮法的冠仪》、《孤子庶子或者母亲不在时的冠仪》、《于冠仪的辞令》、《三服之屦制》以及《记冠仪》七章，再以各章细分为几节，而后加之以序记、训点、训读、释考、注释。序记是放在篇首，说明各篇的内容与意义。接着训读，川原直接把河野子龙本剪下而将其贴在稿子上，参照子龙点而加以训点。训读，是依从郑注将经文翻译成日文（书き下し）的部分。释考就是川原本身的解释，有时也利用绘画、图表，把《仪礼》本文翻成现代语。最后把注释放在各篇后面，参考其他文献而说明文意、器物之名义、文字上的异同等，

---

[1]〔日〕小岛佑马：《川原君の儀禮釋考を讀む》，《儀禮釋考》，第1册，第1页。
[2]〔日〕池田末利：《自序》，《儀禮Ⅰ》，第3页。
[3]〔日〕白川静：《蘆北先生遺事》，《立命館文學》第511號（1989年6月），第667-698页。

非常详细。另外，第十三册为《生辰礼》、《育成礼》。《仪礼》中当然没有《生辰礼》、《育成礼》两篇，此二礼是川原抽出《礼记》、《春秋》等从诞生到长到成人相关的记事所补充，在研究古代教育史上可参考。

接着是池田的《仪礼》。昭和三十一年（1956）左右，当时担任广岛大学教授的池田，与研究所的学生一起开始《仪礼》的翻译。当初因为需要葬制数据，以胡培翚《仪礼正义》为底本，从《士丧礼》开始翻译，昭和三十三年（1958）将其成果与相关资料连在一起，出版了《葬制集录》。[1] 翌年作为《葬制集录》的续篇出版《既夕礼》、《士虞礼》的翻译，[2] 昭和三十五年（1960）又出版了《祖先的祭祀仪礼》：《特牲》、《少牢》、《有司彻》等三篇的翻译。[3] 后来，上述三篇当作第一集（《葬制集录》、续篇）、第二集，从昭和三十八年（1963）到四十六年（1971），《士冠礼》、《士昏礼》、《士相见礼》、《公食大夫礼》四篇为第三集，[4]《乡饮酒礼》、《乡射礼》为第四集，[5]《大射礼》、《燕礼》为第五集，[6]《聘礼》、《觐礼》为第六集，[7] 最后《丧服》一篇为第七集，[8] 陆续出版。后来，由于吉川幸次郎（1904—1980）的介绍，整理旧稿，按《仪礼》原来的次序重新排列而

---

[1] 広島大学文学部中国哲学研究室：《儀禮國譯（1上）葬制集錄（1）——士喪禮》，広島：広島大学文学部中国哲学研究室，1958年。

[2] 広島大学文学部中国哲学研究室：《儀禮國譯（1下）葬制集錄（2）——既夕礼、士虞礼》，広島：広島大学文学部中国哲学研究室，1959年。

[3] 広島大学文学部中国哲学研究室：《儀禮國譯（2）祖先の祭祀儀禮——特牲禮、少牢禮、有司徹》，広島：広島大学文学部中国哲学研究室，1960年。

[4] 広島大学文学部中国哲学研究室：《儀禮國譯（3）——士冠禮、士昏禮、士相見禮、公食大夫禮》，広島：広島大学文学部中国哲学研究室，1963年。

[5] 広島大学文学部中国哲学研究室：《儀禮國譯（4）——鄉飲酒禮、鄉射禮》，広島：広島大学文学部中国哲学研究室，1967年。

[6] 広島大学文学部中国哲学研究室：《儀禮國譯（5）——大射禮、燕禮》，広島：広島大学文学部中国哲学研究室，1968年。

[7] 広島大学文学部中国哲学研究室：《儀禮國譯（6）——聘禮、覲禮》，広島：広島大学文学部中国哲学研究室，1968年。

[8] 広島大学文学部中国哲学研究室：《儀禮國譯（7）——喪服》，広島：広島大学文学部中国哲学研究室，1971年。

成为《东海大学古典丛书》之一，就是《仪礼》全五册。山根三芳、三上顺、久保田刚、下见隆雄、福屋正武诸氏从事这些修改旧稿、整理资料等的工作，池田本人也承认是合著。

池田自己谈到此书的特点："本书把重点放在仪礼行动的推移，因此致力于经、记文的翻译。"[1] 因此，他以胡培翚《仪礼正义》为底本，各节有原文、训读（書き下し文）、现代语译以及注释四个部分，把原在篇末的"记"附载于各节末，并且根据宋聂崇义《新定三礼图》而参照清黄以周《钦定礼记义疏》所附《礼器图》，整理了器物图。各卷附上依据张惠言《仪礼图》作成别册，令读者容易理解仪礼的推移、次序。确实是"当前日本《仪礼》研究集大成的代表性著作"。[2]

《仪礼》整体的日翻，只有川原、池田，另有注疏的翻译。例如，仓石武四郎《贾公彦的仪礼疏——丧服篇（一）》[3]，是最早企图把贾疏翻成现代日语的成果。可是，这篇只翻译了"丧服第十一"标题下的贾疏，续编究竟未有出版。近年还有石田梅次郎、原田种成主编的《训注仪礼注疏（第一回）》[4]，此原是石田、原田两先生的讲义录，内容相当详细，不过也只是把从《仪礼疏序》到《士冠礼》"有司如主人服"一节的本文、郑注与贾疏翻成日文（書き下し文）而已，未有续篇，真遗憾。

其次是影山诚一的《丧服经传注疏补义》[5]、《少牢馈食礼注疏补义》[6]、《有司彻注疏补义》[7]三作。这些原都是自家出版的油印本，所以出版量不多，只有《丧服经传注疏补义》后来从影山所执教的大东

---

[1] 〔日〕池田末利：《自序》，《儀禮Ⅰ》，東京：東海大学出版社，1973年，第3頁。
[2] 李庆：《日本汉学史》，卷3，上海：上海外语教育出版社，2004年，第665頁。
[3] 〔日〕仓石武四郎：《賈公彦の儀禮疏——喪服篇（一）》，《漢學會雜誌》第10卷1號（1942年5月），第77-86頁。
[4] 〔日〕石田梅次郎、〔日〕原田種成主编：《訓注儀禮正義（第一回）》，《東洋文化》復刊第65、66號（1990年10月），第111-133頁。
[5] 〔日〕影山誠一：《喪服經傳注疏補義》，千叶县富来田町：松翠庵，1964年。東京：大東文化学園，1984年3月再版。
[6] 〔日〕影山誠一：《少牢饋食注疏補義》，千叶县富来田町：松翠庵，1965年。
[7] 〔日〕影山誠一：《有司彻注疏補義》，千叶县富来田町：松翠庵，1966年。

文化大学再版，较为容易参阅。这些都是对《仪礼》原文加以训点，把郑注及贾疏翻成日语（書き下し文），还加上"补义"并提出自己的见解。《后记》曰："此是作为拙论《丧服的研究》的姊妹篇之试图"，[1]他所说的《丧服的研究》指后来出版的《丧服总说》之旧稿。[2] "补义"中也常出现"丧服的研究"云云，两部书最好同时参考。

接着是蜂屋邦夫编的《仪礼士冠疏》[3]、《仪礼士昏疏》[4]。这些原是1973年4月所开始的东京大学东方文化研究所东亚部门思想研究领域"中国古代礼制研究"研究班的研究成果。依照蜂屋的《儀禮士冠疏》的《序》和《后记》，研究班的目的主要在于贾疏正确的读解，花了约十年的时间，总共经过221回的研究会，1982年11月终于结束《士冠礼》、《士昏礼》计6卷贾疏的读解。而后蜂屋与东京大学户川芳郎、影山辉国、日本大学今西凯夫、御茶之水女子大学佐藤保、千叶大学泽田多喜男一起作成译注，1984年3月《仪礼士冠疏》，1986年3月《仪礼士昏疏》各自出版。虽然是只有一部分并重点放在唐代研究上，但注释里有相当多的信息，而且，《仪礼士冠疏》附上日本宫内厅书陵部所藏平安时代笔写本《仪礼疏》的写真版，《仪礼士昏疏》的后面附加藤堂明保（1915—1985）的《郑玄研究》，值得参考。蜂屋一边指出贾疏有太简约、太冗长之处，一边承认其论理性。另外指出：

> 贾疏中可以看出，不但从经学、自然学两个方面的追求，还可以从多样的观点来掌握的丰富世界。这些都是在唐初经书解释的国定化与儒学思想的停滞之名下总括弃置不顾的，但是，以后以贾疏

---

[1] 〔日〕影山誠一：《喪服經傳注疏補義》，東京：大東文化学園版，第670页。
[2] 〔日〕影山誠一《丧服总说》（東京：大東文化大学東洋研究所，1969年3月）的《后记》曰："本书旧稿是我在担任高校校长时代著作的。"他在1953年到1960年在千叶县立天羽高等学校担任校长。所以《丧服总说》出版在后，可是原稿在1964年的《丧服经传补义》以前大致完成。
[3] 〔日〕蜂屋邦夫：《儀禮士冠疏》，東京：汲古書院，1984年。
[4] 〔日〕蜂屋邦夫：《儀禮士昏疏》，東京：汲古書院，1986年。

的正确读解之基础研究为线索，应该大幅发展的领域。[1]

笔者也认为，绝对没有思想停滞的时代，在此同意蜂屋的观点。隋唐儒学研究的成果在日本实在不多，应该仍有发展的余地。

在日本，《仪礼》日译并不多，这与《礼记》和刻本相当多，翻译也不少完全不同。周哲本、河野子龙本虽是较为早期的作品，却可看出努力的痕迹。影山《仪礼通义》、川原《仪礼释考》、池田《仪礼》都尚有一些错误，但是，瑕不掩瑜，所以不但研究《仪礼》，探究中国古代文化时都非参阅不可。

二、《仪礼》文献学研究

日本人《仪礼》文献学研究，大致有三种趋势。第一，《仪礼》成立考；第二，西汉《仪礼》的传授与《逸礼》研究：第三，《仪礼》注疏研究。

（一）《仪礼》成立考研究

首先介绍《仪礼》成立考。一般认为，《仪礼》文献上的问题并不比《周礼》、《礼记》多，是因为今本《仪礼》明明源自在西汉时代被称为《经》、《礼》、《礼经》、《士礼》的文献。《汉书·艺文志》（以下简称为《汉志》）载录："《礼古经》五十六卷，《经》七十篇。后氏、戴氏。"又云：

> 汉兴，鲁高堂生传《士礼》十七篇。讫孝宣世，后仓最明。戴德、戴圣、庆普皆其弟子，三家立于学官。《礼古经》者，出于鲁淹中及孔氏，与十七篇文相似，多三十九篇。及《明堂阴阳》、

---

[1] 〔日〕蜂屋邦夫：《序》，《儀禮士昏疏》，東京：汲古書院，1986年，第3頁。

《王史氏记》所见，多天子、诸侯、卿大夫之制，虽不能备，犹瘉仓等推《士礼》而致于天子之说。[1]

由此可知，《汉志》所说的《经》不是"七十篇"而是"十七篇"[2]，也就是高堂生所传的《士礼》。关于汉代礼学传授，《汉书·儒林传》曰：

> 汉兴，鲁高堂生传《士礼》十七篇，而鲁徐生善为颂。孝文时，徐生以颂为礼官大夫，传子至孙延、襄。襄，其资性善为颂，不能通《经》；延颇能，未善也。襄亦以颂为大夫，至广陵内史。延及徐氏弟子公户满意、桓生、单次皆为礼官大夫。而瑕丘萧奋以礼至淮阳太守。诸言礼为颂者由徐氏。孟卿，东海人也。事萧奋，以授后仓、鲁闾丘卿。仓说礼数万言，号曰《后氏曲台记》，授沛闻人通汉子方、梁戴德延君、戴圣次君、沛庆普孝公。……由是礼有大戴、小戴、庆氏之学。普授鲁夏侯敬，又传族子咸，为豫章太守。大戴授琅邪徐良斿卿，为博士、州牧、郡守，家世传业。小戴授梁人桥仁季卿、杨荣子孙。仁为大鸿胪，家世传业，荣琅邪太守。由是大戴有徐氏，小戴有桥、杨氏之学。[3]

在西汉时代，一边有着擅长"颂"（容）的鲁徐氏之系统，但他们都不能精通《经》；另一边有着"独有"的礼文献《士礼》，从高堂生经过萧奋、孟卿、后仓之手，传到闻人通汉、戴德、戴圣、庆普4位

---

[1] （东汉）班固：《汉书》，北京：中华书局，1962年，第1710页。
[2] 北宋刘敞（1019—1068）曰："此七十与后七十，皆当作十七。计其篇数则然。"参见施之勉：《汉书集释》卷9，台北：三民书局，2003年，第4105页。
[3] 《汉书·儒林传》，第3614—3615页。司马迁《史记·儒林列传》也有："诸学者多言礼，而鲁高堂生最本。礼固自孔子时而其经不具，及至秦焚书，书散亡益多，于今独有《士礼》，高堂生能言之。而鲁徐生善为容。孝文时，徐生以容为礼官大夫。传子至孙徐延、徐襄。襄，其天姿善为容，不能通经；延颇能，未善也。襄以容为汉礼官大夫，至广陵内史。延及徐氏弟子公户满意、桓生、单次，皆尝为汉礼官大夫。而瑕丘萧奋以礼为淮阳太守。是后能言礼为容者，由徐氏焉。"（西汉）司马迁：《史记》，北京：中华书局，1959年，第3126页。

学者。尤其两戴与庆普的《士礼》学非常盛行，都被立于学官，后来有着徐氏与桥氏、杨氏之学。如此，西汉时期的礼学以《士礼》为中心开展。

东汉时代，已经有了《周官》、两戴《礼记》，人人仍然重视《士礼》而开始加注。例如，《后汉书·马融传》云：

> （马融）注《孝经》、《论语》、《诗》、《易》、三礼、《尚书》、《列女传》、《老子》、《淮南子》、《离骚》。[1]

《卢植传》又曰：

> （卢植）作《尚书章句》、《三礼解诂》。[2]

现在我们已找不到马、卢有与《仪礼》相关著作存在的痕迹，[3] 可是，他们的"三礼"应该包括《士礼》。"三礼"这一词确实是从郑玄开始，[4] 但可能在郑玄以前已有走向"三礼"的路线，郑玄继承这趋势，[5] 而不但加《周官》与《礼记》注释，再加上统一今文《士礼》与古文《古经》。这就是今本《仪礼》直接的原本。[6]

如上所述，《仪礼》的传授过程较为清楚，所以文献上的问题没

---

[1]　（宋）范晔：《后汉书》，北京：中华书局，1965年，第1972页。
[2]　《后汉书·卢植传》，第2116页。
[3]　《隋志》著录马融《丧服经传》一卷，但是，这本可能不是马融《仪礼》注的残余，而是加单行《丧服》注释。
[4]　《后汉书·儒林列传》曰："中兴，郑众传《周官经》，后马融作《周官传》，授郑玄，玄作《周官注》。玄本习小戴礼，后以《古经》校之，取其义长者，故为郑氏学。玄又注小戴所传《礼记》四十九篇，通为三礼焉。"（第2577页）
[5]　清代皮锡瑞《论郑樵辨仪礼皆误毛奇龄驳郑樵而攻仪礼之说多本郑樵》说："郑玄以前没有加注《仪礼》的人。"《经学通论·三礼》（北京：中华书局，1954年），第27页。可是，据上文所引，马融、卢植也可能都有《仪礼》注。
[6]　梁阮孝绪曰："《古经》出鲁淹中，其书周宗伯所掌。五礼威仪之事，有六十六篇，无敢传者。后博士侍其生得十七篇，郑注今之《仪礼》是也。余篇皆亡。"（《七录》）；以及唐陆德明曰："汉兴，有鲁高堂生传《士礼》十七篇，即今之《仪礼》也。"参见《序录》，吴承仕疏证：《经典释文序录疏证》，北京：中华书局，2008年，第87页。

那么多。可是，还留着原本《士礼》何时成立的问题，先进的论点也集中于此点。其中，林泰辅《仪礼成立年代考》[1]是最早期的研究成果。古来有着《仪礼》周公著作说，梁崔灵恩、唐陆德明、孔颖达、贾公彦皆说之。但，后世怀疑此说者陆续出现，如宋徐绩、元何异孙、明何乔新、郝敬、清毛奇龄、崔述、顾栋高等。林泰辅也站着怀疑周公著作说的立场。

他的根据：第一，《仪礼》的奏乐中引用相当多《诗》中的词。例如：《仪礼》的《乡饮酒礼》及《燕礼》中，有唱《诗》的《鹿鸣》、《四牡》、《皇皇者华》、《鱼丽》、《南有嘉鱼》、《南山有台》等歌，又演奏《南陔》、《白华》、《华黍》、《由庚》、《崇丘》、《由仪》、《关雎》、《葛覃》、《卷耳》、《鹊巢》、《采蘩》、《采苹》等乐曲。《乡射礼》、《大射仪》也各处用《诗》。林认为，这些《诗》不尽是在周公以前成立。第二，《士冠礼》的祝辞、醮辞与《诗·雅颂》相似，比方说：《士冠礼》"寿考维祺介尔景福"与《大雅·行苇》的"寿考维祺以介景福"、《大雅·既醉》的"君子万年介尔景福"以及《小雅·小明》"神之听之介尔景福"等。林自己也说哪一个在先很难判定，但最后认为，《士冠礼》的祝辞、醮辞等是熟悉《雅颂》者制作的。因此，《仪礼·士冠礼》的著作该在《诗·雅颂》以后。第三，在中国古代，算命的方法有两种：一种是卜，另一种是筮，卜先筮后。可是，《仪礼》中多看到的是筮，用卜只在《士丧礼》中而已。相反，周公多用的是卜。因而林认为，《仪礼》与周公事迹不一致。第四，《仪礼》中称"字"的事例众多。可是，周初未有称字的习惯。第五，《仪礼·丧服》中有亡命君主为了寄住国的君主而服齐衰丧制，此制度不该是开国创业时的，而确实是后来衰世之法。总之，林认为《仪礼》非周初周公所作。

---

[1] 〔日〕林泰輔：《儀禮成立年代考》，《周公と其時代》，東京：大倉書房，1915年，第825—849頁。

那么，《仪礼》是何时的著作呢？林又说，《仪礼》之文该在《论语》、《孟子》之前。林根据《论语·乡党篇》"宾退，必复命曰，宾不顾矣"与《仪礼·聘礼》"宾出，大夫送于外门外，再拜，宾不顾"，或者《孟子·万章下篇》"在国曰市井之臣，在野曰草莽之臣"与《仪礼·士相见礼》"宅者在邦，则曰市井之臣，在野则曰草莽之臣"，认为《论语》、《孟子》的记述都依照《仪礼》所说的古礼。再加上，他把《论语》与《仪礼》的《记》加以比较，论述《论语》参考《仪礼》的《记》而成。《记》一定是经文以后的著作，连《记》也在《论语》之前，因此《仪礼》经文绝对不在《论语》之后。又指出《仪礼》中的昏礼、聘礼、丧服、丧礼等与春秋中期以后不同。例如，《士昏礼》"若舅姑没，则妇人，乃奠菜"与《士昏记》"妇人，然后祭行"不一致，但《士昏记》与《左传》的记述一致，因此林认为，《士昏记》与《左传》的记述同一时代，所以《士昏礼》所述是《左传》以前的古礼。如此，《仪礼》不是周初的，也不是孔子以后或战国时代的。最后，《周官》为西周末年的著作，[1] 反之，《仪礼》中有很多东南地区的方言、春秋时代施行今本《仪礼》中之仪礼的范围不大，因而把《仪礼》视为《周官》以后的著作，他说：

> 笔者认为，西周四百年间，纪录礼仪的文献该不少，今本《仪礼》实在是春秋初期博学洽闻而尤精通礼的学者以这些数据为材料而编辑，所以当时未至于为列国所周行，是以虽是名卿贤大夫，读此书精通者不多。可是，春秋末年，孔子讲礼乐时左右起，《仪礼》亦开始被学者诵读且实际上适用。[2]

林认为《仪礼》的原本已经在春秋初期被编，春秋末年普及。

---

[1] 〔日〕林泰輔：《周公と其時代》。
[2] 〔日〕林泰輔：《儀禮成立年代考》，東京：大倉書房，1915年，第848-849頁。

川原寿市《仪礼释考》也承认在孔子时已经有了礼书，可是，这并非《仪礼》本书。川原通过分析《仪礼》中的卜筮、祝、牺牲、尸、含贝、引《诗》、"寡君""寡小君"的谦称、姓的问题、"邦"与"国"、"伯父、伯舅"与"叔父、叔舅"的分别、文法等，认为《仪礼》是自从孔子没后不到战国时代之间编辑。

总而言之，《仪礼》的编者想念周初美好的时代，连传到周初之周以前的相当古老礼俗也保存。另外，虽然也考虑随着时代变化发生的新奇礼俗，那些也是不得至于战国时代。因此结论为，春秋为下限，编者注视着摇动的时代编纂《仪礼》。[1]

假使如此，何人编《仪礼》呢？川原以子游当作《仪礼》编者。

子游在孔门下以学问代表的人物，而且孔门首屈一指对礼造诣很深的人，除他无人担任《仪礼》的编纂。[2]

其理由：第一，子游对礼的态度。《论语·子张篇》有："子游曰：'子夏之门人小子，当洒埽应对进退则可矣，抑末也。本之则无，如之何。'"《雍也篇》又有："子游为武城宰。子曰：'女得人焉耳乎。'曰：'有澹台灭明者，行不由径，非公事，未尝至于偃之室也。'""澹台灭明"者，《史记·仲尼弟子列传》"状貌甚恶，欲事孔子，孔子以为材薄"，因他容貌丑，是孔子不太评价的人物。反之，子游发现灭明被容貌隐蔽的好处。据这些数据，川原认为，子游一直保持着"不固执外面而凝视内面"的态度，作为孔子门下首屈一指的仪礼派被人佩服。第二，《礼记·礼运》与《仪礼》之间有很多共通点，并且《礼运》与子游学派的关系也很密切。第三，《仪礼》多含有南方

---

[1]〔日〕川原壽市：《儀禮釋攷》，卷1，京都：朋友書店，1973年，第134-135页。
[2]〔日〕川原壽市：《儀禮釋攷》，卷1，京都：朋友書店，1973年，第60-61页。

系的方言。《史记·仲尼弟子列传》说"言偃，吴人，字子游"，[1] 孔子弟子中只有子游是南方出身。第四，依据《论语·先进》说"文学，子游、子夏"，《仪礼》的文章枯淡简古也适称子游编辑。第五，《仪礼》中的词汇用法几乎被统一，此意味着《仪礼》除《丧服》外成于一人之手。后来子游得到《荀子·非十二子篇》的相当高的评价，川原认为，这也暗示《仪礼》与子游的关系。总之，川原视《仪礼》为春秋孔子以后的著作，与林不一致。

本田成之《中国经学史论》按照孔子、孟子、荀子都未引《周礼》、《仪礼》而说：

> （孔子时）至于礼、乐无疑未有纪录礼的书籍。以往《周礼》、《仪礼》二书，都视为周公旦著作，又传说孔子以前已有这些书，但此只不过是为了附加两部书权威而假托周公，这些书至少都是荀子以后的著作。[2]

又云：

> 《仪礼》是七十子以后的人因为从来实行的礼逐渐不实行，恐怕完全忘掉，因此留在记录上。孟子时未成立，但到了荀子时，一部分确实已经存在。并且其十七篇可能各自单行。[3]

本田如此认为，《仪礼》在战国中期到末年之间逐渐形成。

---

[1] （汉）司马迁：《史记·仲尼弟子列传》，第2201页。
[2] 〔日〕本田成之：《中國經學史論》，京都：弘文堂，1927年，第77页。
[3] 〔日〕本田成之：《中國經學史論》，京都：弘文堂，1927年，第167页。

松浦嘉三郎（1986—1945）《关于〈仪礼〉的成书》也与本田同步。[1] 松浦首先视《孟子·万章下篇》"大国地方百里""小国地方五十里"为周初的制度，认为《仪礼·聘礼》所述的制度需要大量金钱，周初诸国该不能支付。又指出《春秋左氏传》的《僖公三年》、《僖公二十三年》、《论语·子罕篇》等以降级下拜作为古礼，反之，《聘礼》、《觐礼》视升阶上拜为正礼。如此，由于《仪礼》与《孟子》、《论语》、《左传》中的古礼不一致，松浦也与林泰辅相同，承认《仪礼》非周初之书。可是，与林相反，他把《仪礼》作为战国时代的著作。其理由：第一，如《论语·述而篇》"子所雅言，诗、书、执礼"等，孔子学派都重视动容本身，这些动容由实习传到后代。第二，根据《史记·儒林列传》"礼固自孔子时，而其经不具"，可知孔子时未有礼文献，动容暂时由实习来传授，后来才成为文献。第三、今本《仪礼》不过是源自郑玄校本，郑玄校本虽是今古文折中的结果，仍然是以今文为中心统一今古文的。因此，他认为：

> 周室衰退而诸侯独立的趋势到来，于鲁国民间，与以周室为中心施行的仪式关系较为疏远，其次至于诸侯、大夫之礼容易忘记，仅有必要于民间教养的士礼在鲁国民间学者之间保存下来。到了战国时代末期，写在简策的倾向很旺盛，士礼也与《礼记》诸篇同样可能在这战国时代开始成为文献，但是，《仪礼》的传授仍不只依靠文献，还重视动容，而传到汉初。到了汉初徐生当礼官大夫，《仪礼》也为官学而培养出许多学徒，才成为现今同样的文字。[2]

---

[1] 〔日〕松浦嘉三郎：《儀禮の成立に就て》，《中国学》第5卷4号（1929年12月），第77-101頁。松浦是内藤湖南（1866—1934）京都帝国大学教授的学生，毕业后到北京当《顺天时报》的记者，昭和四年（1929）回去日本，当东方文化学院京都研究所研究员，有着几篇与《仪礼》相关的论文。可是，日本厚生劳动省所制作《苏联及蒙古扣留死亡者名簿》中看到他的名字（http://www.mhlw.go.jp/topics/bukyoku/syakai/soren/miteikyou/html/ma.html），很可惜第二次世界大战后他在苏联被扣留中过世。

[2] 〔日〕松浦嘉三郎：《儀禮の成立に就て》，《中国学》第5卷4號（1929年12月），第99-100頁。

松浦当然承认汉初以后也按照社会的现实而稍微有改变，可是，认为《仪礼》的原本已经在战国末年成立，到了汉初才成为与今本略同的文字。邵懿辰《礼经通论》把《礼记·礼运》看作孔子的著作，由于《仪礼》与《礼运》相似，《仪礼》也属于孔子自著。松浦最后与此相反，一边利用邵懿辰的论理，一边据武内义雄等视《礼运》为荀子以后或汉儒之著作，[1]指出《仪礼》著作年代更晚的可能性。

池田末利《仪礼》也首先根据卜辞、金文、《书》、《诗》都未有礼书存在的记录，把周公制礼说作为古文家所提的源自一种周公主义（Zhougong-izm）之文化英雄主义的推测否定。又依照《论语·述而》"执礼"等表示当时礼的传授以实践为主，认为孔子时代也还未存在礼书，[2]把邵懿辰[3]、皮锡瑞[4]等所提倡的孔子制作说作为今文学派的主张否定。[5]那么，池田如何看《仪礼》的成立？池田先介绍影山诚一的说法。影山举出三个理由：《仪礼》采录许多孔孟时代齐鲁的风俗；《仪礼》与《论语》相比，《仪礼》较为详细又发达；《孟子·滕文公上》的三年之丧与《仪礼》一致，否定林泰辅的《仪礼》春秋初制作说，而认为孔子时代存在的仪礼概要，到战国末年逐渐成为一个整齐的文献。[6]池田一边大致支持如此影山的看法，一边却不满影山未谈到《仪礼》与

---

[1] 〔日〕本田成之：《禮運と秦漢時代の儒家》，《中國學》第1卷第11號（1921年7月），第1—17页；武內義雄：《禮運考》，《中國學》第2卷第11號（1922年7月），第16—26页，后收入《武內義雄全集》，東京：岩波書店，1979年，第3卷，第488—494页。本田认为《礼运》是秦汉时代，尤其是武帝时代成立的；武内指出《礼运》与《荀子》的共通点，推测是荀子的后学孟卿或者后仓所撰。详细请参考拙著：《近一百年日本〈礼记〉研究概况——1900—2008年之回顾与展》，《中国文哲研究通讯》第19卷第4期（2009年12月），第53—101页。

[2] 〔日〕加藤常賢《禮の起源と其發達》（東京：中文館書店，1943年）根据《左氏传·哀公三年》有"子服景伯至，命宰人出礼书"与《昭公四年》"礼六"等记录而承认春秋时代礼书已经存在，反之，池田认为，这些文献并不是《仪礼》、《周礼》般的礼书，只不过是私人的仪礼概要。

[3] （清）邵懿辰：《礼经通论》的《论孔子定礼乐》、《论孔子定礼十七篇亦本周公之意》。

[4] （清）皮锡瑞：《经学通论·三礼·论礼十七篇为孔子所定邵懿辰之说最通》。

[5] 〔日〕诸桥辙次《儒學の目的と宋儒：慶歷至慶元百六十年間の活動》（東京：大修館書店，1929年）也认为《仪礼》是礼教之书，很适合孔子著作，池田批判诸桥缺少具体性。

[6] 〔日〕影山誠一：《總敘》，《儀禮通義》。笔者未见，今据池田末利《解說——經學史的考察——》，《儀禮Ⅴ》。

荀子的关系。《荀子》的《劝学篇》有"读礼",《大略篇》又有"聘礼志曰"云云、"礼经"之词,池田指出《劝学篇》的"礼"不一定是《礼经》,但《大略篇》的"礼经"是以《礼经》的存在为前提。又参考常盘井贤十《荀子经说考》[1],论述今本的《礼经》在《礼论篇》成立时还未有,可是,晚出的《大略篇》成立时已经存在,因而荀子本人至少未能看到《礼经》。池田最后视《仪礼》的成立为荀子之后,荀子后学活动时代大略成立,全面支持本田成之的说法。[2]

接着是林巳奈夫《〈儀禮〉と敦》[3]。他的研究方法非常有特色,是因为不但靠文献学,还依照考古学的成果而研究。于是,他注视的是《仪礼·少牢馈食礼》"敦皆南首"的记述。"敦"是祭器之一,林认为既然《仪礼》中有敦,《仪礼》应记载于使用敦的时期:即公元前6世纪到公元3世纪之间,尤其是"敦皆南首"的规定适应于公元前6世纪到公元5世纪。并且《仪礼》规定上,大夫、士使用敦,大夫以上者使用的不是敦,而是簋。敦从燕、三晋地方的大型墓、中型墓中出土,至于小型墓中却完全没有。反之,楚地方的墓无论大小,副葬品里都含有敦。他由此认为,《仪礼》至少不是在燕、三晋地域的。林泰辅、川原都已经讨论过《仪礼》中有众多南方系的方言,林巳奈夫于是承认林、川原的指出与考古学的成果有共通之处。他的结论稍微模糊,可是,利用考古学的成果,可参考。

宇野精一《关于〈仪礼〉的两三个问题》论述《仪礼》的名称、《仪礼》的作者、《丧服》与《礼记·檀弓》的关系,尤其是关于《仪礼》的作者整理先儒的见解。以举三个重点:一、与《毛诗》的关系;

---

[1] 〔日〕常盤井賢十:《荀子經說考》,《中国学研究》第6卷1号(1932年1月),第71-127頁。常盘井论述,《荀子》中还未明确"三礼"区别,与《仪礼》相比一致处不多,《荀子·礼论》的丧礼与《仪礼》的《士丧礼》、《既夕礼》不一致,但《大略篇》与《聘礼》、《士昏礼》之间有不少共通之处。可是,《大略篇》大部分是成于荀子后学之手。
[2] 〔日〕本田成之:《中國經學史論》,京都:弘文堂,1927年。
[3] 〔日〕林巳奈夫:《〈儀禮〉と敦》,《史林》第63卷第6号(1980年11月),第1-25頁。

二、与春秋时代之礼的关系；三、与《论语·乡党》的关系。[1] 但可惜，宇野对《仪礼》的看法不太明显。论述《仪礼·聘礼》与《论语·乡党》的关系中，熊朋来、赵翼凭借晁说之、苏轼等的说法而证明《论语》引用《聘礼》之语，下了《仪礼》先在于孔子以前的结论，反之宇野只说："这个问题，该慎重决断，但笔者难以承认《仪礼》在孔子以前存在。"[2]

以上，日本学者针对于《仪礼》成立时代有三种说法：其一是林泰辅的春秋初期说；其二是川原寿市、林巳奈夫的春秋末年著作说；其三是影山诚一、本田成之、松浦嘉三郎、池田末利等战国末年著作说。关于《仪礼》的作者，只有川原指出《仪礼》与子游的关系。无论结论如何，他们的研究都非常详细，值得参考。但笔者认为，他们的论点稍微有些暧昧，他们想要厘清的到底是《仪礼》各篇的成立？还是整体《仪礼》之书的成立？或者是《仪礼》所记述的仪礼的成立？若《仪礼》各篇单行，问题也该就各篇论述，并且这些成立考研究毕竟是不可能有正确的答案。加贺荣治曾说过：

> 《礼经》或《礼记》的形成过程，尤其是文献化的过程，只靠今日可看到的资料，只好盖然性地了解。……宁可寻问《礼》的《记》扎根的过程中，其大量堆积意味着什么？原来不是以文献化为目的的礼，为何最后形成多量的礼文献？我们应该将这些问题当作与中国礼观念的基本性格相关，或者作为与中国民族文化观念的原始性格有关进行研究。[3]

---

[1] 〔日〕宇野精一：《〈儀禮〉についての二三の問題》，《國學院雜誌》第86卷第11号（1985年11月），第39–48頁。后收於《宇野精一著作集》，東京：明治書院，1986年，第2卷，第409–429頁。
[2] 〔日〕宇野精一：《〈儀禮〉についての二三の問題》，《國學院雜誌》第86卷第11号（1985年11月），第43頁。
[3] 〔日〕加賀荣治：《"禮" 經典の定立をめぐって》，《人文論究》第50号（1990年3月），第22頁。

加贺的要求非常困难，可是，笔者认为他的看法值得思考。

（二）西汉《仪礼》的传授与《逸礼》研究

《仪礼》文献学上的问题，接着是高堂生所传《士礼》的原貌如何。一般认为《士礼》与《仪礼》是相同的内容，但是两者的关系实在不太清晰。梁玉绳云：

> 案：《汉书志》、《传》皆言高堂生传《士礼》十七篇，即《仪礼》也，而今书若《燕礼》、《大射》、《聘礼》、《公食大夫》、《觐礼》五篇，皆诸侯之礼，《丧服》一篇总包天子以下之服制，则所云《士礼》者十一篇耳。疑今《仪礼》非高堂原本，或所传实不止于《士礼》耶？[1]

又与此有关的是《逸礼》的存在。由《汉志》可知，《礼古经》56篇中，除了与《士礼》17篇相同之外，还有39篇的《礼古经》，这39篇却后来散佚，被称为《逸礼》。若视今本《仪礼》为完本，如何看《逸礼》？如此，不能简单地把《士礼》与今本《仪礼》视为一。

川原寿市讨论西汉高堂生所传的原貌如何，指出几点：其一，高堂生所传不是用今文，而仍是古文来写。根据《汉志》的纪录"《礼古经》五十六卷，《经》七十（十七）篇"，可知西汉末年有古文《礼古经》56篇和今文《经》17篇。于是，川原说：

> 只靠《汉志》，不得不为今文，笔者却认为，高堂生所传的是先秦时代儒生之间所讲的十七篇，可能仍是古文，从高堂生传受到后仓之间终究改成今文，这最适当。[2]

---

[1] （清）梁玉绳：《史记志疑》，北京：中华书局，1981年，第1439頁。
[2] 〔日〕川原壽市：《儀禮釋攷》，卷1，京都：朋友書店，1973年，第140-141頁。

其二，17篇未有包括《丧服》与《丧服传》。川原注视《仪礼》他篇与《丧服》形式上的相异，另外指出17篇中原有《飨礼》一篇。由此，他推测《丧服》与《丧服传》原来未存在于17篇中。其三，17篇就是全本。因为《仪礼》已含有冠、昏、相见、饮酒、射、聘、觐、食、丧祭等的礼，中国古代社会生活中重要的仪礼都包罗在其中，所以川原与邵懿辰[1]等相同，认为17篇是完本。其四，众所周知，称为《士礼》或《礼》、《礼经》，当时未有《仪礼》之名。《白虎通》引用《仪礼》时只说"礼"，郑注也相同。[2] 晋荀崧（262—328）奏疏中才云：

> 时方修学校，简省博士，置《周易》王氏、《尚书》郑氏、《古文尚书》孔氏、《毛诗》郑氏、《周官》《礼记》郑氏、《春秋左传》杜氏服氏、《论语》《孝经》郑氏博士各一人，凡九人，其《仪礼》、《公羊》、《谷梁》及郑《易》皆省不置。崧以为不可，乃上疏曰："……伏闻节省之制，皆三分置二，博士旧置十九人，今五经合九人，准古计今，犹未能半，宜及节省之制，以时施行。今九人以外，犹宜增四。愿陛下万机余暇，时垂省览。宜为郑易置博士一人，郑《仪礼》博士一人，《春秋公羊》博士一人，《谷梁》博士一人。……"[3]

宋范晔（398—446）著《后汉书·郑玄传》又曰：

> 凡玄所注《周易》、《尚书》、《毛诗》、《仪礼》、《礼记》、《论语》、《孝经》、《尚书大传》、《中候》、《乾

---

[1] 邵懿辰《礼经通论》依据《礼记·礼运》"其行之以货力、辞让、饮食、冠、昏、丧祭、射、御、朝聘"，要证明十七篇是完本。
[2] （清）段玉裁：《礼十七篇标题汉无仪字说》，《经韵楼集》，上海：上海古籍出版社，2008年，第27-29页。
[3] （唐）房玄龄等：《晋书》，北京：中华书局，1974年，第1976-1978页。

象历》，又着《天文七政论》、《鲁礼禘祫义》、《六艺论》、《毛诗谱》、《驳许慎五经异义》、《答临孝存周礼难》，凡百余万言。[1]

由此可知，晋代已经有着《仪礼》这书名，[2] 所以应该最早在魏、晋，《士礼》开始被称为《仪礼》。[3] 关于"仪礼"这一词，如宋张淳《仪礼识误》序文云：汉初"时未有《仪礼》之名也，岂汉后学者观十七篇中有仪有礼，遂合而名之欤？"[4]；明郝敬说："仪礼者，礼之仪"等，有许多说法。川原根据这些资料，推测《仪礼》这书名始于三国魏时，并就"仪礼"之意采用郝敬的"礼之仪"说。其五，主要根据戴德、戴圣、刘向《仪礼》次序的差异，另因为各篇之间有众多重复，所以认为高堂生17篇未有篇序，各篇独立存在。汉代师承上弟子不敢改编次序，可是，戴德、戴圣、刘向本都有各自的次序。再加上，《仪礼》同篇中如有同样的动作，常省略地用"介亦如此"、"如主人礼"等的表现。可是，今本《仪礼》两、三篇之间有同样动作时，不厌烦重复而反复记录，川原将其为17篇各自独立的证据。

关于此点，池田先整理先儒的说法。江永《礼书纲目》根据贾公彦《序周礼废兴》把《汉志》所谓的"传士礼"当作"博士传"，[5] 认为高堂生所传不是"士礼"，邵懿辰亦与江永相同否定高堂生所传《士礼》说，以《逸礼》视为刘歆的伪作。[6] 可是，大部分的学者都认为，

---

[1] 《后汉书》，第1212页。
[2] （清）皮锡瑞：《论段玉裁谓汉偶礼不偶仪礼甚确而回护郑注未免强辞》，《经学通论·三礼》，第11页；以及陈梦家：《武威汉简叙论》，《武威汉简》，北京：中华书局，1964年，第13页。
[3] 清胡培翚曰："《仪礼》之名，始见《后汉书·郑康成传》，其为魏晋闲人所加可知。"《仪礼正义》，南京：江苏古籍出版社，1993年，卷1，第5页。
[4] （宋）张淳：《仪礼识误序》，《仪礼识误》，《景印文渊阁四库全书》，台北：台湾商务印书馆，1983—1986年，第103册，第3页。
[5] 贾公彦《序周礼废兴》曰："汉兴，至高堂生博士传十七篇"。《周礼注疏》，《景印文渊阁四库全书》，台北：台湾商务印书馆，1983—1986年，第90册，第11页。
[6] （清）邵懿辰：《论逸礼三十九篇不足信》，《皇清经解续编》，台北：复兴书局，1972年，第18册，第14442—14444页。

高堂生所传是《士礼》，朱子亦然。朱子认为《士礼》之名只是举首篇而言之，[1] 皮锡瑞也一边赞同邵懿辰对《逸礼》的说法，但一边依据"后仓等推《士礼》以致于天子"而否定江永、邵懿辰等"博士传"的看法。[2] 池田参考这些先儒的意见，一边承认《士礼》包括的内容不一定是士礼，一边认为：

> 盖《艺文志》既然明示后仓等推《士礼》以致于天子，汉末人都相信后仓等所传的十七篇是以《士礼》——即使不只是《士礼》——为中核，非常明显。因此，仍然该把《史记》、《汉书》的《志》、《传》中之传授礼的记述视为《士礼》的传授，关于此点，江永、邵懿辰的见解不正确。[3]

至于《逸礼》的问题，池田赞同丁晏《佚礼扶微》否认邵懿辰视《逸礼》为刘歆伪作的说法，认为既然《逸礼》存在，《士礼》17篇并不是完本。另外，17篇的确可以说是包罗礼的八经（冠、昏、丧、祭、射、乡、朝、聘），可是，池田指出17篇不但不是为了收集礼的八经而编辑，内容上也各篇之间有许多区别，此也明示17篇不是完本，赞同《四库全书提要》"《仪礼》出于残阙之余"，[4] 与川原相反。关于《仪礼》这书名，池田也认为是魏晋时代开始，但池田考虑此与《汉志》"礼经三百，威仪三千"[5] 的关系，即认为郑玄以《周官》当作"经礼三百"，视《仪礼》为"曲礼三千"（即"威仪三千"）以

---

[1] （宋）朱熹：《仪礼经传目录》，《仪礼经传通解》，《景印文渊阁四库全书》，台北：台湾商务印书馆，1983—1986年，第131册，第4页。朱子曰："其所谓士礼者，特略举首篇以名之。"
[2] （清）皮锡瑞：《论后仓等推士礼以致于天子乃礼家之通例郑注孔疏是其明证》，《经学通论》，第21-23页。
[3] 〔日〕池田末利：《解説——經學史的考察》，《禮儀Ⅴ》，東京：東海大学出版社，1977年，第546页。
[4] （清）纪昀等：《四库全书总目》，台北：艺文印书馆，2004年，第420页。
[5] 《汉书·艺文志》，第1710页。

后，[1] 原来称为《礼经》不得不改为《仪礼》，这点很有趣。宇野精一也认为，《士礼》或《礼经》改称为《仪礼》与《周官》改称为《周礼》、礼概念的变迁和《礼记》成为"礼"的正统相关。[2]

武内义雄对《士礼》的看法很有特色。清黄以周曾注视《史记》与《汉书》的差异，《史记·儒林列传》只说"于今独有《士礼》，高堂生能言之"，反之，《汉书》的《艺文志》以及《儒林传》皆说"鲁高堂生传《士礼》十七篇"，因此推测高堂生当时《士礼》未有十七篇，只有《冠》、《昏》、《相见》、《士丧》、《既夕》、《特牲》、《士虞》、《乡饮酒》、《乡射》9篇。武内主要根据黄氏说，另一边参考崔述《丰镐考信录》而认为，孟、荀之间所编纂的《古文礼经》的完本存在，之中的56篇后来遗留下来。可是，随着时代变化，古礼的大部分不适合现实，于是后儒抽出最有普遍性的9篇，此就是高堂生所传的《士礼》。最后承接要求新礼的趋势高涨，而戴德、戴圣附加八篇，总算成为与今本相同的17篇。[3] 根据武内说，两戴就是今本《仪礼》成立最关键的人物。

关于《逸礼》有滨久雄《逸礼考》，以邵懿辰、陈奂、丁晏为中心，论述《逸礼》与清儒的关系，虽不是讨论《逸礼》本身，可参考。[4]

最后，考虑西汉《仪礼》传授过程时，《武威汉简》的存在不该忽视。1959年7月在甘肃省武威县磨咀子地区发现的第六号汉墓中，大量竹简、木简出土，竟然全是《仪礼》的简策。根据负责调查这些简策的中国科学院考古研究所陈梦家教授的研究，墓主是在从西汉末到王莽

---

[1] 《礼记·礼器》注曰："经礼，谓《周礼》也。《周礼》六篇，其官有三百六十。曲，犹事也。事礼，谓今《礼》也。礼篇多亡，本数未闻，其中事仪三千。"〔后汉〕郑玄注、〔唐〕贾公彦正义、吕友仁整理：《礼记正义》，上海：上海古籍出版社，2008年，第986页。

[2] 〔日〕宇野精一：《〈儀禮〉についての二三の問題》，《國學院雜誌》第86卷第11号（1985年11月），第40頁。

[3] 〔日〕武内义雄：《禮記の研究》，《武内义雄全集》，東京：岩波書店，1979年，卷3，第213-309頁。

[4] 〔日〕濱久雄：《逸禮考》，《大東文化大学紀要（人文科学）》第33号（1995年），第173-194頁。

时代活动的人物，《武威汉简仪礼》可能是西汉时期《仪礼》传授的一形态。因此，《武威汉简仪礼》在西汉《仪礼》学研究上相当重要。可是在日本，研究《武威汉简》者极少，只有一篇，田中利明：《仪礼的"记"的问题——以威武汉简为中心》而已。[1]《武威汉简》中发现的《仪礼》总共有9篇，即《士相见之礼》、《丧服》、《服传》甲、乙、《特牲》、《少牢》、《有司彻》、《燕礼》、《泰射》。与今本相比，就发现许多差异，如次序、文字等，尤其田中所提出的问题是"记"的存在。众所周知，今本《仪礼》中《士冠礼》、《士昏礼》、《乡饮酒礼》、《乡射礼》、《燕礼》、《聘礼》、《公食大夫礼》、《觐礼》、《丧礼》、《既夕礼》、《士虞礼》、《特牲馈食礼》都有被称呼"记"的部分。可是，比较今本与《武威汉简仪礼》的"记"，今本"记"的部分，只有《燕礼》几乎一致，其他《武威汉简》却未称"记"。田中根据这些事实，推测今本称为"记"的部分都在西汉末年已经存在，可是，当时还未显然分为"经"与"记"，由于刘向所整理的《荀子·大略篇》有"聘礼志"、《白虎通》、郑注的引用等，认为最晚西汉末起逐渐开始分为"经"与"记"的工夫到郑玄时大致完成。并且田中把"记"分为两种：一是与经关系很密切的"直接的记"，另一是不太密切的"间接的记"，指出本来靠口传传承的"直接的记"随着时代变化已在战国末年成书，反之，"间接的记"被视为与经同等，仍与经相同口传，战国末年到汉初之间两者连在一起而成书，就是《士礼》17篇。他最后认为，《汉简》的《丧服》、《特牲》等的体裁是《士礼》17篇成立当时的形体。

（三）《仪礼注》、《仪礼疏》的研究

后代，《仪礼》学上有相当大影响力的确实是东汉郑玄《仪礼

---

[1]〔日〕田中利明：《儀禮の「記」の問題——武威漢簡をめぐって》，《日本中國學會報》第19集（1967年10月），第93-108頁。

注》、唐贾公彦《仪礼疏》两部。如上文所述,郑玄该不是第一个对《仪礼》加注的人,马融、卢植也可能注过《仪礼》。又东汉以后,《隋志》著录魏王肃注《仪礼》17篇、无名之《仪礼疏》两种,[1]《北史·儒林传下》有"(沈重)著《周礼义》三十一卷、《仪礼义》三十五卷、《礼记义》三十卷"的记述。可是,这些《仪礼注》、《仪礼疏》后来都被淘汰了。贾公彦《仪礼疏序》曰:

> 至于《周礼》、《仪礼》,发源是一,理有终始,分为二部,并是周公摄政大平之书,《周礼》为末,《仪礼》为本。本则难明,末便易晓,是以《周礼》注者则有多门,《仪礼》所注,后郑而已。[2]

可知唐初《仪礼注》只有郑注遗留。《四库全书总目》也曰:

> 其书自元(笔者注:郑玄)以前绝无注本,元后有王肃《注》十七卷,见于《隋志》。然贾公彦《序》称:"《周礼》注者则有多门,《仪礼》所注后郑而已",则唐初肃书已佚也。为之义疏者有沉重,见于《北史》,又有无名氏二家见于《隋志》,然皆不传。

针对郑玄《仪礼注》的文献学研究,只有服部宇之吉:《仪礼郑注补正》。此一看题目就知道,是参考后儒的见解而补充、订正郑注。《仪礼郑注补正》是从《士冠礼》到《士昏礼》[3];《仪礼郑注补正

---

[1]《隋书·经籍志》,第919页。
[2]《仪礼疏序》,(东汉)郑玄注、(唐)贾公彦疏:《十三经注疏·仪礼注疏》,台北:艺文印书馆,1960年,卷1,第2页。
[3]〔日〕服部宇之吉:《儀禮鄭注補正》,《中國學研究(斯文会)》第1編(1929年4月),第43-131页。

二》是从《乡饮酒礼》到《乡射礼》[1];《仪礼郑注补正三》仅录《士丧礼》。[2] 服部所写的序文、跋文都没有,所以为何编辑《仪礼郑注补正》、为何选这五篇不详,可是,在研究《仪礼注》上相当值得参考。另有高桥忠彦《从〈三礼注〉来看郑玄的礼思想》、[3] 栗原圭介《〈三礼注〉中所见在的训诂和科学思想》[4] 及《〈仪礼〉郑玄注中的礼经理念》[5] 等,都是透过《儀禮注》而研究郑玄思想。

到了唐代,贾公彦著作《仪礼义疏》。《旧唐书·贾公彦传》曰:

> 贾公彦,洺州永年人。永徽中,官至太学博士。撰《周礼义疏》五十卷、《仪礼义疏》四十卷。[6]

《旧唐书·经籍上》著录贾公彦所疏的《周礼疏》、《仪礼疏》以及《礼记疏》。[7] 贾《疏序》云:

> 其为章疏,则有二家:信都黄庆者,齐之盛德;李孟悊者,隋日硕儒。庆则举大略小,经注疏漏,犹登山远望,而近不知。悊则

---

[1] 〔日〕服部宇之吉:《儀禮鄭注補正二》,《中國學研究(斯文会)》第2编(1931年12月),第1-105頁。
[2] 〔日〕服部宇之吉:《儀禮鄭注補正三》,《中國學研究(斯文会)》第3编(1933年8月),第69-134頁。
[3] 〔日〕高桥忠彦:《〈三禮注〉より見た鄭玄の禮思想》,《日本中國學會報》第32集(1980年10月),第84-95頁。
[4] 〔日〕栗原圭介:《三禮鄭注に見る訓詁と科學思想(上)》,《大東文化大學紀要(人文科學)》第32号(1994年3月),第119-136頁;《三禮鄭注に見る訓詁と科學思想(下)》,《大東文化大學紀要(人文科學)》第33号(1995年3月),第195-206頁。
[5] 〔日〕栗原圭介:《〈儀禮〉鄭玄注における禮經理念》,《大東文化大學紀要(人文科學)》第35号(1997年3月),第165-182頁;《〈儀禮〉鄭玄注における禮經理念(二)》,《大東文化大學紀要(人文科學)》第36号(1998年3月),第117-134頁;《〈儀禮〉鄭玄注における禮經理念(三)》,《大東文化大學紀要(人文科學)》第37号(1999年3月),第87-110頁;《〈儀禮〉鄭玄注における禮經理念(四)》,《大東文化大學紀要(人文科學)》第38号(2000年3月),第1-23頁;《〈儀禮〉鄭玄注における禮經理念(五)》,《大東文化大學紀要(人文科學)》第40号(2002年3月),第51-78頁。
[6] (后晋)刘昫:《旧唐书》,北京:中华书局,1975年,第4950页。《仪礼义疏》,"四十卷"该是"五十卷"。
[7] 《旧唐书》,第1972-1973页。

举小略大，经注稍周，似入室近观，而远不察。二家之疏，互有修短，时之所尚，李则为先。

贾公彦能参考的以往研究，仅有南齐黄庆、隋李孟悊所著的两部《仪礼疏》。所以"贾公彦仅据齐黄庆、隋李孟悊二家之疏，定为今本"。此贾疏，一直到今天仍在研究《仪礼》上占有重要的位置。

近代日本《仪礼疏》文献研究，应该以仓石武四郎《仪礼疏考正》为嚆矢。[1] 此本来是从昭和六（1931）到十二年（1937）东方文化学院京都研究所进行"礼疏校讹"的研究报告。依据仓石所写卷末的跋文，纂述的凡例为四：其一，考究贾疏的源流。贾疏中有未注明根据何人说之处，但仓石透过与其他《义疏》、《通典》等对照，推测贾疏所据之说。其二，改正贾疏的疏谬。贾疏中有许多错误，例如"误《公羊》为《左氏》，引《礼记》称《周礼》之类"。[2] 另外，公彦己见中多发现不一致之处，因此仓石改正贾疏的误谬而调整龃龉。其三，订正宋刻的讹脱。仓石使用的版本是清道光中苏门汪氏所刻宋景祐官本（缺少的卷32到卷37使用阳城张氏校刻注疏本）。但是，仓石说："此本亦颇鲁鱼亥豕之误"，[3] 于是，他参照李氏《集释》、张氏《识误》、黄氏《通解》、魏氏《要义》等诸书和近儒之说而订正宋本。其四，矫正近儒的臆改。仓石承认清儒的研究成果，如乾隆馆臣的《仪礼注疏考证》、浦镗《十三经注疏正字》、金曰追《仪礼经注疏正讹》、卢文弨《仪礼注疏详校》、阮元《仪礼注疏校勘记》、曹元弼《礼经校释》等，他评之言"皆弥缝讹脱而还于旧观，可谓贾氏之功臣"。可是，另一方面"然

---

[1] 〔日〕仓石武四郎：《儀禮疏考正》（1937年），后作为汲古书院、东洋学文献中心丛刊影印版第7集出版（1979年）。原书为京都大学人文科学研究所所藏。
[2] 〔日〕仓石武四郎：《儀禮疏考正》，汲古書院、東洋學文獻センター叢刊影印版第7集，1979年，第585頁。
[3] 〔日〕仓石武四郎：《儀禮疏考正》，汲古書院、東洋學文獻センター叢刊影印版第7集，1979年，第586頁。

往往求太过，疑不可疑，或等闲视之，有不中关要"[1]。因此，仓石矫正这些近儒太过分的说法，研究《仪礼》者不该不参考。

高桥忠彦《关于〈仪礼疏〉〈周礼疏〉中的"省文"》注视《仪礼疏》与《周礼疏》中散见的"不具"、"互见"、"各举一边"、"举上明下"等被称为"省文"的体例。就高桥的看法而言，公彦认为，周公制作《仪礼》、《周礼》时依据"省文"的方针而避免重复表现，所以学礼者为了体谅周公的本意，得由类推、参照而复原完美的礼。高桥又通过与孔颖达《礼记正义》相比，指出《仪礼疏》、《周礼疏》与《礼记正义》之间有文献特征的相异，即：《仪礼疏》、《周礼疏》的重点在于抽出周公所制作的古礼，所以"省文"等体例发达，反之，《礼记正义》虽然使用相同词汇，但是，"省文"的体例没有《仪礼疏》、《周礼疏》那么发达，是因为《礼记》原来文献的特征。

《仪礼》学上，朱熹《仪礼经传通解》也不该忽视。宋代以后的礼学，现在是日本非常热闹的题目。可是，以《仪礼经传通解》为中心的研究并不多，除了上文所引户川芳郎的解说外，仅有上山春平《朱子的礼学——〈仪礼经传通解〉研究序说》与《朱子的〈家礼〉和〈仪礼经传通解〉》两篇。[2] 因本文的主题并非《仪礼经传通解》，在此不作赘述。[3]

三、《仪礼》内容上的研究

接着谈到《仪礼》内容上的研究。管见所及，前贤《仪礼》内容上的研究，还是可以分为两个趋势：一是分篇研究；二是其他研究。

---

[1] 〔日〕仓石武四郎：《儀禮疏考正》，汲古書院、東洋學文獻センター叢刊影印版第7集，1979年，第587頁。
[2] 〔日〕上山春平：《朱子の禮學——〈儀禮經傳通解〉研究序說》，《人文學報（京都大學人文科學研究所）》第41号（1976年3月），第1-54頁。《朱子の〈家禮〉と〈儀禮經傳通解〉》，《東方學報（京都）》第54册（1982年3月），第173-256頁，后收于《上山春平著作集》，京都：法藏館，1995年，第7卷，第339-432頁。
[3] 与清代《仪礼》学相关的论文有〔日〕水上雅晴：《阮元〈十三經注疏校勘記〉——〈儀禮〉の校勘を中心に》，《中國哲學》第32号（2004年3月），第123-158頁。

（一）分篇研究

本节介绍的是《仪礼》分篇研究的成果。《仪礼》一书虽然只有17篇，可以说并不多，然而包含着丰富内容，研究《仪礼》者一定需要多方面的知识，很不容易做整体性的研究。因此偏向于分篇研究，自然而然。在日本《仪礼》分篇研究，最有成果的是《丧服》相关研究。反之，除了《丧服》研究之外，《仪礼》分篇研究确实并不多。可是，《士冠礼》、《士昏礼》、《射礼》、《乡饮酒礼》、《士丧礼》等都有卓越的研究。

1.《士冠礼》

《士冠礼》就是《仪礼》的首篇。《士冠礼》相关的研究，首先介绍1936年后藤俊瑞（1893—1961）所发表的《仪礼冠礼在道德意义》。[1] 后藤俊瑞是从1929年到1947年在台北帝国大学（现台湾大学）任教，又主要研究的是朱子学，所以这篇是他在台湾时所作，[2] 也可能是从朱子学研究的观点来注视《仪礼》而论述冠礼所包含的人生道德意义。就后藤的看法而言，冠笄之礼就是使男女为成人的一种境界线，成人之后，男女都可以主张作为一个人的权利，另一方面得主动地履行义务。因而后藤指出，冠笄之礼一定是促进作为成人的自觉与决心的，在冠笄者精神上产生的效果就是冠礼最重要的使命。后藤研究的内容并不特别，但笔者认为，后藤指出冠礼塑造出成人之后的自发性或主动性，这点很有趣。此论文是最早期研究《士冠礼》的成果，有许多可参考之处。

接著是赤塚忠《士冠礼的构成及意义》。[3] 赤塚确认《士冠礼》的

---

[1] 〔日〕後藤俊瑞：《儀禮冠禮の道德的意義（上）》，《斯文》第18编第3号（1936年3月），第1-7页；《儀禮冠禮の道德的意義（下）》，《斯文》第18编第4号（1936年4月），第27-31页。

[2] 关于后藤俊瑞的生平，可参见〔日〕藤井伦明：《近代日本旅台学者后藤俊瑞的朱子学研究》（《儒学研究论丛》第1辑，2008年，第89-105页）。

[3] 〔日〕赤塚忠：《士冠禮の構成及意義（一）》，《漢學會雜誌》第9卷第3号（1941年12月），第319-332页；以及《士冠禮の構成及意義（二）》，《漢學會雜誌》第10卷第1号（1942年5月），第46-67页。后改题为《士冠禮の構成および意義》，收于《赤塚忠著作集》，東京：研究社，1986年，第3卷，第327-360页。

结构，首先是发现冠礼有以"宾"为中心的部分与以"主人"为中心的部分，前者比后者占有更重要的位置，他指出：

> 总之，冠礼岂不该视为是本有以宾为中心的原形，后来随着家族的发达走向增大家族意义的方向，最后被它内涵？[1]

那么，原占冠礼中心的"宾"有如何内涵？赤塚认为，"宾"原是在以礼为纽带的乡党占有主要的位置，掌握集团存立的绝对权。后来冠礼被家礼包括，宾仍是代表乡党集团生活者。

其次，赤塚谈到冠礼在冠者本人上的意义，将其当作"从幼年到成人的转机"。此时，最象征冠者的特质是"冠"与"字"。加冠是加以集团的权威而要求服从乡党集团；加字则保证冠者在乡党中的地位。

另外，赤塚注视《士冠礼》之中的两个特色：其一，统合冠礼的宗教观念。冠礼中看到的宗教观念并不是以祖先为中心，而是以天为中心。此也是暗示冠礼与乡党秩序之间的关系。其二，冠礼并非礼的整体，始终只不过是履礼的起点。

随着时代的变化，家族愈来愈强大，所以赤塚认为《仪礼·士冠礼》的冠礼就是家族强大化之后的。但是，仍有不变之处，此就是冠礼的本质、原义，即是"一贯《士冠礼》的是表示冠者与团体的关系"。[2] 此关系当然包括肯定与否定。若他能够顺从集团的规定，就被容认；否则，不能得到作为一个成人的承认。赤塚最后说：

> 总之，《士冠礼》是以中国古代最明显的伦理事实来表现出其构造的。由此可知，伦理在伦理实践者进入有秩序的集团时成立，含有肯定的侧面与否定的侧面之二元结构。而考虑到《士冠礼》只

---

[1] 〔日〕赤塚忠：《赤塚忠著作集》，第3卷，東京：研文社，1986年，第337页。
[2] 〔日〕赤塚忠：《赤塚忠著作集》，第3卷，東京：研文社，1986年，第357页。

不过是礼之一种,也是所谓礼之起点,以后也有继续,认为此不止《士冠礼》,就是礼本身的结构。[1]

赤塚在《士冠礼》之中看出礼的基本结构。

另外,与《士冠礼》相关的研究有田中正春《关于〈仪礼〉士冠礼的祝辞》[2]及小林彻行《〈仪礼〉士冠礼篇中所见的女礼》[3]。各自以以往未有注视的祝辞、女礼为题目,值得参考。

2.《士昏礼》

《士昏礼》的研究,仅有平冈武夫《关于〈士昏礼〉中所见的用雁的古俗》[4]。《士昏礼》有纳采、问名、纳吉、纳征、请期、亲迎六礼,之中除了纳征之外,都包括"用雁"仪节,所以平冈认为,在婚姻成立上"用雁"占有非常重要的位置,并且在古代中国社会,婚姻是人生大事。平冈指出:

> 既然婚姻是人生大事,而且"用雁"仪节与婚姻的成立之间有很密切的关系,探究此仪节,在研究《士昏礼》上,或者阐明中国文化社会上,有非常重要的意义,自不待言。[5]

但是,"雁"有两种说法:郑玄解释为冬鸟的雁,唐疏、宋明人皆继承。可是,清儒王引之《经义述闻》将其视为鹅,以后王劼《毛诗读》卷三、陈奂《诗毛氏传疏》卷三、王先谦《诗三家义集疏》卷三上等都支持引之说。平冈认为,研究《士昏礼》时,这雁与鹅之差别不该

---

[1] 〔日〕赤塚忠:《赤塚忠著作集》,東京:研文社,1986年,第3卷,第359頁。
[2] 〔日〕田中正春:《〈儀禮〉士冠禮の祝辭について》,《漢文學會會報(國學院大學漢文學會)》第18輯(1973年3月),第25-34頁。
[3] 〔日〕小林徹行:《〈儀禮〉士冠禮篇にみえる女禮》,《日本中國學會報》第51集(1999年10月),第1-15頁。
[4] 〔日〕平冈武夫:《士昏禮に見えたる用雁の古俗に就いて》,《中國學》第7卷第4号(1935年5月),第33-78頁。
[5] 〔日〕平冈武夫:《士昏禮に見えたる用雁の古俗に就いて》,《中國學》第7卷第4号(1935年5月),第34頁。

忽视，是因为鹅四时都可以捕获，反之，雁冬天才能看到，因而雁还是鹅？此问题实在是与古代中国婚姻规定的季节相关。关于婚礼的季节有三种说法：一、毛公等的秋冬说；二、郑玄的仲春说；三、束皙的四时通用说。但是，平冈依据古代社会以农事为主要的规定者，认为古代中国原则上会避免在农忙期而在农闲期的秋冬举行婚礼，所以婚礼时可以用雁。

其次，平冈讨论婚礼时使用雁的理由，而注视射与雁的关系。中国人常有把雁当作射的目标，或者视为联想到射的，并且古代中国人非常重视射，是因为射是表示男子能力之一。表示新郎生产能力的仪式，多见于诸民族结婚风俗中。因此，平冈指出：

> 盖：以秋冬为婚季的社会情势地盘上，尊重射技的观念与对雁的特殊常识结合起来，婚礼使得选用雁，并且必限于雁。[1]

而平冈推测，婚礼用雁的风俗在狩猎牧畜民族接触已进入农业社会的民族而迅速农业化时发生：即离周初不太远的时代。

平冈进而谈到"用雁"史的发展。随着时代的变化，人人都忘掉"用雁"原有表示男子能力的意义。可是，"用雁"风俗本身一直遗留下来。因为农业经济的力量越强大，越需要冬天结婚，使用冬天渡来的雁之仪节能够满足这条件，并且更增加宗教的神圣性。平冈又指出，中国人拥有对从古代传下来的仪礼尊崇的性情，所以"用雁"虽丧失原有的意义，仍然能保留下来。但就平冈的看法而言，到了汉代，这仪礼慢慢发生了变化。例如，为了避免重复，纳征礼之中的"用雁"被省略。雁有时间上、费用上的限制，所以在西汉时代之以四时常畜的鹅。可是，直到清代，仍有中国人婚礼时会克服许多困难重视用雁的概念。所

---

[1] 〔日〕平冈武夫：《士昏禮に見えたる用雁の古俗に就いて》，《中國學》第7卷第4号（1935年5月），第59頁。

以平冈说"用雁"就是中国人特有的习俗，从而注视"用雁"的重要性。平冈论文始于"用雁"，最后谈到中国人的性质，虽与《士昏礼》有关的论文只有一篇，[1] 但他的论文富有启发性，值得参考。

3.《乡饮酒礼》

《乡饮酒礼》相关的研究有藤川正数《乡饮酒礼中体现的秩序原理》[2]，研究乡饮酒礼中的秩序原理与结构。他首先根据《孟子》而指出乡饮酒礼中的尚齿的原理，其次从中看出尚爵的原理，最后抽出尚德的原理。尚齿起源于家族伦理，但后来随着血缘结合的孤立性社会公正化，成为乡饮酒礼的原理。尚爵也受到重视，可是，如《周礼·党正》说："一命齿于乡里，再命齿于父族，三命而不齿"，在乡里比不上尚齿的原理。但是，因为乡仍是家外的世界，尚齿不及尚德的原理，所以尚齿可以适用在宾众的身上，宾与介却以贤能（德）为主。就他的看法来说，乡饮酒礼中有三个原理，即尚齿、尚爵、尚德，密切结合。

佐川茧子在《关于中国古代乡饮酒要领的形成——以〈仪礼〉〈礼记〉在关系为中心》[3] 中首先关注《仪礼·乡饮酒礼》与《礼记·乡饮酒仪》之间的差异，指出《仪礼》以外存在着其他乡饮酒礼的可能性。于是，她针对《礼记》、《大戴礼记》、《白虎通义》、《盐铁论》中的"乡饮酒"、"乡饮"、"乡"作出分析，确认"乡饮酒"、"乡"之外另有饮酒礼，而主张《乡饮酒礼》中的仪礼并不是乡饮酒的全貌，而只不过一个典型而已。因此，她认为原来在乡党所进行的饮酒只不过是庶民也可以参加，并且是没有仪节的饮酒机会；另一方面，还有在士大夫之间发展起来的以宾为主的饮酒仪礼。后世两者之间的区别丧失，

---

[1] 另有《學術參考ビデオ解說——〈儀禮〉士昏禮の復元、臺灣省における現代の或る葬禮の紀錄》，《中國研究集刊》特別号（1994年10月），第1263-1274頁。此文是介绍台湾孔德成教授指导的《仪礼》复原实验小组所拍摄之影片。
[2] 〔日〕藤川正数：《鄉飲酒禮に現われたる秩序の原理》，《内野台嶺先生追悼論文集》，東京：内野台嶺先生追悼論文集刊行會，1954年，第66-76頁。
[3] 〔日〕佐川繭子：《中國古代に於ける鄉飲酒の概念形成について—〈儀禮〉〈禮記〉の關係を中心に》，《日本中國學會報》第49集（1997年10月），第15-28頁。

进而加以用年龄保持秩序的意义。她的观点很有趣，如注视《仪礼》与《礼记》之间的差别、"乡饮酒"概念的变迁等，这些都是研究两部经书时相当重要的角度。但，论述稍显不足。例如，乡党中进行的饮酒与士大夫之间所进行的仪节之间的区别为何丧失？这点是这论文的关键，可是她毫无说明。

接着是小南一郎的《饮酒礼与裸礼》[1]。小南基本上的立场与上文所述的《关于射的仪礼化》一样，重视从宗教到仪礼的变化，另一方面，他也关注仪礼背后存在的宗教要素，他认为：

> 已到仪礼从宗教独立，并与鬼神之关系的要素不露出表面的阶段，实际上让仪礼有效的是那不露出外面的宗教要素。[2]

饮酒确实在中国仪礼制度上占有相当大的部分，在这篇论文中，他根据如上看法，通过分析青铜器"尊"在饮酒仪礼中的角色，而讨论饮酒仪礼为何占有中国仪礼中重要的位置。就他的看法来说，西周以后戒酒的习惯在上层阶级普及，转换成以礼乐为主的时代。然而当时人仍然施行"裸礼"，而邀请神到堂之深处敬酒，此意味着他们仍意识到祖先神灵会在其乡党所进行的饮酒仪礼中降临。如此与祖先神共食的仪礼，有支持乡党组织的功能。总之，西周中期以后，礼乐制度逐渐确立，可是，在其礼乐制度的基础部分仍然遗留乡饮酒礼的传统。

4.《乡射礼》、《大射》

小南一郎《关于射的仪礼化——其两个阶段》[3]。小南一边承认礼原有宗教性，但是，另一边又说：

---

[1] 〔日〕小南一郎：《飲酒禮と裸禮》，小南一郎编：《中國の禮制と禮學》，京都：朋友書店，2001年，第65-99頁。
[2] 〔日〕小南一郎：《飲酒禮と裸禮》，小南一郎编：《中國の禮制と禮學》，京都：朋友書店，2001年，第66頁。
[3] 〔日〕小南一郎：《射の儀禮化をめぐって——その二つの段階》，小南一郎编：《中國の禮制と禮學》，京都：朋友書店，2001年，第47-116頁。

假设笼统地对中国的礼下如下定义：是一连串规范群按预先规定的脚本限制个人的行动。如此规范在其他古代文明地域，除了在政治上之外，大半由宗教性的力量来支持。并且其政治权威大概也以宗教的力量为背景而成。反之，至少据外表而看，中国的礼制排除宗教要素而成立。[1]

因此，他说："中国古代的礼制度，……相当特别"，应重视中国礼制排除宗教性的阶段，把焦点集中到射礼这一点而研究其变迁的各种姿态。小南首先讨论辟雍的射礼。杨宽《射礼新探》[2]、川原寿市《仪礼考释》等皆认为，射礼起源于狩猎，对民众进行军事训练是射礼实际上的目的。小南也据《周礼·夏官·大司马》而承认狩猎的目的在于军事训练，他同时看出狩猎与《仪礼》所述的射礼之间有很大的差别，是因为射礼一定在堂上进行，又包括饮酒的仪礼。因此，小南完全否认杨宽、川原的看法。于是，小南注视西周前期末到中期初的金文资料中所散见射礼与辟雍、辟雍与大池的关系，又考虑到当时祭礼后的宴席有射礼，而认为："见于西周金文中的射礼，是主要祭祀结束后的宴席所伴随，其宴会是大家一起享受向神的供品之仪式"，[3] 又指出："射，原是寻问神意志的方法，也是处理神圣牺牲的方法。"[4] 总之，就小南的看法而言，射礼源自宗教性活动。但是，当时在与射礼相关的金文资料中屡次看到周王之名，由此小南认为，原有宗教性的射礼随着西周社会的变化，获得了政治性。就是说，围绕周王的宗教性行事在西周中期政治化、仪式化，他认为应在礼制度形成史上重视西周中期这一关键时期。

---

[1] 〔日〕小南一郎：《射の儀禮化をめぐって——その二つの段階》，小南一郎编：《中國古代禮制研究》，京都：京都大學人文學研究所，1995年，第47頁。
[2] 收于杨宽：《古史新探》，北京：中华书局，1965年，第310-337页。
[3] 〔日〕小南一郎：《射の儀禮化をめぐって——その二つの段階》，小南一郎编：《中國古代禮制研究》，京都：京都大學人文學研究所，1995年，第68頁。
[4] 〔日〕小南一郎：《射の儀禮化をめぐって——その二つの段階》，小南一郎编：《中國古代禮制研究》，京都：京都大學人文學研究所，1995年，第114頁。

接着，小南讨论《仪礼》中的乡射礼与大射礼的关系，推测大射礼基于乡射礼而成。而后他指出，西周所施行的射礼与乡射礼之间有很大的差别：第一，西周的射礼是在祭祀后的宴会上的，反之，乡射礼只在包括以饮食为中心的宴会和射礼上。第二，西周的射礼已经是作为王者的仪礼而被制度化，乡射礼却是在地域共同体中所形成的，《仪礼》记录的就是这与地域关系很密切的仪礼。并且小南注视战国前半期的礼器上所描述的人物图像与《仪礼》记述的共通点而推测出了《仪礼》中的仪礼成立的时间。就他的看法而言，春秋到战国的社会结构的变化引起有关神与人之间的新的观念，基于如此观念，排除神存在的礼制度才完成。

小南最后的结论为："在西周中期到后期之间，王者的仪礼形成；在战国前半期，士大夫的礼制度完成。"[1] 他认为，中国的礼制度经过这两个阶段而成，以后搁置神存在的礼制度决定了以后的中国文明。小南的研究不但使用文献数据，还使用金文、图像数据，加以详细地分析，非常可靠。[2]

5.《丧服》

在日本《仪礼》内容的研究史上，最有成果的是与《丧服》相关的研究。依据《隋志》的记录，马融、郑玄等都有《丧服经传》，魏晋以后《丧服》相关的著作也相当多，可知《丧服》早就得到许多知识分子的关注。在日本也不少学者关注这篇，是因为研究古代家族制度时，《丧服》提供了相当丰富的与古代家族制度相关的数据。

日本近代最早期的《丧服》研究者有广池千九郎（1866—1938）。广池是大分县中津市出身的法学者、历史学者，他开拓"东洋法制史"

---

[1]〔日〕小南一郎：《射の儀禮化をめぐって——その二つの段階》，小南一郎编：《中國古代禮制研究》，京都：京都大學人文學研究所，1995年，第115頁。
[2] 射礼研究另有〔日〕三上顺：《中國古代の射禮についての一考察》，《哲學》（广岛哲学会）第21集（1970年3月），第97-114頁。他的论点总共有四点：第一，大射礼是天子或者诸侯的礼；第二，燕射礼为天子、诸侯的礼，乡射礼为乡大夫、士的礼，都是射兽侯；第三，由于宾射礼与大射礼的侯制等相似，宾射礼是大射礼下一段重要的礼；第四，侯的形状，郑玄说为然。

的领域，后来提倡moralogy（道德科学），创立了道德科学研究所。他在1915年出版的《东洋法制史本论》中有《丧服》相关的研究，即《中国丧服制度的研究》。[1] 由凡例可知，广池为了厘清中国亲族法、相续法的原理，开始对丧服制度进行研究。他首先讨论丧服制度的起源与发展过程，认为殷以前以血缘的亲疏为标准而决定服丧，到了周代进而推广到君臣、师友的关系，丧服制度才完成，周代的封建制度正是基于丧服制度。《仪礼·丧服》所记述就是周代的情况，他在此看出从"质"到"文"的转换。其次，广池指出丧服有两种形式：其一是丧服期间穿的衣服、冠带以及其他附属品，表示天然血属上的亲疏；其二是穿丧服期间的长短，意味着人为尊卑的分别，他将这些视为"仁"与"义"的表征。虽然有一些问题，但是，他从法制史的观点来研究《丧服》，既独特又有趣。广池另有《中国古代亲族法的研究》，此文也可参考。[2]

关于《丧服》，松浦嘉三郎也发表过《丧服源流考》一文。[3] 松浦首先说："余曾欲知中国古代家族制度，读过最重要的文献《仪礼·丧服》，但是，就其源流不禁涌出种种疑惑。"[4] 松浦认为，《仪礼》中，《丧服》与其他16篇的源流不同。其理由共有三：第一，记述的方式。其他16篇的内容都是仪礼的顺序、规则，而《丧服》论述的却是服丧的时间、丧服的精疏，行文也以经为先，其次附上传，似乎以师弟之间的问答为著述。第二，关于西汉《仪礼》的传授。刘向将礼学分为制度、通论、明堂阴阳记、丧服、世子法、子法、祭祀、乐记、凶礼、吉事等。松浦根据这种分类，认为《丧服》在西汉时代已经得到独立的位

---

[1] 〔日〕广池千九郎：《中國喪服制度の研究》，收于《東洋法制史本論》（東京：早稻田大学出版部，1915年）。后收于《广池博士全集》（千叶县小金町：道德科学研究所，1937年），第2册；《广池博士全集》（柏：广池学园出版部，1968年），第3册；以及〔日〕内田智雄校订：《東洋法制史研究》（東京：創文社，1983年）等。
[2] 〔日〕广池千九郎：《中國古代親族法の研究》，收于《東洋法制史本论》，東京：早稻田大學出版部，1915年。
[3] 〔日〕松浦嘉三郎：《丧服源流考》，《東方學報（京都）》第3册（1933年3月），第150-181页。
[4] 〔日〕松浦嘉三郎：《丧服源流考》，《東方學報（京都）》第3册（1933年3月），第150页。

置。第三，今、古文的问题。郑玄附注时，参考今古两种文本，若有差异，一定注明"今文作某"或"古文作某"，其他16篇中到处可看到。而《丧服》中只有一处。因此松浦推测，今古文两派都使用同样的文本，或是仅有《丧服》无今古文的对立。总之，他认为《丧服》与其他16篇不同，有特殊的背景。松浦曾发表《关于礼仪的成立》，已指出过《仪礼》原本成立于战国末期到汉初，也谈到更晚的可能性。这篇《丧服源流考》中，他进而讨论《仪礼》在西汉传授的过程，最后认为经过接纳《礼运》思想的后仓或是戴德之手，17篇的《礼经》才成立，《丧服》同时属于17篇中，因而不在高堂生所传的《士礼》中，也非徐生所传的礼容。于是，他关注《丧服》与《公羊传》思想上的类似性，结论为《丧服》就是礼今文派所制作的新文献。

接着要介绍的是一位台湾人的研究。他叫郭明昆（1905—1943），在日据时代的台湾台南麻豆出生，1931年早稻田大学文学部哲学科毕业之后，回到台湾在台南第二中学任教，1933年因津田的招聘回到早稻田大学大学院，受到津田左右吉的指导而做了中国亲族称谓的研究。他于1934年到1936年留学北京，从北京回日本之后，任第二早稻田高等学院临时讲师、早稻田大学特设东亚专攻科讲师、第二早稻田高等学院专任讲师。1943年2月他夫人去逝，4月他升任教授，可是，11月23日他跟三个孩子一起在回台途中，受到美国潜水舰的攻击而沉入大海，享年37岁。战后，他的研究成果《中国的家族制及其语言的研究》出版。[1] 郭明昆对《仪礼·丧服》的研究有两篇：其一是《仪礼丧服考》[2]，其二是

---

[1] 郭明昆著，李献璋编、金培懿译：《中國の家族制及び言語の研究》，東京：早稻田大學出版部，1963年。郭明昆的生平据于该书附载的《郭明昆教授略历》，第5-7页。另有陶希圣：《郭明昆及其遗著》，《新时代》第1卷12期（1961年12月），第42页，及林庆彰编：《日据时期台湾儒学参考文献（上册）》（台北：台湾学生书局，2000年）的《作者简介》，第393-394页。

[2] 郭明昆：《儀禮喪服考》，《東洋学報》第21卷第2号（1934年1月），第135-167页。这篇原是他在早稻田大学时代所著的毕业论文，也是他第一篇与《仪礼》相关的成果。后收于《中國の家族制及び言語の研究》，第1-36页，林庆彰、李寅生译：《日据时期台湾儒学参考文献》也载录《〈仪礼·丧服〉考》第395-432页。

《丧服经传考》[1]。

《仪礼丧服考》也是探讨《仪礼·丧服》的成立过程的。他先从《丧服》中看出斩衰、大功、削杖各基于齐衰、小功、苴杖而发生，受服的规定、尊厌的降服规定以及君臣关系上从服的规定皆并不太旧，他还指出《丧服》包含广泛身份的关系也是新的发展，认为《丧服》在《荀子》以后的战国末期成立。最后，郭谈到《丧服》在战国末期成立的理由，即战国时代的上层社会有厚葬的风习，儒家从孝的观点来使这种厚葬的风习正当化。又因为厚葬有许多列席者，儒家需要定立列席者的次序。郭认为《丧服》的成立，源自于实际上的要求。接着，《丧服经传考》探讨了《子夏传》是否忠实地传承《丧服经》的意图的问题。他在《经》与《传》之间看出很大的差异，《传》并非忠实于《经》文，他说："总的说来，传对丧服礼的解释，与其说是道德的，倒不如说是权力的，说其为人情味浇薄的权势本位思想也是恰如其分的。"[2]那么，《子夏传》何时成立？郭已提出过《经》在战国末期成立，所以《传》一定在秦汉以后。于是，郭注视《子夏传》与《礼记·大传》之间有相同之处。而根据《大传》是在西汉武帝时成立的，作出《子夏传》与《大传》略同一时期成立的结论。他的研究虽受到津田左右吉相当大的影响，可是，因为脚踏实地，其研究中有许多现在也可参考的部分。

第二次世界大战后，有两位学者对《丧服》进行了研究。其一是影山诚一。他有许多与《丧服》相关的著作，其中第一篇是《关于丧服篇的特异性》。[3]影山在开头说：

---

[1] 郭明昆：《喪服經傳攷》，《フィロソフィア》第3卷（1933年12月），页码不详。后收于《中國の家族制及び言語の研究》，第37-79页，林庆彰编、金培懿译：《日据时期台湾儒学参考文献》也载录《〈丧服〉经传考》，第395-432页。
[2] 郭明昆著、李献璋编、金培懿译：《中國の家族制及び言語の研究》，東京：早稻田大學出版部，1963年，第72页，第481页。
[3] 〔日〕影山誠一：《喪服篇の特異性について》，《大東文化大學紀要》第1輯第1分册（1963年3月），第73-90页。后收于《喪服總說》，東京：大東文化大学東洋研究所，1969年，第152-175页。

笔者针对《仪礼·丧服篇》的特异性，拟举出三点：第一，此篇的构成与其他十六篇不同；第二，透过研究此篇的成立，可以推测《仪礼》的成立过程；第三，此篇的服制后来成为历代服制的根本。[1]

在此容易看出他对《丧服》的基本看法。关于第一点，他进而举出四个根据：第一，《乡饮食礼》、《乡射礼》、《燕礼》、《大射仪》等都以某个阶级为对象，由篇名可知仪礼的主宰者，而仅有《丧服》不能由篇名认识主宰者；第二，《仪礼》中《士冠礼》、《士昏礼》等12篇都有"记"，但是，另有《传》的只有《丧服》而已；第三，《仪礼》内容上其他16篇是记述仪礼的顺序，与此相反，《丧服》被理论地体系化；第四，《丧服》原是以四亲等为限制的四服，后来成为以五亲等为基本的五服。就是说，《丧服》通过两个阶段而成，此点与其他16篇的成立过程不同。如此，《丧服》通过两个阶段而成。那么，第二阶段何时进行？影山根据《丧服》的父次有天子或君主、与《礼记》诸篇的记述比较等，认为《丧服》成立于周朝衰退的时代——即战国末年。总括天子、诸侯以下整个阶级的《丧服》在战国末年成立，这就是《仪礼》各篇成立的下限，因此，影山举出了第二观点。最后，他谈到《丧服》在后代的变迁，指出虽有稍有改变，但基本内涵仍然被保持，并由此看出作为中国家族制度史研究资料的《丧服》之意义。以后影山也陆续发表了《丧服经传注疏补义》、《丧服义例考》[2]、《丧服立文考》[3]、《丧服概说（一）》[4] 等，最后合为一书而出版了《丧服

---

[1]〔日〕影山誠一：《喪服篇の特異性について》，《大東文化大學紀要》第1輯第1分册（1963年3月），第73頁。

[2]〔日〕影山誠一：《喪服義例考（上）》，《大東文化大學紀要（文學部）》第2号（1964年3月），第21-37頁；《喪服义例考（下）》，《大東文化大學紀要（文學部）》第3号（1965年3月），第83-100頁。后收于《喪服總說》，第209-258頁。

[3]〔日〕影山誠一：《喪服立文考》，《大東文化大學紀要（文學部）》第4号（1966年3月），第1-11頁。后收于《喪服总说》，第259-275頁。

[4]〔日〕影山誠一：《喪服概説（一）》，《大東文化大學紀要（文學部）》第6号（1968年1月），第23-38頁。后收于《喪服总说》，第1-26頁。

总说》，但是，他的研究立场基本可见于《关于丧服篇的特异性》这一篇。

还有一位是谷田孝之。谷田本出身于广岛文理大学汉文科，战后受到当时广岛大学教授池田末利的指导，而发表《关于经之绞、散的考察》[1]、《关于古代丧服的辟领》[2]、《关于中国古代服丧中的深衣》[3]、《关于中国古代丧礼中的兼服》[4]等文章。1961年把以前所发表的成果总括成一书，出版了《关于中国古代丧服的基础研究》[5]，以后也陆续发表了《丧服》有关的研究：《仪礼丧服篇中所见的妇人不杖》[6]、《关于以仪礼丧服为中心所看到的相续的次序》[7]、《关于仪礼丧服篇大功章大夫在妾之条件》[8]等。其中，他代表性的研究仍然是《中国古代丧服的基础研究》，从宗教学、社会学的角度，透过研究礼文献上所出现的中国古代丧服制，追究丧服原初的形态与意义，而指出丧服原来只有到殡的脱除，后来加以袭服、受服。因此，他认为，丧服变除的顺序，不但相应于一时代的葬丧过程，还与其变迁过程有关系。至于丧服原初的意义，谷田指出丧服拥有与日常性的反对制，如丧服的左右、内外与日常相反。他认为，这些丧服形制原是以从死者的逃避为目的，后来衍生出社会标志的意义。

---

[1] 〔日〕谷田孝之：《經の絞、散についての一考察》，《哲學》（广岛哲学会）第7集（1957年4月），頁数不明。
[2] 〔日〕谷田孝之：《古代喪服の辟領について》，《中國學研究》（广岛中国学会）第22号（1959年7月），頁数不明。
[3] 〔日〕谷田孝之：《中國古代の服喪における深衣について》，《東方學》第19号（1959年10月），第13-27頁。
[4] 〔日〕谷田孝之：《中國古代の喪における兼服について》，《中國學研究》第24、25号（1960年10月），頁数不明。
[5] 〔日〕谷田孝之：《中國古代喪服の基礎的研究》（广岛：广岛大学文学部中国哲学研究室，1961年），后1970年再版于東京風間書房，该书亦附上〔日〕谷田孝之：《禮經の儀禮主義——宗教學的考察》（广岛：廣島大学文学部中国哲学研究室，1965年），非常便利。
[6] 〔日〕谷田孝之：《儀禮喪服篇に見える婦人不杖について》，《哲學》（广岛哲学会）第13集（1961年10月），第13-24頁。
[7] 〔日〕谷田孝之：《儀禮喪服を中心として觀た相續の次序について》，《日本中國學會報》第15集（1963年10月），第8-24頁。
[8] 〔日〕谷田孝之：《儀禮喪服篇大功章大夫の妾の條件について》，《中國學研究》（广岛支那学会）第30号（1965年3月），第1-10頁。笔者未见。

栗原圭介《古代中国的服丧制度与亲属称谓》[1]是从文化人类学的观点来探究丧服制度，丧服制度背后看出中国民族所拥有尊崇宗庙的信念（原始心性），又指出丧服结构以"己"为中心。换言之，以"己"为基准而血缘的亲疏被决定。栗原进而讨论亲属称谓、"正名"的问题，依据James Hillman的"树木象征"论[2]及Leon Vandermeersch的"系统树"而说：

> 恰似树木的树干和树枝、大枝和小枝，每一枝都作为被个别化的一个单位，发挥各有各的作用，而总括为有机的统一体，构成亲属的小宇宙。[3]

栗原的研究多利用心理学、文化人类学的成果，笔者认为研究丧服时，这也是重要的角度。

以上，谈到日本人《丧服》研究的成果，都非常详细。尤其是郭明昆的研究，水平相当高，从现代的观点来看也很有意义，研究《丧服》者应该参阅。另外，专论后代的丧服制度，有藤川正数《关于魏晋时期丧服礼说的考察》[4]等，也可参考。

6.《士丧礼》、《既夕礼》、《士虞礼》

接着介绍的是丧礼相关的研究。与冠礼、婚礼并列，丧礼介于生与死之间，占着人生中重要的位置，自不待言。《仪礼》17篇中《士丧礼》、《既夕礼》、《士虞礼》三篇都与丧礼有关，可知古代人重视丧

---

[1]〔日〕栗原圭介：《古代中國の服喪制度と親屬稱謂》，《漢學研究（日本大學中國文學會）》第22、23号（1985年3月），第15-31页。
[2] 栗原《古代中國の服喪制度と親屬稱謂》介绍James Hillman的看法（第27页）。Hillman曾说："有機統一體的人之自我感覺的主要象徵形體。以榮格（Carl Gustav Jung）爲代表，許多心理學者作爲相等於各人生命利用樹木象徵。"井筒俊彦、James Hillman、河合隼雄鼎談：《ユング心理學と東洋思想》，《思想》第708号（1983年6月），第10页。
[3]〔日〕栗原圭介：《古代中國の服喪制度と親屬稱謂》，《漢學研究（日本大學中國文學會）》第22、23号（1985年3月），第29页。
[4]〔日〕藤川正数：《魏晉時代における喪服禮說に關する一考察》，《日本中國學會報》第8集（1956年10月），第55-70页。

礼。科学未发展的时代，与死者的诀别包含着特别的意义。丧礼相关的研究，不但能厘清古代风俗的原貌，还可能提供给我们古代中国人的生死观。因此自古以来，注视丧礼者也不少，他们从各种各样的观点来研究丧礼。

以"尸"为主题的研究，有狩野直喜《关于中国古代祭尸的风俗》。[1] 狩野云："尸者，上代中国民族之间一般所进行的风俗，人死而葬已结束之后，把他为神祭奠时，立模仿神的形象者而邀请他来祭奠之席，让他饮食；既然像神，即使他的地位实际上比祭奠者低贱，也将其视为尊严神圣者招待他。"而后对"此珍奇的风俗"进行讨论起源、意义。[2] 狩野首先探究中国人"死"的观念，而指出奠与祭之间的差异。丧礼过程中，从人死到埋葬之间，并不把死者视为死者。可是，从埋葬后起，即以死者为神而事之。狩野在此看出奠与祭的区别，而发现祭以后才出现"尸"。然后举出奠时的"重"、"尸（屍）"与祭时的"主"、"尸"，注视"屍"和"尸"的关连，而一边论述尸有死者鬼魂依靠的意义，一边论及用祭"尸"的风俗比用"重""主"的风俗古旧。他又在下篇讨论天地、社稷、山川祭祀中的"尸"。

池田末利《立尸考——其宗教的意义和原初形态》[3] 也讨论了"尸"的问题。中江丑吉（1889—1942）《中国古代政治思想史》曾经论述过尸的起源：第一，灵魂离开肉体不能存在的思想；第二，视生者与死者为类似的思想；第三，人崇拜时需要具体对象的思想。[4] 池田一边在说明要求尸心理的根据上高度评价了中江的看法，另一边从宗教的

---

[1] 〔日〕狩野直喜：《中國古代祭尸の風俗に就きて（上）》，《中國學》第2卷5号（1927年1月），第1-26頁；《中國古代祭尸の風俗に就きて（下）》，《中國學》第2卷9号（1927年5月），第29-39頁。后收入《中國學文藪》（東京：みすず書房，1973年），第63-87頁。
[2] 〔日〕狩野直喜：《中國古代祭尸の風俗について（上）》，《中國學》第2卷5號（1927年1月），第325頁。
[3] 〔日〕池田末利：《立尸考——その宗教的意義と原初形態》，《廣島大學文學部紀要》第5号（1954年3月），第48-70頁。后收于《中國古代宗教史研究 制度と思想》（東京：東海大学出版社，1981年），第623-644頁。
[4] 〔日〕中江丑吉：《中国古代政治思想》，東京：岩波書店，1950年，第100-102頁。丑吉就是明治的思想家中江兆民（1847—1901）的长子。

角度，进而探究尸的原初形态。池田首先注意到被葬者的孙子被当作尸。大部分的学者已经指出过此与昭穆制度的关系，然而池田认为除了祭祀主宰者子之外，孙子最相似被祭者，因而孙子担任尸的角色。那么，其原貌如何？池田通过契文、金文"尸"字的分析，指出"尸"起源于戴着骷髅的形象，到了殷代已有相似死者的孙子被当作尸的习惯。就是说，崇拜祖先原是基于崇拜骷髅（skull cult）的死者崇拜（toten cult），"尸"就是后来代替骷髅象征祖先的孙子。栗原圭介《虞祭的仪礼意义》[1]也与池田同步，注视从"尸""重"到"尸""主"的转移，而讨论虞祭的性格。虞祭一般认为是凶礼，而栗原认为虞祭位于纯吉与纯凶的中间，在此看出虞祭的特殊性。[2]

注视人死后所进行的"复"的论考也不少，例如有内野台岭《关于"复"礼》[3]、栗原圭介《关于复的习俗》[4]以及大形彻《关于〈仪礼〉士丧礼的"复"——"复"为祈愿回生之仪式吗？》[5]。前两者笔者未见，在此只能介绍大形彻的研究。以往研究者多半都认为，被称为"复"的仪式是希望死者回生，大形本身也曾依据郑注，而认为这是一种回生术。[6]但，虽然举行回生的仪式，人却大半不会回生，然则仪式为了作为"亡骸"的尸体而进行，此毫无意义。所以大形于后来发表

---

[1] 〔日〕栗原圭介：《虞祭の儀禮的意義》，《日本中國學會報》第13集（1961年10月），第19-33頁。
[2] 栗原另有《「綏祭」について》，《東方學》第35号（1968年1月），第27-41頁；《喪祭論辨考——盧鄭二家の說を繞って》，《大東文化大學漢學會誌》第11号（1972年6月），第5-16頁；《喪の期間における儀禮の諸相》，《大東文化大學漢學會誌》第19号（1980年3月），第34-53頁；《漢民族の喪禮における哭踊の原始心性》，《大東文化大學漢學會誌》第20号（1981年3月），第8-27頁；《喪禮に見る「反哭」の心的原理》，《大東文化大學漢學會誌》第24号（1985年3月），第1-19頁等。
[3] 〔日〕内野台岭：《「復」禮について》，《東洋學研究（駒澤大學東洋學會）》第7号（1938年10月），頁数不明。
[4] 〔日〕栗原圭介：《復の習俗について》，《東洋文化研究所紀要（無窮會）》第8号（1972年），頁数不明。
[5] 〔日〕大形彻：《〈儀禮〉士喪禮の「復」をめぐって——「復」は蘇生を願う儀式なのか》，《アジア文化交流研究》第2号（2007年3月），第189-233頁。
[6] 〔日〕大形彻：《魂のありか 中國古代の靈魂觀》，東京：角川書店，2000年，第107-108頁。

的一文《中国医学如何看待"死"》中把前说改为非回生说。[1]《关于〈仪礼〉士丧礼在"复"》这一文也是继承如此想法,而论述后世为何以"复"为回生之仪式的看法出现。大形首先确认《仪礼》、《礼记》以及《墨子》中完全没有与回生相关的记述。可是,到了东汉,他发现班固《白虎通德论·崩薨》有"尚冀其生,二日之时,魂气不还,终不可奈何"般的言论,郑玄也加《礼记·丧大记》注:"复者庶其生"、"复而不苏,可以为死事",影响到后世。那么,为何"复"会与回生结合起来呢?大形从《礼记·檀弓下》"复,尽爱之道也"中看出一条线索,将其视为总括"复"的仪式与仁爱,而认为为人的心情引起回生的愿望,后来造成以"复"为回生术的说法。这篇不但涉及中国,还搜集了韩国、日本回生、招魂的事例,数据性也相当丰富。[2]

另有闲濑收芳《关于琀》研究。[3] 他题目中的"琀"是指死者口中所含的玉。闲濑首先依据《仪礼·士丧礼》为中心的文献资料说:"春秋、战国时代所进行对死者之啥的行为,到了汉代,作为礼制被整理,人人都开始考虑其意义。"[4] 可是,他在此提出了问题:即当时人常食黍、稷之类,《仪礼》何故提倡琀使用稻米?于是,他另一方面分析了考古的资料,而指出"琀"在新石器时代山东盛行而后传到殷、西周,但是,到了春秋、战国时代,就迅速地衰退了。他又依从陕西长安澧西、陕西长安普渡村、甘肃庆阳韩家滩、河南洛阳北瑶、山西洪洞永凝出土的数据,而认为西周当时的琀并未使用稻米,最后指出文献与现实风俗

---

[1] 〔日〕大形徹:《中國醫學は「死」をどのようにとらえてきたか——(續)魂魄觀念と鍼灸》,《鍼灸史學會論文集》第1輯(2005年11月),第29-66頁。
[2] 大形另有《〈儀禮〉凶禮と魂、魄、鬼、神》,吾妻重二、二階堂善弘編:《東アジアの儀禮と宗教》,東京:雄松堂出版,2008年,第263-282頁。他根據《儀禮》本文中完全未有"魂"、"魄"、"鬼"、"神"四個字,討論《儀禮》與其他文獻的關係、後世注釋的展開等,指出原來儒教中沒有"魂"、"魄",但是,東漢時代已經一般化,因此鄭玄用"魂"、"魄"而加注。
[3] 〔日〕閒瀬收芳:《琀について》,小南一郎編:《中國古代禮制研究》,京都:京都大學人文科學研究所,1995年,第11-46頁。
[4] 〔日〕閒瀬收芳:《琀について》,〔日〕小南一郎編:《中國古代禮制研究》,京都:京都大學人文科學研究所,1995年,第19頁。

相背离，反对常金仓"原始风俗转化成礼"的看法。[1]

7.《特牲馈食礼》《少牢馈食礼》

《特牲馈食礼》及《少牢馈食礼》相关的研究，先有西冈市祐《关于〈特性馈食礼〉中的"祭食"》。[2] 西冈透过"祭食"的分析指出，从《士冠礼》到《士虞礼》的"祭食"是伴随主要仪礼所进行的，《特牲馈食礼》、《少牢馈食礼》、《有司彻》的"祭食"倒是仪礼本身。他又分析《特牲馈食礼》中"祭食"的食物与"祭食"的对象，认为"祭食"是每饮食时对祖先所进行的仪礼，年中第一次吃其食物时为"荐新礼"，每个季节选一种农产品来吃时为"时享"，包括对祖灵的谢意。

其次，栗原圭介《关于饮食仪礼中出现的馂》[3] 依据《礼记·祭统》的说法，讨论《仪礼》的"特牲馈食礼"、"少牢馈食礼"中"馂"实际上的目的、特征、特色等。栗原在文中指出中国古代神与人的交流主要以食物为媒介进行，因而宗庙里祭祀时，会依序分配食物——"馂"强化血缘关系。接着，栗原在《古代中国的礼经主义——关于特性、少牢馈食》[4] 中，从"礼经主义"的立场来指出《特牲馈食礼》及《少牢馈食礼》"择日"的重要性。栗原认为，《特牲馈食礼》在丁己，《少牢馈食礼》在丁亥举行，是因为乙丁己辛癸是柔日。另外，他依照《殷契粹编》而论及馈食礼的原初形态，虽然没得到结论，但他指出两个线索：第一，周代的大宗小宗之别在殷代已经存在，栗原认为是家族制度必然造成的，此基本理念为《礼记·大传》"自仁率亲，等而上之至于祖，自义率祖，顺而下之自于祢。是故人道亲亲也。

---

[1] 常金仓：《周代礼俗研究》，台北：文津出版社，1993年。
[2] 〔日〕西冈市祐：《〈特牲饋食禮〉における"祭食"について》，《漢文學會會報（國學院大學漢文學會）》第12辑（1961年4月），第21-27頁。
[3] 〔日〕栗原圭介：《飲食儀禮にあらわれた餕について》，《大東文化大學漢學會誌》第12号（1973年2月），第19-43頁。栗原另有《擇日攷——禮經少牢饋禮を中心として》，《大東文化大學漢學會誌》第8号（1968年2月），第31-41頁，但笔者未见。
[4] 〔日〕栗原圭介：《古代中國における禮經主義——特牲、少牢饋食について》，《大東文化大學漢學會誌》第23号（1984年3月），第13-32頁。

亲亲故尊祖，尊祖故敬宗，敬宗故收族，收族故宗庙严，宗庙严故重社稷。云云"。后来此理念引起特牲、少牢的馈食礼。第二，殷代王者的特权"禘"，周代也承袭，到了后世，形成祖祢祭祀，成为馈食礼出现的背景。最后，栗原阐述《特牲馈食礼》、《少牢馈食礼》中最重要的仪式"肵俎"和"利成"的意义，认为伺候尸时以肵俎，这就是两馈食礼的特色。

（二）其他研究

高木智见《古代中国仪礼中三的象征性》[1]可说是日本《仪礼》研究最有特色的一篇。"三"的数字常见于古代仪礼中，例如，《士丧礼》："曰'皋，某复'三"，《士冠礼》的"三加"、《聘礼》中"聘享"、"主君礼宾"、"私觌"，及《特牲馈食礼》中"阴厌"、"厌尸"、"阳厌"的三个阶段，射礼的"三番射"等，凶礼、嘉礼、宾礼、吉礼、军礼都有包括"三"的仪礼。高木认为，这"三"起源于天、地、人的世界观。

> 由天、地、人三个世界而成的世界观下所进行的仪礼中，三是表示无限，或是代表全体的数字，此无非是因为其三起源于世界观。[2]

进而高木通过卜占、时间观念、空间观念、军事组织之中的三，论述这种三的世界观至少溯及殷代早期。可是，这种"三才思想"常见于《礼记》、《荀子》、《周易·系辞》等战国时代的文献中。就他的看法而言，天、地、人三个世界构成要素确实存在着"原中国"的人心

---

[1] 〔日〕高木智见：《古代中國の儀禮における三の象‧性》，《東洋史研究》第62卷第3号（2003年12月），第33-68頁。高木另有《春秋時代の聘禮について》，《東洋史研究》第47卷第4号（1989年3月），第109-139頁，探究春秋时代的聘礼，根据玉圭在聘礼中的角色，而指出聘礼是以人际关系有了祖先神的介入后才成立的历史条件为背景，因而如此条件丧失后，聘礼也忽然不进行了。

[2] 〔日〕高木智见：《古代中國の儀禮における三の象徵性》，《東洋史研究》第62卷第3号（2003年12月），第50頁。

中，[1] 可是，战国以后"神人共同体"崩溃，这三个要素之间有激烈的变化，才呈现出后来被称为三才思想的世界观。他的研究，可以说是日本唯一对《仪礼》整体性研究的成果，与林巳奈夫、小南一郎的研究有共同之处，可以参考。

结语

以上谈到的是日本近一百多年来研究《仪礼》的概况。《仪礼》研究有许多意义，尤其是研究中国古代家族制度、社会制度及风俗时，我们不能忽视《仪礼》中的条文。所以日本学者研究《仪礼》文献学的问题，虽然未有定论，但在中国古代研究上非常有意义。并且他们的研究既认真又详细，现在也都可以利用。

《仪礼》不但有古代研究上的意义，我们不应忘掉它另有作为"经学"的意义：第一，西汉经学上占有的《仪礼》的意义。众所周知，西汉礼学是以《仪礼》（《礼经》）为主，笔者认为以往学者都不太重视这一点。不过，这一点在经学上应多关注。第二，《仪礼》影响到后代的意义。《仪礼》原是"经"，后来却被《周礼》、《礼记》夺取"经"的地位，不少人亦指出过《仪礼》的难读。它吸引知识分子的关注，产出相当多与《仪礼》有关的著作，如北宋陆佃《仪礼义》、南宋李如圭《仪礼集释》、朱熹《仪礼经传集解》、魏了翁《仪礼要义》、元敖继公《仪礼集说》。尤其是清代，《仪礼》研究的代表性著作陆续出版，有张尔岐《仪礼郑注句读》、阮元《仪礼校勘记》、胡培翚《仪礼正义》、凌廷堪《礼经释例》等。对笔者而言，这很有趣。《仪礼》为何一直没被淘汰而遗留下来呢？研究各时代《仪礼》的位置者并不

---

[1] 高木智曾在《先秦の社會と思想》（東京：創文社，2001年）中主张过：春秋以前的社会是不只人，还包括天帝、祖先神等，由血族意识、祖先观念强烈地被规定。反之，战国以后是血族的伦理崩溃，以人为主的时代。前者为"原中国"；后者为"传统中国"，直到清代。民国以后称为"现代中国"。《はじめに——本書の目的と立場》，第3-10頁。

多，可是，笔者认为，这也是经学上的重点。

现在，在日本几乎没有专门研究《仪礼》的学者。主要原因是年轻学者在大学、研究所时几乎没有时间研究经学的巨大系统，尤其是最难读的《仪礼》。但是，《仪礼》研究在中国研究上的意义不该被忽视。日本已经有相当多的研究成果，年轻学者以后也得继承这些先学的遗业而开展新《仪礼》学的方向。最后，笔者提出两个方向的可能性。第一，近年，中国的清华大学买了一批战国竹简群，根据报道，其中有与《仪礼》相关的部分。通过与今本相比，应该会发现新的知识。第二，是否可以从中国哲学的角度来研究《仪礼》？以往学者都认为，《仪礼》只不过记录了古代仪礼的梗概或顺序。那么，为何如此仅是"记录"的文献就得到了"经"的地位？中国人为何一边觉得麻烦，一边依然主动地顺从《仪礼》中详细的规定？笔者认为，这些问题可以当作开展新研究的线索。

本篇如上，谈到近一百多年日本《仪礼》研究的成果与今后的课题。但是，论述始终只是罗列，各章的说明也不足，一定还有疏漏的地方，而且仅能举出与《仪礼》直接关联者，无法提出其他与"礼"相关的论文以及《仪礼》研究史关系的论著，非常遗憾。皆因笔者笔力不足，请多多包涵。

（作者单位：台湾致理科技大学应用日语系）

今天的大学之道仍然是"修齐治平"？*

〔马来西亚〕郑文泉

摘要： 本文从儒家20世纪公共体制的没落谈起，今日儒学是否还有"国"、"天下"的表现空间，从而仍适用《大学》所界说的儒家为"大人之学"的问题。在回答之前，本文以为此一问题的认识论前提需先为调整，即"儒"之为"学"至少有礼制、思想、伦理、学制、习俗等五种内容的不同，未可简化（此是横面），而原"家、国、天下"的说法也须扩充为"家、乡、学、邦国、王朝、天下"的阶层认识，始能贴近现实及具有较佳之解释功用（此是纵面）。由于儒家在现今"王朝、天下"之阶层仍有一思想上的影响，所以《大学》的"大人之学"仍具有诠解儒家思想与行为的认识论意义。

关键词： 儒家　《大学》　大学之道　大人　天下

《大学》：仍然是今天儒学的"初学入德之门"？

在今天谈论起《大学》，背后有三个儒家文化史的前提需记起。《大学》在儒家甚至中国文化史中的地位，取决于三个关键历史时刻：第一，众所周知的宋以来之儒家学问有一个由"五经"学过渡到"四书"学的变迁，而《大学》以其"初学入德之门"的内容意义居《四

---

* 本文曾发表于马来西亚孔学研究会主办之"儒学在海外传播"学术研讨会，吉隆坡，2015年10月25日。今原文第二、三节均已有较大补充与修改。

书》之首；第二，元蒙政府于1313年将朱注《四书》列为科举"课本"，由此以《大学》为首的"四书"学在中国不但文官制度化，而且此一制度也影响至后来称之为"东亚儒教圈"的韩国、日本及越南等国或区；[1] 第三，中国（时为清廷）于1906年废除科举（越南最后亦于1919年废止），再加上1919年中国新文化运动流风所及，整个儒家在新、旧时代的公共体制之地位与可能均已彻底被排除，也就是今人余英时所谓的"游魂"状态。[2] 这些前提，总括起来可以被视为是包括《大学》在内的"四书"学在体制上的起落或兴衰史。

在儒家已然与公共体制无涉的现当代社会，如何界说儒家的"实然"与"应然"内涵，是一大考验也是一大难题。在儒家是以《大学》为首的"四书"学来界说的时代，《大学》是"初学入德之门"之书，这个"学"与"德"指的是"大人"而不是"小人"之举，也就是政治意义上的"大人"（统治者）最好同时也是道德意义上的"大人"（圣人）。至于"入"此学、德之"门"，就是在方向上表明"在明明德"之后应以"在亲民"为努力方向，而"在亲民"的具体办法则指"修身"之后的"齐家"、"治国"与"平天下"之践履步骤。在过去"四书"学科举化的六百年时代，一个人是可以透过科举进入公共体制而落实这个既是政治又是道德的双重意义的"大人"之学或"大学"的理想的。[3] 然而，在科举已废、儒家也不是今人进入公共体制成为公务与政府人员的现时代，儒家还是"大人"之学、儒学还应以《大学》为其"初学入德之门"之书吗？

认为儒家不应再介入当代政治或公共体制的，不仅是儒家以外的其他阵营学者这么主张，就是儒家阵营内也不乏其人。此处所谓"儒

---

[1] 这里的"区"，本文意指同一时期的东南亚华人小区，亦受朱注《四书》学的影响，见郑文泉：《东南亚朱子学史五论》，吉隆坡：马来西亚朱熹学术研究会，2014年。
[2] 见余英时：《现代儒学的困境》，《现代儒学论》，纽泽西：八方文化，1996年，第159-164页。
[3] 具体方式，可见郑文泉：《儒家道统在政治上可操作吗？》，"儒家道统与民主共和国际学术研讨会"论文，台北：台湾师范大学东亚文化与汉学研究中心，2015年9月1-2日。

家",本文既指一般研究儒家的纯粹学人,更指研究儒家也同时心向儒家的学者。在后一类学者之中,近年大力推动"东亚儒学"研究的台湾大学人文社会高等研究院院长黄俊杰,其儒学未来之思路就是一纯民间或社会的企划,殊无官方意涵。[1] 当学人这么思考儒家时,可能有一个未经正式但极其严肃的学理问题待审思,即这是否意味现时代的儒学不应再是一套"大人"之学了?倘若如此,有宋以来的"四书"学已不合时宜,那么现时代的儒家学问内涵又应从哪一些典籍中才能得见呢?

从"应然"的角度坚持本时代的儒学仍然是一套"大人"之学的,也会面对儒家在现时代的公共体制还有成为"大人"的空间与条件吗?严格来说,儒学在过去的百年并没有彻底从公共体制中绝迹,至少台湾地区的中学《中国文化基本教材》(实为《四书》选本)、大学阶段的中文系(其恒为儒家之经、史、子、集学问),以及近年在中国高等教育获得恢复的儒学教育、印度尼西亚更有完整(小学起至研究所)的孔教教育。然而,这些教育与过去的科举殊不同构,因为它对现实人们成为公务与政府人员的选举资格并没有约束作用,也就是不是人们成为本时代"大人"的智识条件之一。李光耀时期的新加坡政府或许是唯一的例外,但学人(包括心向儒家的儒家学者)对李光耀所指的儒家、其新加坡价值观特点的政府体系是否可视为儒家政府等,殊不同调,难有共识。至少从传统"东亚儒教圈"的中国大陆、日本、韩国、越南等今日公共体制来看,儒学绝不是这些国家"大人"的必由之途,我们有什么理由认为他们"应然"遵守传统教诲,成为儒学意义的"大人"?

这也是说,按照过去800年的"四书"学传统,把儒学讲成是一套

---

[1] 黄之中、英文著作甚多,最近一部为中国台湾、德国联合出版的英文专书:Chun-chieh Huang, *East Asian Confucianisms: Texts in Contexts*, Taipei & Goettingen: National Taiwan University Press and V & R Unipress, 2015。我在上述"儒家道统与民主共和国际学术研讨会"曾在其主题演讲"'东亚儒学'的视野及其方法论问题"之后,就旁问其原委,黄俊杰告之以"因为常有权力腐化问题"的顾忌。当然,同样是史学出身的余英时在其现代儒学研究之中,也表达过不少类似的看法,同上《现代儒学论》一书。

"在明明德"、"在亲民"的"大学"之道，可能对我们认识与思考它的现时代处境，未有太大帮助。事实上，儒家在本时代已完全失去了在"国"与"天下"阶段发挥"在亲民"的理想与空间，连带的"修身"之后的"齐家"、"治国"、"平天下"的"为学次第"的合理性与其在本时代的合宜性，都变成了是"大哉问"的时代课题。是像某些学者那样，儒学应回到它的先秦时代的原始角色，仅仅作为本时代多元学术的一环？倘然如此，我们还需要以"修身"、"齐家"、"治国"、"平天下"为"为学次第"的《大学》与"四书"学来指导吗？还是儒家的"大人"之学理想不可弃，我们应该思考的反而是如何在本时代的公共体制（或重新设计公共体制）成为儒学意义的"大人"？也就是不是安于"游魂"的现状，而是致力于"附体"的未来？这是我们在本时代一讲起什么是儒家、什么是儒学的"初学入德之门"时，不得不面对与郑重思考的时代问题之起点。

《大学》：什么是"儒学"，或今天的儒学在哪里？

要回答今天的儒学内涵是不是仍一如旧贯为《大学》所说的那些"初学入德之门"之（三）纲领与（八）条目，我们可能也得先弄清楚今天儒学的"门"在哪里，具体范围有哪些。"初学入德之门"的"门"指的大致是"格物、致知、诚意、正心、修身、齐家、治国、平天下"的"为学次第"，可是这些次第能定出来，前提是我们已经知道它的整体内涵是什么，也就是作为一家一派的内容"门"类、范围在哪里。要问今天的儒学有没有特别是"大人"阶段的"齐家、治国、平天下"之"初学入德之门"可言，就要看现实上的儒家在"家、国、天下"方面有没有什么根基与依据？

实际上，自孔子以来已有2500多年历史的儒家，早已不是一个单纯学派，而是和世间各大宗教一样的庞大而繁复的文明体系，对不同的人

（反对的和赞同的）都可以有不同的意指。以马来西亚可以观察的"儒家"来说，从赞成的一面来看，佛教界的慈济功德会、净宗学会等对儒家的认同与推广（如印行、讲解《了凡四训》、《孝经》等），指的是儒家个人与家庭伦理，和书店里贩卖的港、台牟宗三、唐君毅等当代新儒家的儒家，指的是儒家形而上学的哲学思想（尤指《易经》、《中庸》等），显然不是同一个儒家；马来西亚孔学研究会、崇德文教基金会等儿童读经推广组织的儒家，是指儒家的（儿童）教育，和马来西亚朱氏联合会、各地德教团体等定期进行春秋二祭的组织，指是又是儒家的礼制（近年又有汉服之推广），显然也不是同一个儒家；从反对的一面来说，20世纪80年代中叶轰动一时的尊孔独中校长庄迪君所反对的儒家，是指儒家的（封建的、臣服的）社会政治思想，而晚年致意于自己的基督教信仰研究的黄润岳所指的儒家，则是儒家文化（习俗）而非宗教，如此不等。换句话说，现实的社会不是没有儒家，而是日本学者沟口雄三所说的"当某人说儒家[1]时，指的是哪一个？"的界定与辨认问题。赞成儒家的人，不见得就不赞成反对儒家的人所说的那种儒家，因为彼此不是同一指；同样的，反对儒家的人，不见得对其他赞成儒家的人所说的那个儒家就一路反对到底，因为彼此也不是同一个东西。儒家好比是"瞎子摸象"成语所说的那只大象，甲说的儒家其实仅是大象的耳朵，乙说的则是大象的尾巴，丙说的又只是大象的鼻子，不一而足，但说大象的人对此则未必有清醒的认知与自觉。

沟口雄三的《中国儒教的十种形态》一文，其意在提醒我们儒家的庞杂性，未可轻言。他在上一文指出"儒教并没有清晰的界限，标明到哪里是儒教，又从何处开始不是儒教"的界说难题，而"十种形态"之说是指儒家在历史上业已形成既可以是"礼制、仪法、礼观念"的儒家，也可以是"学思想"的儒家，其余"三、世界观、治世理念；四、

---

[1] 原引文之"儒家"为"儒教"，今据本文行文改。见〔日〕沟口雄三著，乔志航、龚颖等译：《中国的历史脉动》，北京：三联书店，2014年，第327页。

政治和经济思想；五、统治阶层的责任观念；六、学问论、教育论、修养论、道德论；七、民间伦理；八、共同体伦理；九、家庭伦理、君臣伦理；十、个人伦理"均可作如是观。在这样的前提之下，沟口雄三提醒我们"说到儒教的封建性，指的是儒教的哪一方面，说到儒教的复兴，又主要指的是哪一方面"的"需要拥有和确认共同的前提"的儒家认识观。[1] 从这个角度来说，不论我们持有怎么样的简化观点，儒家至少存在①礼制②思想③伦理④学制⑤习俗等五种面向的不同，也就是五种"门"类或五种"儒家"的不同，这是毋庸置疑的。[2]

问今天的儒学内涵是什么，最简单的回答方式就是（从横的来说）儒家在①礼制②思想③伦理④学制和⑤习俗方面的保存如何，在（从纵的来说）"家、国、天下"阶段又各有何表现，由此总括而出。从儒家作为一种文明传统的角度来说，原《大学》的"身、家、国、天下"的"为学次第"（此是纵面）可能需要辅之以每一阶层的①礼制②思想③伦理④学制⑤习俗内容来体认（此是横面），我们对儒家的言论才不至于重蹈沟口雄三所说的"当某人说儒家时，指的是哪一个？"的各执一端的难题。也只有在这样认识前提下，我们对今天的儒家是否仍是一套"大人"之学，才有一个完整的作答材料与基础。

认识了现实儒家的这种多样性与分歧性的构成之后，很能帮助我们理解一些不无"诡异"的社会现象。以海外例子来说，牟宗三（1909—1995）作为港台当代新儒学的"大师"，他的儒家身份是来自于对思想的儒家（即道德的形而上学）的弘扬，却也同时是余英时眼中的礼制的、习俗的儒家的反传统者：

> 这里我们必须再次提及他们那篇《中国文化与世界》的宣言。

---

[1] 见〔日〕沟口雄三著，乔志航、龚颖等译：《儒教复兴的思考》，《中国的历史脉动》，第301页。
[2] 这五种面向也是沟口雄三在上提《儒教复兴的思考》提出来的看法，本文暂从其说，将来或另有界说。

这篇宣言大致反映了他们的抱负——面对西方文化的冲击，中国人必须重建中国文化的价值系统。在这个重建过程中，他们并不拒斥西方文化的成分；相反的，对于"五四"以来所提倡的"民主"和"科学"，他们同样抱着肯定的态度。但是他们坚持一切西方的成分都必须安排在中国文化的价值系统之内。从这一点说，他们的立场当然是和"五四"以来的主流派恰恰相反。因此他们也往往被定性为文化保守派或传统派。然而这种定性未必与实际相符。但事实上，他们把中国文化（以儒家为中心）的理想和现实一分为二，在现实的层面，从制度到习俗，他们毋宁是反传统的，而且其反传统意识的激烈有时甚至不在"五四"主流之下。[1]

同理，马来西亚也不乏这一类"甲方面的儒者，在乙方面却是个反儒者"的例子，如在华文教育界享有"族魂"盛名的林连玉（1901—1985），其儒者形象来自于世人所说的"生平服膺儒家哲学，屈原、文天祥和史可法是他最景仰的历史人物"，[2] 显然是一伦理的儒家人物；然而，林连玉的杂文集，却是鲁迅之流，如下二段文字所见：

> 写文章，别人的感觉怎样？我不得而知……第一，我的写文章，是杂乱无章，野狐乱战的。一不讲宗派，二不讲师承，三不讲绳墨，四不讲考据。圣经贤传，任意割裂，故实成语，颠倒使用……在于别人，读了以后，一定是说："放屁！放屁！真正岂有此理！"[3]
>
> 这么一来，孔门七十二贤，在两千四百年以后，不是又添了"吴钩"这一贤，变为七十三贤了吗？不过，这个第七十三贤，却

---

[1] 见余英时：《钱穆与新儒家》，《现代儒学论》，第142页。
[2] 见尊孔校友会：《悼念林连玉老师》，《民族教育斗士：林连玉的一生》，怡保：霹雳华校董事联合会，1986年，第31页。
[3] 见林连玉：《屁喻》，《吴钩集》，吉隆坡：林连玉基金委员会，1986年，第3页。按：此书初以油印本于1956年出版。

不是门人学孔圣,孔步亦步、孔趋亦趋的那种贤者。却是圣人的叛徒。你看!他胆敢目无长者,把圣经歪扭乱窜呢![1]

杂文中所见的林连玉,和世人所说"生平服膺儒家哲学"的林连玉,是不是反差很大,极为诡异?实际上,这些例子不过提醒我们,现实的儒家存在着"当某人说儒家时,指的是哪一个?"的多样性问题,甚至连自认儒家或自认反儒家的人都只是在瞎子摸象,摸到的只是大象的部分肢体,却都自以为是大象的全体。

从这样的现实前提出发,我们应该知道儒家不是只有一种,而是至少有五种,也就是黄俊杰在其英文近作用复数表示的"Confucianisms"之意。什么是"儒家"?这个要看当事人脑海中的"指的是哪一个"。首先,说儒家是一种宗教的人(这在西方宗教学界是寻常事,但在华人世界可是"稀奇古怪"之论),指的就是礼制的儒家:除了指皇帝亲自祭祀"天"与皇家宗庙、地方官祭祀山川、学校祭祀孔子、乡里祭祀地方神明、家祭祀祖先等祭祀制度外,也指与此相关的一系列行动规则(如百官向皇帝行跪拜礼、外国使节行朝贡礼、对年长自己30岁以上称"尊者"、10岁以上称"长者"等);其次,坚持儒家不是宗教的人,指的往往就是作为一套思想的儒家(或伦理的儒家),如哲学上的天人合一论、理气论等,政治上的大同思想、华夷之辨等,也有指经济上的井田制、安定民生、均富等原则;最多人脑海中的儒家,往往是指伦理的儒家,即在个人、家庭、民间一直到君臣之间的那些节俭、恭谦、忠、孝、公、私等伦理观念与行为,近世批评儒家为"吃人的礼教"指的也是这一些内涵;此外,也有不少人的儒家是指学制的儒家,即各级公(地方的府学、县学到中央的国子监)私(民办私塾、义学)学校、对教育(教化)的重视、儒家典籍的讲习与研究等;最后,儒家更普遍的是作为习俗的儒家存在于民间,包括例常的节庆、与冠婚丧祭有关的

---

[1] 林连玉:《众好之不察焉》,《吴钩集》,第55-56页。标点符号有改动。

习俗、祖先祭拜等。以上这五种内容虽然不无有所交迭、联系，但彼此之间的重点与区隔还是很显著的，是以现实上的儒家有①礼制②思想③伦理④学制⑤习俗意涵的不同，从而构成了人们有必要加以注意的"当某人说儒家时，指的是哪一个？"的认识论难题。

《大学》：仍然是"修齐治平"的为学次第？

从上述认识观出发，《大学》或"四书"学对"儒家"（实为"儒学"）是什么的界定，实为"思想"一途的说法，对我们认识礼制、伦理、学制与习俗的儒家或未能有直接帮助。按照《大学》之意，"儒家"指的是"在明明德"、"在亲民"且"止于至善"的思想方向，具体落实办法为"格物、致知、诚意、正心、修身、齐家、治国、平天下"。对这一先秦时代的《大学》说法，后世特别是有宋以来的儒者多是原则上、精神上表示认同，对其具体内涵则多所质疑与调整。

从将"五经"学转为"四书"学的宋明儒者来看，对《大学》的上述"为学次第"就诸多异议。我们知道，《大学》的"为学次第"是以为"格物、致知、诚意、正心"本身即为"修身"的内容，也就是"在明明德"的实践办法，其余"齐家、治国、平天下"才是"在亲民"的推己至于天下阶段的内容。[1] 从前一"在明明德"的"为学次第"来说，朱熹固表赞同，但是王阳明的"致良知"之说就表示"修身"不当始于"格物"而当始于"致知"（即明末刘蕺山所说的"诚意"），此即是程朱、陆王、胡刘学派之争的部分原委；与此同理，在后一"在亲民"的"为学次第"上，朱熹本人甚至也表示不认同，另在《仪礼经传通解》提出"家"、"乡"、"学"、"邦国"、"王朝"的五阶层

---

[1] 从这个角度来说，《大学》的"为学次第"常被概括成"八条目"之说，实为无据。同理，一般所理解的"三纲领"之意，"在止于至善"即是"在明明德""在亲民"的至善，并不是"在明明德""在亲民"之外还另有一个与之对等、平行的纲领，故也一样为无据之说。

说，以明"亲民"的实际"次第"。我们在提到儒学在宋朝经历"四书"学化的过程时，理当注意到宋明儒并不仅是谨守旧说，对《大学》一书其实就有很多意见上的不同与调整。

言下之意，我们今天面对的什么是"儒家"是一回事，这个儒家的"为学次第"怎么概括法则是另一也并不是不重要的学理问题。撇开"在明明德"的"为学次第"不说，"在亲民"的"为学次第"的方面上，我们是一仍旧贯谨守《大学》的"修、齐、治、平"说法，还是后来朱熹的"家"、"乡"、"学"、"邦国"、"王朝"的主张，抑或连朱熹的主张在今天也不尽贴切现实了？

本文以为，现时代《大学》"在亲民"上的"为学次第"，仅须对朱熹的说法略加调整，即可贴合时宜。我们知道，朱熹和原《大学》说法的差别，在"家"与"国"之间嵌入了"乡"与"学"二环，而把"国"、"天下"重新命名为"邦国"、"王朝"，由此"家"、"国"、"天下"三阶层遂衍生并发展为"家"、"乡"、"学"、"邦国"与"王朝"的五阶层说（按：《大学》的"家"本指"千乘之家"的政府单位，与朱熹时代的"家"指家庭、家族原不同意）。从今天的角度来看，中国亦仅是万国之一，既非"王朝"更不是今日的"天下"所在，所以朱熹的"邦国"、"王朝"也应加以调整为一"国"之内的"地方政府"与"中央政府"之二级机关之不同，"天下"则另有其所。今天的"天下"，大致应指地球上的人类总体社会，从组织来说或可有强权国（美国与欧洲北约成员国的欧、美盟邦）与联合国二指。换句话说，现时代的《大学》"在亲民"之"为学次第"，或是"家"、"乡"、"学"、"邦国"、"王朝"、"天下"的六阶层说。

我们如果以这样的社会阶层回问，儒家在今日是否仍适用《大学》的"大人"之学来概括其思想内涵，就形同是在追问儒家在"邦国"、"王朝"、"天下"三个阶层是否仍有表现的空间与余地？很显然的，类似传统那样的文官制度化的现象至少到目前为止是莫之能有的，但要说儒家在当今的"邦国"、"王朝"、"天下"均一无作用也是言过其实。从联合国的"天下"范围来看，至少是思想意义的儒家已经变为联合国体制的一环，最显著的例子就是孟子的"良知"、"良能"之说已体制化为《世界人权宣言》的"人人皆有天赋良知与权利"的传统，[1] 儒家思想在"天下"阶层的作用已经不是有没有而是哪一些的问题了。与此同理，儒家在"王朝"或中央政府阶层的影响，除了现有中国台湾仍保有礼制的儒家（指孔诞）的中央化（总统为祭孔之主祭官）、中国台湾与印度尼西亚亦将学制的儒家中央化之外，过去李光耀时期的新加坡政府之将思想的儒家（"亚洲价值观"与其制度行为）国家化、当前中国习近平主席之"正面肯定儒学"，[2] 儒家与现有国家的中央政府关系亦不是全然无涉。这也是说，儒家尽管已经不是处于传统的"家"、"国"、"天下"或"家"、"乡"、"学"、"邦国"、"王朝"的阶层社会，而是今日"家"、"乡"、"学"、"邦国"、"王朝"、"天下"的崭新格局，但它对国家与社会层面的公共体制影响远已不是有没有、而是多少以及如何的问题，所以《大学》的"大人"之学说法在今天仍有其用以诠解儒家的思想与行为的框架意义。

很显然的，本文之以为《大学》仍可诠解儒家之学的当今作用，置诸上提礼制、思想、伦理、学制、习俗之分，乃是一思想之儒的说法。儒家（孟子）的良知说虽已体制化为联合国的人权宪章，只是一儒家思想的借鉴，并不表示相关负责人就必须是一儒者，或对儒家需有一仪礼的表现，这种说法是礼制儒家的意义；同理，各国中央政府虽有"正面

---

[1] 此可详〔瑞典〕格德门德尔·阿尔弗雷德松、〔挪威〕阿斯布佐恩·艾德编，中国人权研究会组织翻译：《〈世界人权宣言〉：努力实现的共同标准》，成都：四川人民出版社，1999年。把孟子良知学纳入世界人权体系的大功臣，为当时联合国人权委员会副主席张彭春（Peng-chun, Chang, 1893—1957），其生平事迹可见崔国良、李嵘：《张彭春将东方儒家思想融入〈世界人权宣言〉》，中国人权网，http://www.humanrights.cn/cn/book/1/t20130419_1025103.htm，2015年10月5日阅。

[2] 见王学典、李梅、邹晓东：《近年儒学研究十热点》，儒家网，http://www.rujiazg.com/article/id/6382/，2015年10月5日阅。

肯定儒学"的态度,但儒家在中国台湾仅作为中学层面的《中国文化基本教材》而存在,印度尼西亚的孔教教育也是孔教徒而非全民的教育,和作为传统意义的学制的儒家还有所不同。本文之以《大学》仍可诠解儒家之学的当今作用,从消极层面来说是指儒家相关思想在"邦国"、"王朝"、"天下"阶层均已有所影响或引起注意,以至我们仍要借重前者自"家"而"天下"的阶层视域来认识与阐释之。

  从积极的一面来说,现今世界既已有"邦国"、"王朝"与"天下"的阶层构成,则心向儒学者自可以此为"大人"之途,一偿儒者"在亲民"于至善之地的夙愿。确实,不论我们如何高估儒家在上述阶层现有的作用,它仍只是思想一层的涵义,还不具作为本时代的礼制、伦理、学制、习俗方面的儒家功能,是一"游魂"而非"附体"现状。话说回来,原《大学》在先秦时代成书的时候,亦仅是一书生之思,何尝有魂有体?但既已立此"大人"之学为人生理想,乃有后此种种"招魂"、"附体"之举,斯有"大人"之事以及气象可言。所以,要在当今之世重为儒家"招魂"、"附体",也许我们先得了解现实"家"、"乡"、"学"、"邦国"、"王朝"、"天下"各层面的儒家,究竟是礼制、思想、伦理、学制或习俗的内容,或为最基本的认识要务。

(作者单位:马来西亚拉曼大学中文系、中华研究院)

典籍译介研究

西方首部《诗经》全译本
——孙璋《孔子的诗经》

李 慧

摘要：法国耶稣会传教士孙璋于1728年来华,在北京生活了近39年,精通汉语和满语,留下大量关于中国语言、文化、经典、天文历法的手稿。孙璋于1733年至1752年间完成了《诗经》的拉丁文散文体译文。该译文手稿后来由东方学家冯·莫尔整理,于1830年出版,题名《〈孔子的诗经〉,即诗歌集,由孙璋神父翻译》。该译本被公认为是最早的《诗经》西文全译本,对后来弗里德里希·吕克特的德译本、理雅各的英译本、顾赛芬的法译本都有深远影响。

关键词：诗经 译本 孙璋

一、孙璋的生平及著作简介

孙璋（Alexandre de la Charme）1695年出生于法国里昂,1712年进入里昂耶稣会。完成学业后,他获准赴中国传教。1728年他抵达中国,在北京生活了近39年。遗憾的是,关于他在华传教的生活,几乎没有留下任何详细记录。他精通汉语和满语,据说能够相当熟练地用这两种语言写作。他在清朝与俄罗斯的外交往来中曾担任翻译工作。1754年,他担任北京耶稣会的财务员（Procureur de la Mission）之职。1767年7月28

日，孙璋在北京逝世，年72岁。[1]

孙璋留下了大量手稿，分别藏于法国、德国、中国的图书馆和档案馆，而有关这些手稿的研究仍十分稀少。孙璋1731年2月2日发大愿的宣誓文件在内蒙古西湾子教区被发现，还有两份多语字典抄本也来自该教区。这或许是因为，在耶稣会士们绝迹之后，遣使会神父将不少法籍耶稣会士神父的书籍和稿件转移到了西湾子教区，以避免这些资料被没收充公。[2]

除了《诗经》拉丁文译本以外，孙璋的著作有：

1.《性理真诠》六卷本（*Philosopihae naturalis vera explicatio*，6 vol，Pékin，1753）。本书的内容分三部分：第一部分讨论人灵本质，即"灵性之体"；第二部分探讨人灵之根源，即"灵性之源"；第三部分论人灵的宗向及达此宗向的方法。通过假想的两位学者的对话，作者逐步展开论述和推理，最后得出，人生宗向的途径是宗教，天主教是唯一真教这一结论。此书虽引起了一些争议，且文体略显深奥，但不失为一部出色的著作。

2.《〈礼记〉法译本》手稿。

3. 薛应旂编著的明朝简史《甲子会纪》的法译本和注释手稿。手稿现藏于慕尼黑图书馆（Catal，t. VII，No. 1320）。

4.《汉-蒙-法词典》（*Dictionarium sinico-mongolico-gallicum*）六卷本手稿，共800页。手稿扉页上有法文字迹：法、汉、满、蒙四语词典。

5.《拉汉词典》（*Dictionnaire latin-chinois*）。与其说它是一部词

---

[1] 关于孙璋的生平和著作，本文参考了以下著作：Joseph Dehergne, *Repertoire de Jesuites de Chine de 1552 à 1800*, Rome：Institutuum Historicum Societatis Iesu, 1973, p. 139 n. 440；Robert Streit – Johannes Dindinger, *Bibliotheca Missionum VII*：*Chinesische Missionsliteratur 1700—1799*, Franziskus Xaverius Missionsverein Zentrale in Aachen, 1931, no. 3887. Louis Pfister, *Notices biographiques et bibliographiques sur les Jésuites de l'ancienne mission de Chine*, 1552 - 1773, vol. I, Shanghai：Imprimerie de la Mission Catholique, 1932, 1934, p. 721, N. 324.〔法〕费赖之著，梅乘骐、美乘骏译：《明清间在华耶稣会士列传（1552—1773）》，上海：上海光启出版社，1997年。

[2]〔法〕费赖之著，梅乘骐、美乘骏译：《明清间在华耶稣会士列传（1552—1773）》，上海：上海光启出版社，1997年，第883页。

典，不如说是拉丁语—汉语短句集。这一部和上一部词典均来自西湾子教区，这些稿本可能是在耶稣会被解散期间被带去该教区的。

6.《观察记录》（*Observations*）手稿是1737年由戴进贤（Ignaz Kögler，1680—1746）、徐懋德（Andre Pereira，1689—1743）、孙璋和宋君荣（Antoine Gaubil，1689—1759）4位神父在北京对木星卫星的观测记录，收录在《特雷武回忆录》的附录中（*Mémoires de Trévoux*，janvier 1740）。

7.《观察记录》（*Observations*）手稿记录了1728年测得的地磁偏角，存于巴黎天文台图书馆。

8.孙璋神父致苏西耶神父（P. Souciet，1671—1744）的信件，存于巴黎天文台图书馆。

二、孙璋《诗经》译本简介

孙璋于1733年至1752年间完成了《诗经》的拉丁文散文体译文。该译文手稿在孙璋去世后与其天文学手稿混杂在一起，被长期搁置在巴黎天文台图书馆，后来经由法国汉学家雷慕沙的学生——来自图宾根的东方学家尤利乌斯·冯·莫尔（Julius von Mohl，1800—1876）整理，1830年才由斯图加特和图宾根的科塔出版社出版，题名《〈孔子的诗经〉，即诗歌集，由孙璋神父翻译》。原稿现存于巴黎国家图书馆No. 1082。孙璋翻译时充分参考了满文译本，为了追求尽量贴近原文，文字有些晦涩难懂。意大利籍法国汉学家约瑟夫·马利·嘉乐里（Josephe-Marie Callery，1810—1862）认为："这是最难理解、最无聊的作品，是汉学研究中的一件憾事。"[1] 但是莫尔、毕欧（Edouard Biot，1803—1850）和理雅各（James Leggle，1814—1897）的观点更为公正，莫尔说："那

---

[1] Pfister, *op. cit.*, p. 723.

个将整部《诗经》译为拉丁文并加以评论的是耶稣会的孙璋神父,由于他自己不在乎,他一直没有受到关注。他十分博学,精通汉语和满语,他没有留下任何生活的轨迹,就连这部杰出的著作也一样,他似乎是于1733年他开始编写这部著作……"[1]

该译本被公认为是最早的《诗经》西文全译本。全书包括三篇拉丁文序言:《编者序》、《顺治皇帝满译本序》和《欧洲译者序》及正文。《编者序》是冯·莫尔所作,是对欧洲的《诗经》研究和翻译史的详细、全面的梳理,对于研究早期《诗经》西传史有重大价值;《顺治皇帝满译本序》是顺治十一年(1654)出版的《诗经》满译本序言的拉丁文译文;《欧洲译者序》为孙璋所作,序言首先描述了该译本翻译过程,然后就《诗经》及其写作时代背景进行介绍,最后是对中国古诗格律知识简介。

毕欧对该译本如此评价:"孙璋神父的翻译,以及伴随的优秀的笔记,允许所有的接受过普通教育的人能够与古代中国对话,并研究与在西亚和欧洲大相径庭的社会原始道德习俗。"[2] 孙璋的《诗经》拉丁文全译本对后来弗里德里希·吕克特(Friedrich Rückert,1788—1866)的德译本、理雅各的英译本、顾赛芬(Seraphin Couvreur,1835—1919)的法译本都有十分深远影响。

---

[1] Julius von Mohl, Prefatio editoris, in *Confucii Chi-king, sive liber carminum, ex latina P. Lacharme interpretation*, pp. IX-X.
[2] Edouard Biot, *Le Chi-king ou le livre des vers*, Revue du Nord, 1838.

附：孙璋译本序言译文

一、编者序

（p. v）公元前6世纪，中国各地政治纷乱、风俗伤败、学术废弛，孔子为此哀伤，于是决定为国家之病带来良药。他从古代作品中选取一切能够重新唤起传统秩序的内容，并将这些内容集中在6部书中，以让后人学习治国方略、道德规范以及更有益的学问。其中有一部已经失传了，其他5部从那时起成为中国的根基和准则。《易经》探讨的是学问，《书经》和《春秋》中包含有历史和国家的治理方面的内容，《礼记》记录了仪典规范，而《诗经》是关于风俗的，这些经典被传承了下来，关于《诗经》，我将进行十分简要的介绍。

（p. vi）《易经》和《书经》中有关于公元前12世纪建立的周朝王室的非常详尽的记录，在这些记录中，关于如何治理国家的内容受到后人的推崇。文王和他的儿子认为诗歌是不应被忽略的，且有必要创作新的诗歌，用于公共和私人仪典中演唱，以使人民浸润于道德的教化中。此外，为了更好地了解各诸侯国的风俗，他们命令各诸侯每年向天子献上当地人民喜爱的诗歌。他们的继任者也有同样的喜好，经过多年，他们收集了各个民族、各个国家的诗歌，保存在官方的档案馆中。孔子找到了其中的3000首，并从中选取311首，以期为他同时代的人展现作为榜样的古代美德以及应该被厌弃的恶行；这就是经典中排第三的《诗经》，它被完整地保存了下来，除了其中6首的诗句已遗失，只有标题和音乐节律被保存了下来；《诗经》中诗歌的种类很多，从私人生活到国家事务等各类主题，几乎无所不及。（p. vii）其中不少为王公创作，向我们展示了他们自己的生活、情感、思想以及隐秘的心思；其他是由百姓创作的，表达了普通人的喜悦、悲伤、欲望、困难、家庭的和睦与分歧，对统治者的赞美和批评。有一些诗非常古老，是在周朝统治之前，也就是距今3000年前时创作的（参见《商颂》，第四卷，第三章）。大多数则是周朝的诗歌，最晚的创作于公元前7世纪。

关于《诗经》的命运、被大火焚烧的经历、它的复原以及关于《诗经》的评论，雷孝思神父在《易经》的第一部分中作了很好的介绍。其他学者也对诗经有所论述，如弗雷列（Freret）（《法兰西铭文与美文学院论集》，卷十五[1]）；杜赫德（《中华帝国全志》，卷二[2]）；钱德明（《中国杂纂》，卷二，自74页起，自220页起[3]）；格鲁贤（Grosier，《中国概述》，第四版，页705[4]）；马士曼（Marshman，《中国言法》，赛兰坡，1814，第四卷，页543-556[5]）；小布罗塞的一部短作《小布罗塞关于〈诗经〉的论述》（巴黎，1828，页1-28[6]）。《诗经》中的很多诗篇都被翻译成了欧洲语言并且被出版。如果我没说错的话，第一个是杜赫德神父在《中华帝国全志》（第二卷，页308之后的17页）中出版的7首诗的法语翻译（我不知道译者是谁[7]）。之后，韩国英神父在一部关于"孝"的作品中发表了另外7首诗的法语翻译（《中国杂纂》卷四，页171-176[8]），它们分别是《诗经》中的 II. 5. 8. I. 4. 1. II. 4. 1. II. 1. 4. I. 7. 2. III. 1. 1. III. 1. 6.[9]，同样，他还在一部关于汉语的小文中加上了其他三四首（《中国杂纂》卷八，页198，199，240[10]），而格鲁贤神父在中华帝国描述中再次出版了这几首（页705之后，第四版）。著名的威廉·琼斯（Guilielmus Iones）在《加尔

---

[1] *Mémoires de l'acadmémie des Inscriptions et belles lettres* vol. 15. 译按：这是作者所引作品信息的原文，作者将之列入正文中，用括号标出。译者将作品标题译为中文，也放入括号中，为了避免括号内内容过长，影响阅读连贯性，将原文标题放入脚注，方便学者查阅。
[2] *Description de la Chine* vol. II.
[3] *Mémoires consernant les Chinois etc.* vol. II. p. 74. sq. et 220. sq.
[4] *Description de la Chine* 4. p. 705. k
[5] Clavis Sinica, Serampou 1814. 4. pp. 543-556.
[6] *Essai sur le Chi-King par M. Brosset*, jeune. Paris 1828. pp. 1-28.
[7] 我认为是殷铎则神父翻译的。
[8] Mémoires concernant les Chinois vol. IV. pp. 171-176.
[9] 钱德明神父似乎是这部作品的作者，从前言中我们得知该作品的作者已于1780年8月8日去世，这是Cibot神父去世的日子（参见Biogr. univ. Cibot条目）。
[10] *Mémoires consernant les Chinois* vol. VIII. p. 198. 199. 240.

各答学会学报》第二册[1]中加入了几首诗歌的片段（应该是I. 5. 6. I. 1. 6. II. 4. 7.）（《研究》二，页199起，伦敦第8版[2]）。（p. IX）马礼逊（R. Morrison）在他的汉语词典的第一部分中赞赏了《诗经》，并且将或长或短的诗歌片段以中、英对照的形式呈现出来（页452，诗I. 15. 5；页493，诗I. 11. 4；页526，诗II. 3. 7；页529，诗I. 6. 2；页607，诗I. 10. 10；页631，诗I. 3. 17；页655，诗I. 10. 2；页836，诗I. 4. 3。其他诗歌的片段参见页434，455，467，475，486，491，495，500，504，513，523，557，585，591，593，599，601，606，617，619，622，626，627，643，647，701）。朗德莱斯（Landresse）把诗II. 4. 7.的拉丁语和法语译本出版了（《亚洲学报》卷一，页78-87[3]），最后小布罗赛在上文提到的口碑不错的作品中发表了7首《诗经》中的诗篇，它们是诗I. 7. 7；I. 7. 13；I. 7. 15；I. 15. 3；II. 1. 4；III. 1. 7；IV. 3. 2。——然而，那个将整部《诗经》译为拉丁文，并加以评论的是耶稣会的孙璋神父，由于他自己不在乎（名气），他一直没有引起注意。他十分博学，精通汉语和满语，他没有留下任何生活的轨迹，就连这部杰出的著作也一样，他似乎是于1733年他开始编写这部著作的，后来并没有完成（参见《铭文与美文学院论集》卷十五，页539[4]）。（p. X）作者完成作品的时间并不确定，据说直到1752年时他还生活在北京。如果我没说错的话，我所用的在北京完成的手稿，正是由孙璋神父所写；手稿共有71页，曾属于德里尔（Delisle）的藏书，之后属于船舶部，现在属于巴黎天文馆。汉语词是根据葡萄牙语发音系统转写的，而我将它们以法语的发音规则重新转写。我加了两个所有诗歌汉语标题的索引，一个是根据汉语《诗经》原来的顺序排列，另一个是根据字母

---

[1] *Secondo volumini Actorum societ. Calcutt.*
[2] *Researches* II. p. 199. sq. ed. Lond. 8.
[3] *Journal asiatique* vol. I. pp. 78–87.
[4] *Mém. de l'acad. des inscriptions* vol. 15. p. 539.

顺序排列。

写于巴黎，1829年12月。

尤里乌斯·摩尔

二、序

顺治皇帝为满译本《诗经》所作（p. xi）

关于《诗经》我认为，这部书不仅是人类智慧的结晶，更是人类情感在诗作中鲜活的表达；是从最深刻的人性中挖掘出来的、被传唱的诗歌。这部书既能教会我们修饰外表的高雅，又能传达给我们滋养灵魂的美德；有些诗歌为我们提供必需模仿的典范，有些诗歌则告诉我们必需摒弃的糟粕。书中那些庄重、高雅的诗句，大多与最高殿堂的仪典、国家的制度和皇帝的生活有关。而那些以通俗、大众的风格吟唱的诗歌，则表现了农民、市民的生活百态。无论这些诗歌风格如何、主题如何丰富，重要的是，它们起到了引导一切的作用，教育我们达到品行的廉正。孔子说：《诗经》能净化和引导灵魂；孔子以这简短的话语概括了主题丰富的三百首诗。这部书和它蕴含的道理将我们纳入义务的规范，向我们展示了正确的行为准则，让我们将眼光投向理性之光；（p. XII）这部经典为我们指明我们应该具备何种品质，以何种心思来行动，并且激励我们向这个方向行进。正直的、远离欲望的君子若以这种方式来服务他的君王，便永远不辜负君王的信任，永远不会改变对父母的孝心；以这两点为基础，一切事物的真正秩序和正确的行为准则得以建立；在这极为庞大的语言资料之中，《诗经》的意义正是寓于这两点中。鉴于这部经典有如此巨大的作用，我以我的赞赏来修饰它，并作此序言。

顺治十一年（公元1655年）

三、欧洲译者序（p. xiii）

柏应理神父在他的《中国哲学家孔子》一书的前言中如此高度评价《诗经》：这是众多诗歌中最有影响的一部，其风格非常艰深和晦涩，晦涩的原因是语言的简洁，而这简洁之中又充满了各种比喻和极为古老的格言。此外，凝练的话语还有字数限制，比那些没有字数限制的文句更难懂；那么对于用如此之难的汉语写就的中国诗歌，需要说明什么呢？在我考虑把这些诗歌译成拉丁文时就认为这个工作是远超过我的能力范围的。然而我所希求的与我自己的关系并不大，我并没有从一开始就停下来，我认为我已完成了不少我当初尝试着做的事。带着这样的想法和一些帮助，我艰难地推进了翻译工作，下面我将简短地介绍一下我翻译的方式。

我们在北京得到了皇家的资助，路易十四国王建立了我们法国的传教团，以便让我们这些在中国进行传教事业的法国传教士能够观测星象，（p. xiv）将汉语典籍译成欧洲语言以及从事其他诸如此类的有用的科学活动。我们的传教士投入了大量的精力和热情来进行这些活动，我也尝试参与其中，如观察天文和翻译中国书籍。《诗经》非常适合理解中国古代文化，于是我开始翻译这部作品。从《诗经》中我体会到，任何古老的民族对上帝的信仰都是更加古老的。这些诗歌大部分是在周朝时写作的，而其中很多是从更久远的古代流传下来的。因此我将这部远古时代的伟大作品的译本献给对古代有兴趣的人，并添加若干注释来帮助理解。

我依据的是极为著名的宋朝人朱熹的阐释，尽管我也读了不少其他人的。我从非常有学问的学者那里听过《诗经》的通俗的阐释；此外我还通晓满文，参考了满文《诗经》译本。这部满译版《诗经》是在顺治皇帝命令下，由精通两种语言的学者们翻译的，他们将诗歌从语句的翻译引向了宗教信仰。由于满语与欧洲语言的差距不那么大，没有汉语中那么多模棱两可的（p. xv）、空泛的概念和不确定的意义，对满语的掌握对于我理解汉语文献的含义有很大帮助。至今为止，在那些将汉语书翻译成欧洲语言的人中，有不少将中国阐释者的话与原文混淆，从而导致译文并不忠实，这种情况是我所尽量避免的；如果我在译文中加了在汉语原文中没有的一些内容，我会将这些内容用括号标出，看到这些内容的读者就不会将我的话和中国学者的话一并评价，如此一来，诗歌的本义将更为清晰；事实上，我力求紧密地贴近原文，因为我宁愿让译文晦涩，也不想让译文不忠实：如此一来，我将《诗经》这部书，这部古代的、自然的、原初的著作不加人工修饰地带给欧洲。

《诗经》简介

关于《诗经》的一些信息在两篇前言中都有了大致的介绍，然而在这里还是有必要进行更详细的说明。这是一部由孔子编纂的古代诗歌集，共分四部分。第一部分名为"国风"，是普通百姓吟诵的诗歌，由王公们下令收集整理。这些诗歌极好地展现了国家的风貌，使那些服从国家统治的人能从这些诗歌中了解到不同国家的不同风俗文化，使行为不端的人得到纠正，好人得到赞扬。这些诗歌会传颂各国的大小王侯（xvi），皇帝通过对音乐的加工来审阅文学和保护文学。公元前771年，平王开始执政时，这个传统已经衰落了，孔夫子为了补救，以同样的方法来收集诗歌，希望伟大的言语或事件通过这些诗歌被纪念，通过阅读这些诗歌来将他的学生们引向美德，把恶人从恶行中劝离。然而对于那些他不喜欢的、与自己目的相悖的诗歌，他都将它们摒弃。

第二部分叫"小雅"，第三部分名为"大雅"，为周朝人所作，这些诗歌有的歌颂帝王的美德，有的赞扬王公贵族，有的是王侯向天子致谢或祈求福祉，有的描绘亲人葬礼仪式之后的宴会，有的反对天子和国家统治，有的介绍农业，有的包含国家治理方面的文献，有的为国家遭受的灾难痛惜等。

第四部分叫"颂"，是葬礼诗，是在周朝天子和鲁国王公的统治时期，以及商朝王公祭奠他们的祖先时演唱的。毫无疑问的是，这部书在中国真实且完整地流传到今天，并毫发无损地逃过了焚书这一劫。除了只有愚笨的人才会拒斥的，见证全人类文化的内容以外，（p. xvii）很多诗歌还包含一些我拒绝谈论的话题以及冗长和肤浅的内容[1]。

鉴于《诗经》几乎全是关于周家族和周王朝的内容，在此有必要介绍一些周家族以及周朝时国家的情况。

周朝历代天子表——从后稷到平王

后稷是公元前2286年尧帝的管理农业的官员。

从后稷开始了周氏族。

公刘是后稷的后裔，他于公元前1797年逃离了夏朝最后一位王桀的统治。

亶父是公刘的后代，称自己为周，从此周家族得名，时间是公元前1327年。

他的儿子是王季，他于公元前1231年继承了统治。

文王于公元前1182年继承了他的父亲王季的王位。

文王的儿子武王在公元前1122年登上王位。

成王在公元前1116年继承父亲武王。

其子康王于公元前1079年继承天子之位。

公元前1053年昭王继承了康王的天子之位。

昭王溺水身亡，他的儿子穆亡公元前1002年即位。

穆王之后是共王，公元前944年执政。

共王的儿子懿王于公元前935年执政。

公元前910年懿王之子孝王执政。

公元前895年孝王之子夷王执政。

公元前889年夷王之子厉王执政。

公元前828年厉王之子宣王执政。

---

[1] 古代的风俗（一些残暴的风俗）被记录在诗行中，并被背诵记忆。古人们背诵《诗经》，因此它比其他书籍更容易保存和流传。

公元前782年宣王之子幽王执政。

公元前771年幽王被刺之后，其子平王继位。

中华帝国简介[1]
从商朝最后一位王纣王到下一王朝周朝的平王

在夏、商、周三代，中国服从唯一主宰和君王，然而整个国家被天子指定的王公分割为若干区域或小国，而且王位可以由他们的儿子继承，他们同时服从天子的统治并为其服务。周朝时期在中国有1800个小国或地区，它们中的大多数只有非常小的领土。（p. xix）商纣王的残暴和荒淫激起了人民对他的仇恨，文王那时在诸王中实力十分强大，他以谨慎、公正和仁义赢得了人心，诸侯开始反对应被推翻的纣王，辅佐应被推上王位的文王，并开始进行谋划；在他们准备的过程中文王去世了，于是各诸侯开始支持文王的儿子——继任者武王。起义的那天，武王率领极其强大的军队向都城疾行，在今天河南省卫辉府境内的牧野，一个离首都不远的地方，与纣王开战；武王获胜，安然无恙，纣王却逃进火海。武王无人反对，众望所归地登上了王位，并将最好的统治带给国家；通过他的治理，国家屹立，并在成王和康王统治下达到兴盛，40年中没有刑罚；然而在此之后，天子的权威开始衰落；沉迷于狩猎的昭王废弛国务，后来夷王和厉王父子在位时，国家险些灭亡。厉王孱弱愚钝，给诸侯极少的利益，为众人所鄙视，他残暴奢靡，（p. xx）为众人所憎恨，起义者四处寻找他，要置他于死地，他只能极力躲藏。在此之后是空位期，厉王在躲藏中死去，衰微的家族的唯一的儿子周宣王继承王位，在宣王的治理下，国家恢复了秩序，他值得称赞；然而他的儿子周幽王与其父不同，贪图女色，因迷恋妃子褒姒，废掉王后及王后之子的储君之位，将国家和自己置于危险之中，在与蛮夷和跟随被废储君的诸侯作战时被杀。被废的王储重新成为王国继承人，这就是平王，在他

---

[1] 译注：prospectus，不应是psospectus，原书印刷错误。

的统治下，各诸侯的力量和权力都有所增长；他将国都从陕西省迁到河南省，几乎中断了王朝的联系，如此一来，曾经追随天子的人，抓住的只是权力的影子而已。

中国诗歌

现在应该介绍的是中国诗歌以及《诗经》中的诗歌。

《诗经》中的诗歌是颂诗，共分三类：一种叫"兴"、第二种叫"比"，第三种叫"赋"。在第一种中，在引出一个话题之前，首先开始介绍的是来自自然的事物和与主题相近的事物；与主题相近的事物常常并不十分明显，中国文人也需下很大功夫来找到那些从诗歌开场白引向诗歌主题的材料。（p. xxi）这需要细致的分析，后世文人须以写作主题来考量。第二种是用比喻的方法，而第三种则是用直接的话语来表述，没有模棱两可。

颂诗的诗节中，诗行都是双数；每一行的字数几乎都是双数：每一节一般有四行，诗行中包括多个词语。那些在同一诗节中的诗行，有一些以同样的韵结束，另一些则不是。

作诗的规则在不同朝代中几乎都不同，在此介绍若干。需要知道的是，在汉语中无论是什么词或音节（汉语词是单音节词），它都有5个声调中的其中一个声调。这些声调中，第一个叫"平声"；其他4个调在作诗的时候都叫"仄声"。"平声"，或者说发平声的音节，几乎可看作是拉丁语的长音节。仄声音节可以说好像拉丁语中的短音节。拉丁语在短音中没有区别，然而汉语的短音却有不同音调的区分，或尖、或重、或低、或高。

现在回到主题，今天的诗歌有这样的规则，在作诗时，第一行要以平声结尾，第二行以仄声结尾，第三行又以平声结尾；之后，第一行以平声结尾，第二行以平声结尾，第三行以仄声结尾。接下来的四行诗是平仄交替结尾；（p. xxii）然后第一行以仄声结尾，第二行以平声结尾，第三行以仄声结尾，以此类推；今天的规则可以用这些词语来概括：平仄平，平平仄，仄仄平仄，仄平仄。其他时代的诗韵规则我就不再赘述了。

关于每一行诗中的词语或音节数量，不同的时代都有不同的规则。今天的诗行比较流行采用奇数音节，或五言，或七言。明朝，也就是本朝之前的朝代，较为流行的是偶数，或四言，或六言。

《诗经》有时根据这种方式，有时却根据那种方式。一些诗行的平声在句中间，另一些在句尾，一些则在句首；我们已经多次提到，中国文人自己都不太明白古诗了。

关于今诗我还要补充的是，我不久前得知以上所说的规则与其说适用于真正的诗，不如说适用于抒情歌，真正的诗作规则如下。共分八行，每行包含七个字，第一、第三、第五个字随意；而第二、第四和第六在第一行中为平、仄、平，在第二行为仄、平、仄；第三行同第二行一致；第四行平、仄、平；第五行如第四行；第七行为仄、平、仄；第八行为平、平、平。第一行、第二行、第四行、第六行和第八行的应该以同样的有节奏的音来结尾。

（作者单位：北京外国语大学欧洲语言文化学院）

诗经，即诗歌经典*

〔法国〕毕　欧　著　刘国敏　译

译者按： 法国著名的汉学家毕欧[1]（Édouard Constant Biot，1803—1850）曾于1838年、1843年分别在《北方杂志》（Revue du Nord）《亚洲研究》（Journal Asiatique）发表了关于《诗经》研究的两篇专论：《诗经，即诗歌经典》（Le Chi-king ou le livre des vers）、《根据〈诗经〉探讨中国古代的风俗民情》（Recherches sur les mœurs anciennes des Chinois, d'après le Chi-king）。本文是第一篇专论的译文，在该文中，毕欧简要叙述了《诗经》的编纂与流传，对《诗经》的"风、雅、颂"都做了阐释。他将《诗经》中诗的风格及内容与古希腊的诗歌进行比较，"《诗经》中的诗歌总体而言都是平淡、单调的颜色"[2]。但是这种平淡与单调，"在《大雅》里变得暗沉而忧伤"。《诗经》关注的多是爱情与个体的生活，与古希腊地区的诗歌中所描述的战争与妒忌形成鲜明的对比。我们"在阅读这些诗歌时应当更加注重实质而非形式，它们的主题和叠句经常让我们想起我们的山歌"[3]。他通过对《诗经》的分析，归纳总结出《诗经》的内容，在此翻译了反映私人生活的《郑风·女曰鸡鸣》、《魏风·陟

---

* 该文为国家社科基金重大项目"法国国家图书馆所藏中文古籍的编目、复制与整理研究"（17ZDA267）成果之一。
[1] 亦有学者译为"比奥"。
[2] Édouard Constant Biot, Le Chi-king ou le livre des vers, Revue du Nord, 1838, p. 224.
[3] 同上。

岵》；歌颂农业的《魏风·伐檀》、《小雅·无羊》；有关战争的《小雅·采薇》、《豳风·破斧》、《小雅·何草不黄》；并对《诗经》中的战争诗进行了分析，与希伯来的诗歌进行比较，认为"《诗经》中这些关于军队的诗歌中哀叹、悲伤与近乎同一时期的充斥于希伯来历史中的歼灭、报复形成了强烈的对比"[1]。毕欧同时还关注到了《诗经》中的诗歌的韵脚："如此久远的对韵的认识在世界大事记中是惹人注目的"。他认为《诗经》中诗歌可能是被指定要如此演唱，就好像"在山上放牧时所唱的牧歌一样，通常也是押韵的"[2]，而这种押韵其实是对羊叫声的一种模仿。

毕欧对于《诗经》的关注重点在于文本中所展现的民俗文化，在他看来，"《诗经》中的诗歌为我们显示了中国人私人生活的永恒的图画，他们识得钟、鼓、陶器或土瓮"。"《诗经》中到处都保留了古今相似的习俗"[3]，第二篇专论中他分了20个小标题进行论述，正式开启了对《诗经》的民俗学研究。

译文：

当人们在历史研究中，想方设法探究某一民族在特定历史时期内的风俗习惯、社会生活以及文明发展的程度时，一般很难在充斥着大大小小战争纪实的正史里，找到构成这一时期民俗画面的特征；人们反而会在保留他们时代特征的神话传说、故事、诗歌、民谣里得益更多。而且人们通常会在两个相距甚远的时期里，找到历史中似乎并没有的特殊风俗习惯的延续。如此，在一些事例中，我能够选择的是《一千零一夜》，它是古老的，却给现代的旅行者提供了现今最忠实的阿拉伯和波

---

[1] Édouard Constant Biot, *Le Chi-king ou le livre des vers*, Revue du Nord, 1838, p. 231.
[2] Édouard Constant Biot, *Le Chi-king ou le livre des vers*, Revue du Nord, 1838, p. 236.
[3] Édouard Constant Biot, *Le Chi-king ou le livre des vers*, Revue du Nord, 1838, p. 232.

斯的风俗画面；而且同时，在远征埃及时，我们法国人重新发现了在《约伯记》（*Job*）书里提到的几乎所有的习俗。我着手了一系列关于从古至今的中国社会经济和文明阶段的研究，指引我去研究以这一问题为主题的中国古书。《诗经》是最著名的作品之一，就像是东亚曾传递给我们的一幅风俗画，同时，对该著作真实性的争议可能也是最少的。"诗"（chi）这个字意思是"诗歌"（vers），"经"是指的构成天朝的信仰和道德的五本神圣的典籍，这两个字连在一起意味着"神圣的诗书"。《诗经》并不是我们所认为的，是单一的历史主题的诗歌：这是一本并非井然有序的诗歌集子，所有的诗歌都是公元前7世纪之前的，是在中国的城市和乡村歌唱的，就如同我们欧洲早期的诗歌乐曲是在古希腊唱的一样。这些诗歌的风格是朴质的：主题是变化的，它们为我们真实地呈现了中国早期的最流行的诗歌。这种单一的叙述足够引起我们去阅读《诗经》以理解这一特殊的体裁，它没有任何雄伟壮丽的装饰，没有任何我们在大部分东方史诗中所常遇的夸张，而是在简单质朴中指引我们研究古代中国风俗。

中国评论家一致认为，这一诗选类别的构成归功于著名的哲学大师"孔子"或叫"孔夫子"，即我们所知道的拉丁名"Confucius"，这一名字是早期在中国的传教士用拉丁文书写创作的。孔子生活在公元前6世纪，大约是柏拉图的时代。这一时期，中国被分属成10个王国，位于公元前1100年周王朝庞大的分封政府遗址。名义上，这些王国的王子作为诸侯，从属于帝国。但是自两个世纪多以后，他们就摆脱这种顺从的关系：他们专断地管理，彼此之间几乎连续不断的战争。在这一混乱时期，人民生活悲惨；原本强大的人文道德腐朽不堪；以前皇帝制定的神圣礼仪完全被忽视，在遗忘中消逝。孔子的一生，都在与这种公众道德的衰微做斗争。为了对抗权势激流，他决心收集保留着古老仪礼传统的专门的书籍，保证社会秩序的基本原则得以永远保留。因此，他编纂了《尚书》，收集的是古代历史传统；《易经》，收集的是古代神秘的思辨理论；最后是《诗经》，收集的是古代流行的诗歌，其中一些是皇帝下令以道德教化为主题创作的乐曲。孔子的门生在整个中国宣扬这些书籍的美誉，不久之后，在所有文人的眼里，这些书籍都变成了神圣的书。但是在孔子3个世纪之后，中国著名的征服者——秦始皇疲于应付文人的代表不停地让他遵循这些书中所规定的礼仪，他下令焚烧了这些古书。孔子的这些作品就在禁令中被牵连。然而这场火灾的真实性是有争议的。在此不参与这场讨论。我满足于就此遵循《诗经》的创作是被唱诵的篇章，比起其他的书籍更容易被文人和人民所记住；而且在公元前2世纪初即汉朝时，《诗纪》被认出、重新发现时是基本完整的。焚书的时代，《诗经》是写在竹简上的，就像我们刚刚在印度所得的那些古书一样。在这位纵火的皇帝的统治下，有一个叫蒙恬的人，发现了用竹纤维造纸的艺术，其珍贵程度不亚于我们想起的中国的制墨艺术。因此，当文学复苏时，很容易大量复制《诗经》。同时，一些博士官开始评注文本，对于阅读者，甚至对中国人而言，这是必不可少的，由此人们才能够理解这部古书中因为简洁而产生的令人发愁的障碍。由于中国古代的纸张质量较差，无法保留古代的原始手稿，这些博士官的注本流传至今，抄本在一段时间内稍稍远离原始的《诗经》，却在一定程度上保证了这些最初的文本不会被从古至今的复本篡改。

有关历史论述的开场白结束后，我急于谈论今天《诗经》的阅读不再局限于能深入理解中文的人这一狭窄的圈子里。《诗经》已经有了拉丁文的译本，是由孙璋神父在中国开始和完成的。在中国著名的传教士宋君荣、马若瑟的陪同下，他对这一国家独特的语言进行过深入的学习。孙璋神父于1733年开始他的工作，他结束的具体时间我们并不清楚。他对他的翻译作了一系列珍贵的笔记，这些笔记是对历史片段的阐释，对诗歌中所指示的自然的所有动植物与我们所知的进行了辨认。孙璋神父将他的手稿寄回法国，一直隐藏在巴黎德莱尔（装）地图的纸箱里。直到1814年，雷慕沙重新开始中国研究，一些博学者试图借助中国文本的评注进行困难的工作，翻译一些诗歌，这些被遗忘的寄件才被想起。幸运的是，1828年，虔诚的东方学家莫尔（M. Mohl）专注于寻找中国传教士寄来的手稿的踪迹。他发现这些手稿从德利尔的书房里转入到归档海事的收藏品和瞭望台的档案里。在这最后的收藏品中他重新发现了孙璋神父的完整手稿和雷孝恩神父的《易经》译稿。《易经》是另一本经书，充满了神秘和障碍。莫尔赶忙要求授权拥有孙璋神父的手稿，并于1830年在斯图加特出版社印刷出版。孙璋神父是借助于顺治帝令下的满语版本翻译的。顺治是自公元17世纪统治中国的第一任清朝皇帝。满语类似于字母语言的语法形式，比汉语更加简单和清晰，确切地说，只有一种句法，以文字的仅有的位置来标明在句子中的角色。但是自欧洲的翻译家就同样的文本更愿意使用翻译本起，严肃的批评家担心这会产生误解、错误，然后可能责备孙璋神父因满文译本本身的解释而引起的对某些章节的误读与歪曲。但是与翻译工作的困难相比，这种错误的可能性，不能阻碍人们对孙璋神父工作的认可，就像其他的耶稣会传教对《诗经》、《易经》的翻译一样。除去《诗经》的这点局限，孙璋神父的译文以及极好的译文附注，使得所有接受过普通教育的人能够参与早期中国的研究，研究在我们的地图上以"古老的著名世界"（monde connu des anciens）命名的这一地区与欧洲和西亚迥异的原始社会的道德习俗。

《诗经》分为四个部分。第一部分命名为"国风"，或"王国的诗歌"（chansons des royaumes）。它由民间的诗歌组成，根据历史记载，是由皇帝下令在领域内和诸侯封地巡回采集的；皇帝根据这些诗歌的性质，判断他广袤帝国不同地方的道德状况，由此进行恰当的责备或赞扬。根据礼仪，各个王国或附属国的王子要向皇帝介绍他们辖区的诗歌。皇帝读这些诗歌并且指派大臣为其添加音乐，以便更好的被审查和被细心保存。这种习俗在公元前12世纪由周朝立法规定，因为后来皇帝的奢侈逸乐，忽视了他们的巡视而逐渐消失。在公元前770年，幽王统治时，诸侯差不多都独立于最高权力之外。帝国巡视的停止，也结束了民间诗歌的采集。

第二部分，称为"小雅"（petite excellence），第三部分称为"大雅"（grande excellence），包含了大量片段的不同主题的诗歌。其中一些出自于周王朝的早期，颂扬各位帝王、诸侯，或总的来说是著名的人物的美德。另一些是皇帝感谢诸侯的乐曲，或是一些在庄严的仪式上唱诵的歌曲。我们能从中发现哪里的皇帝品行和公众管理是被严厉地指责的，哪里的不幸民众是被哀悼的，还有哪里的农业是著名的，等等。

第四部分称为"颂"，包括周朝皇帝、之前的商朝皇帝以及孔子的家乡鲁国的小王的祭祀仪式上唱的歌曲。

我们发现，所有的诗、颂歌或民间歌曲中的突出特征，是家庭生活、私人爱情，这些尊重于绝对的权力。可能，作为他们治理有方的证据，这些意义在诸侯呈献给皇帝的官方篇章里是很简单的；但是它们反复出现在那些民间歌曲中，过于频繁的出现以致我们都不得不将其视为是自这一时期开始在中国人的思想里被反复灌输的。各诸侯国诗歌没有呈现丝毫如同被分成独立政权的希腊地区与地区、部落与部落间散发出的强烈的嫉妒的迹象。世界的和平、安定，是《诗经》中的所有诗歌所希求的。对劳作和私人生活的热爱，是它所颂扬的；相反，在希腊的诗歌里、在罗马共和国的作品中，因为公民自治和评议，赞颂的都是政治与战争、是公众的生活。没有人怀疑这最新的政权不再提供多样的风格和思想的活力，《诗经》中的诗歌总体而言都是平淡、单调的风格，反映出对绝对政权的顺从；但是可能这种顺从比所有好斗的（希腊人）更能谋得舒适的物质生活。这种文化的差别是中西方古代历史中的最大的界线。一方面，这个国家被移民征服，这些移民各有特点，渗透到方方面面，相互之间混战不休。另一方面，这是唯一一群来自山区的征服者，他们不断向前扩展领地或屠杀当地土著居民，全面推进殖民；并于公元前11世纪建立了中华帝国，其领土甚至比法国领土的两倍还要大。

但是它纯粹的农业移民遍布大地，而不像被限制的希腊移民一样，被土地所束，也不像希腊移民一样在商业交易中相识。然而他们以共同的血脉联盟，依附于中央权力而彼此相识，至高无上的中央权力是对他们安全的保障。这种状况就导致了内心爱情生活的同一特征和对权力的顺从，在这一大国的不同地方的诗歌中呈现出来。

现在通过《诗经》中一些诗歌的评注来说明这部诗集总的特色，且在阅读之前，我提醒大家我们不应该去寻找罕见的隐喻、高尚诗歌的构架，而应（寻找）简单的画面和农耕者主要的纯朴的道德风俗。在阅读这些诗歌时我们应当更加注重实质而非形式，它们的主题和叠句经常让我们想起我们的山歌。

第一部分 第七章 第八首
（《郑风·女曰鸡鸣》）

女曰："鸡鸣"，士曰："昧旦。子兴视夜，明星有烂。""将翱将翔，弋凫与雁。"

"弋言加之，与子宜之。宜言饮酒，与子偕老。"琴瑟在御，莫不静好。

"知子之来之，杂佩以赠之。知子之顺之，杂佩以问之。知子之好之，杂佩以报之。"

第一部分 第九章 第四首
（《魏风·陟岵》）

陟彼岵兮，瞻望父兮。父曰：嗟！予子行役，夙夜无已。上慎旃哉！犹来无止！

陟彼屺兮，瞻望母兮。母曰：嗟！予季行役，夙夜无寐。上慎旃哉！犹来无弃！

陟彼冈兮，瞻望兄兮。兄曰：嗟！予弟行役，夙夜必偕。上慎旃哉！犹来无死！

第一首诗给我们描述的是一对团结、幸福的夫妇。第二首描述了儿子服役后父母的痛惜。下面的另两首乐曲是对农业的颂扬。第一首似乎是与县令或富人的谈话，鼓励人们要好好种地。

第一部分　第九章　第五首
（《魏风·伐檀》）

坎坎伐檀兮，寘之河之干兮，河水清且涟猗。不稼不穑，胡取禾三百廛兮？不狩不猎，胡瞻尔庭有县貆兮？彼君子兮，不素餐兮！

坎坎伐辐兮，置之河之侧兮，河水清且直猗。不稼不穑，胡取禾三百亿兮？

不狩不猎，胡瞻尔庭有县特兮？彼君子兮，不素食兮！

坎坎伐轮兮，置之河之漘兮，河水清且沦猗。不稼不穑，胡取禾三百囷兮？

不狩不猎，胡瞻尔庭有县鹑兮？彼君子兮，不素飧兮！

第二部分　第四章　第六首
（《小雅·无羊》）

谁谓尔无羊？三百维群。谁谓尔无牛？九十其犉。尔羊来思，其角濈濈。尔牛来思，其耳湿湿。

或降于阿，或饮于池，或寝或讹。尔牧来思，何蓑何笠，或负其饎。三十维物,尔牲则具。

　　尔牧来思,以薪以蒸,以雌以雄。尔羊来思,矜矜兢兢,不骞不崩。麾之以肱,毕来既升。

　　牧人乃梦,众维鱼矣,旐维旟矣,大人占之;众维鱼矣,实维丰年;旐维旟矣,室家溱溱。

现在看一些士兵唱的颂歌,是军队的诗歌。当然,它们并非是充满活力的,一点也不刺激、吸引人。这一时期的中国士兵同时也是耕作者,他们被强制服役一段时间;因此表现的是想要回家的欲望,想要结束服役的时间。

下面的诗歌是在北方边境抵抗猃狁或匈奴入侵的士兵唱的,猃狁就是鞑靼部落,德经认为是匈奴,但是他可能被相似的名字迷惑了。

小雅·采薇

　　采薇采薇,薇亦作止。曰归曰归,岁亦莫止。 靡室靡家,猃狁之故。不遑启居,猃狁之故。

　　采薇采薇,薇亦柔止。曰归曰归,心亦忧止。忧心烈烈,载饥载渴。我戍未定,靡使归聘。

　　采薇采薇,薇亦刚止。曰归曰归,岁亦阳止。王事靡盬,不遑启处。忧心孔疚,我行不来!

　　彼尔维何?维常之华。彼路斯何?君子之车。戎车既驾,四牡业业。岂敢定居?一月三捷。

　　驾彼四牡,四牡骙骙。君子所依,小人所腓。四牡翼翼,象弭鱼服。岂不日戒?猃狁孔棘!

　　昔我往矣,杨柳依依。今我来思,雨雪霏霏。行道迟迟,载渴载饥。我心伤悲,莫知我哀!

下面两首诗中的第一首诗是周公与远征三年归来的将军的对话。周公是周朝第一任皇帝的哥哥,生活在公元前12世纪。他在远征凯旋途中,遇到了一场猛烈的暴风雨,使他的军队受挫。我没有在此翻译这首诗,因为它太长,它哀悼士兵的痛苦和他们离开如此长时间之后房屋的破败。他的士兵这样回答他:

第一部分　第十五章　第四首
(《豳风·破斧》)

　　既破我斧,又缺我斨。周公东征,四国是皇。哀我人斯,亦孔之将。
　　既破我斧,又缺我錡。周公东征,四国是吪。哀我人斯,亦孔之嘉。
　　既破我斧,又缺我銶。周公东征,四国是遒。哀我人斯,亦孔之休。

这首诗是悲伤的,但是它并没有战争诗的特征。这里更多地表现出的是对远征的厌恶。它是在士兵向鞑靼行进途中唱诵的。

第二部分　第八章　第十首
(《小雅·何草不黄》)

　　何草不黄?何日不行?何人不将?经营四方。
　　何草不玄?何人不矜?哀我征夫,独为匪民。
　　匪兕匪虎,率彼旷野。哀我征夫,朝夕不暇。
　　有芃者狐,率彼幽草。有栈之车,行彼周道。

《诗经》中这些关于军队的诗歌中的哀叹、悲伤与近乎同一时期的充斥于希伯来历史中的歼灭、报复形成了强烈的对比。诚然，一方面是真正的英雄主义，但是这种野蛮的英雄主义，类似于野蛮的美国人，强制行军四到五个月，强制剥夺所有，骗取、屠杀敌人。中国的诗歌中没有呈现出任何这种可怕的憎恶的迹象。即使发动一场战争，也是针对摇动天平横梁的反叛者，为了维护绝对的权力，与北方的蛮夷部落对抗是为了保护中国的城市居民，而且这些士兵都抱怨披挂上阵，就像今天中国的现实一样。历史与《诗经》中的歌谣所唱诵的是相符的。公元前1世纪和2世纪，汉朝大规模远征至中亚，向西击退鞑靼部落，汉人的军队只勉强地征募那些无家的流浪者和犯人。中国人的这一特征自《诗经》时代起完整地呈现出来。即温柔、充满了人文关怀，少战争。其他的民族也在很长的世纪里依然保持着他们最初的面貌，如今天的阿拉伯依然像曾经的沙漠之王。这始终是《约伯记》中的人物，就像坚毅的博学者福莱斯内尔（Fulgence Fresnel）还在重新寻找五六世纪的战争叙述，却徒劳地只发现一些确定日期的痕迹。一旦战士被杀害，甚至当一匹马被另一个部落的战士偷盗，被攻击的部落就会宣布战争。为了让男人得到更多的休息，女人得到更多的快乐；战争、战争，直至复仇结束，犯错的部落被屠杀。一些以牲畜为奖品的例子在文学作品中随处可见，但是真正的贝督因人抛弃了这些作品。一个阿拉伯人接受一百只母骆驼作为他兄弟的死的补偿。另一个阿拉伯人看见他在挤骆驼奶，对他喊道：混蛋，你喝的不是你的骆驼的奶，而是你兄弟的血。

　　《诗经》中的诗歌为我们显示了中国人私人生活的永久不变的图画，他们识得钟、鼓、陶器或土瓮；他们懂得通过发酵从大米里提取酒液，传教士们称为酒，这是烧酒的一种。他们用犁耕地，耐心地拔除野草，最后将这种耕作方式推广至中国的多个省市。像今天一样，黎民（黑色头发的人民）成为中国人的代称。一般来说，中国人都是这种颜色的头发，金色头发的人就会立刻被认为是一位外族人。

　　《诗经》中到处都有这种古今习惯相似的痕迹。自这一时期开始，婚姻的联盟是被保护的，个体之间冠以相同的姓氏，并且要知道，以前家族姓氏的数量限制在一百以内，这构成了中国人口的基本元素。道德家在他们的作品中写道：皇帝和大臣在他们的诏令中一直都是用"百姓"来指代所有的中国人。甚至整个中国的面积，就像今天一样，通过另一个短语——"四海之内"来代指。这一短语是源自于古老的信仰，人们认为地球是方的，并且四面环海。在中国人的意识里，几乎把中国同整个地球混为一体，认为中国所占据的就是全部。

可以发现，今天的婚姻仪式与周朝时是相似的，甚至是同样的：结婚一个月之后，年轻的妇人要回到娘家住一段时间。根据《诗经》的记载，一年有两次，皇帝要下令在北方地区进行大型的捕猎，军队随行，就像一次军事远征。这种古老的习俗可能是为了获得北方游牧民族的尊重，同时让军队习惯劳累。17世纪康熙重新恢复（这一习俗），他是中国一位著名的皇帝。根据传教士张诚（Gerbillon）测绘的康熙治下的国家地图，在鞑靼地区的这种十万人捕猎是为了遏制猎物。

除了对占卜者的迷信信仰之外，我们在前面翻译的第二首诗是一个例证；在中国普遍存在着，在《诗经》里也能发现的对女童养育的不在乎，在莫里森（Morrisson）、戴维斯（Davis）和其他居住在广东的英国人描述中，（女童）是令人厌恶的。一个女孩一出生就被认为是令人厌烦的负担，父母要养育她，不能期望她能独自谋生，而且在中国，杀害的婴儿普遍是女婴。中国和野蛮的美国人的这一共同特点显示了他们的文明观念的局限性。在此，我列举《诗经》中一些章节，如第二部分，第四章，第五首诗：

《小雅·斯干》

乃生男子，载寝之床。载衣之裳，载弄之璋。其泣喤喤，朱芾斯皇，室家君王。

乃生女子，载寝之地。载衣之裼，载弄之瓦。无非无仪，唯酒食是议，无父母诒罹。

今天的中国还保留着这样的习俗：女婴出生的时候在襁褓中放置瓦。据说以前妇女织布时是用瓦来压丝，同时，将瓦戴在小孩身边是预示着织布是她将来的主要工作。

我曾说过，《诗经》中的歌谣总的来说被刻上了浅淡而单调的色彩。这种色彩在第三部分《大雅》里变得深暗而忧伤，《大雅》描述的是公元前8世纪至公元前7世纪周王朝衰微时期中国的状况。与我们的中世纪一样，建立在正派的等级之上的封建体系全部倾塌，随此瓦解而带来的是道德的败坏：诸侯王和强权者不再受到上层权力的约束，转而接受环绕着中华文明的蛮人道德习俗。我没有查询摘录《诗经》第三、第四部分中的新的证据。它们对这本期刊的读者意义不大。他们知道本诗集所反映出的总的基调已足够。

《诗经》中的诗歌通常都是押韵的，对韵的这种认识如此久远，在世界大事记中是惹人注目的。既然《诗经》的篇章被指定这样唱，我们猜测在诗歌里也保持了这样的习惯。就如同在山上放牧时所唱的牧歌一样，通常也是押韵的，且往往继类似的道德风俗或地区之后，我们也能在国家内相距甚远的两个地区发现相同的叠句。同时，布雷斯（Bresse）地区的牧羊人用他的节拍和叠句向我重复了巴利阿里（Baléare）习惯上所唱的牧歌。这种韵律模仿的是羊的叫声，且这种曲调最远可传至300里（lieue：法国古里，约合4千米）外。

就风格而言，它不同于我们所听过的诗歌。我之所以说我们所听过的诗，是因为中国的诗歌与我们的诗歌截然不同。这是复杂、晦涩比喻的汇集，对细枝末节的暗喻可能只有最博学者才能辨识。一般的中国人也完全不懂这种手法，这对于努力想要深入中国文字迷宫的欧洲学者而言，多少是一种慰藉。《诗经》的风格比惯常的诗歌要简单得多；但是，不幸的是，它就像中国的其他经书一样，简明扼要而使人望尘莫及；因此，大量的片段只能根据评注才能猜出，然而这些评论家的评注经常变换，我们猜想孙璋那应当让人敬服的著作，其中的错误可能是（因为）要顺从于译文。

总的来说，《诗经》中的颂歌的思想连续性是不显著的，或者说，至少一节向另一节的过渡是生硬的，如同念头穿过孩童的大脑一样。从所有中国文学创作的长期注疏来看，这是它的不足。要归结于何种原因呢？这个问题至今没有解决，但是在这些解决方法中的最重要的因素里，我们可以把汉字书写的形式算上，每一个字都代表了单独的意思，在它所占据的每一句的位置采取语法上的意义；孩童教育的单一世界里，他们要用心学习他们不可能理解的经书中的文字并且没有人给他们解释；中国人还评价书法，这种独特的喜好，其重要性就如同欧洲人评价绘画一样。最终，博学的生物学家企图通过他们所见过的画像中不同的中国人的头脑形状，与更为发达的西方人的头脑进行比较，找到头骨凹陷与智力上的显著劣势的关联。

以上是《诗经》这部书的简介。作为一部诗集，与希腊诗歌杰出的构思相比，它并没有突出的特征。对于欧洲人而言，因为其不连贯的思想，这部书的阅读是令人疲乏的；但是作为道德风俗的画卷，它完全在其他古书之上，同时它是一座可以从中挖掘东亚历史的宝库，然而直至今天我们美其名曰世界历史的辑录或纲要里都完全把它给忽视了。

（译者单位：重庆旅游职业学院）

耶稣会士与欧洲早期《诗经》知识

张万民

摘要：欧洲耶稣会士最早关注儒家的四书五经，本文梳理了16、17世纪耶稣会士在介绍和翻译《诗经》方面所做的贡献，揭示了他们一步步推进欧洲早期《诗经》知识的历史进程。

关键词：耶稣会士　《诗经》　欧洲

欧洲人对于《诗经》较为全面的认识，要从孙璋（Alexandre de la Charme，1695—1767）的《诗经》拉丁文译本或是理雅各（James Legge，1815—1897）的《中国经典》开始。前者于1730至1750年间完成，迟至1830年才在德国斯图加特出版，不过很快就吸引了吕克特（Friedrich Rückert，1788—1866）将其转译为德文；后者则被称为是19世纪的"一件重大的功业"。[1]

欧洲耶稣会士最早关注儒家的四书、五经，希望通过这些儒家经典来深入认识中国思想与文化。那么，16、17世纪耶稣会士初入中国之时，他们在介绍和翻译《诗经》方面做了哪些工作呢？他们如何一步步推进欧洲早期的《诗经》知识呢？本文试图对此问题做一个初步的勾勒。

---

[1] 〔瑞〕高本汉著，董同龢译：《高本汉诗经注释》，上海：中西书局，2012年，"作者原序"第5页。

一、耶稣会士之前

在耶稣会士之前，方济各会（Franciscans）与多明我会（Dominicans）的修士，以及一些旅行家、商人，曾进入中国并写下见闻，初步建立了中世纪欧洲人对中国的认识。

柏朗嘉宾（John of Plano Carpini，1185—1252）和鲁布鲁克（William of Rubruck，1210—1270）写下了流传甚广的游记。[1] 尤其是鲁布鲁克的游记，被认为是"整个游记文学中最生动、最动人的游记之一"。[2] 鲁布鲁克观察到中国文字的特殊书写方式，说那是"使用毛刷写字，像画师用毛刷绘画"。[3] 有人认为鲁布鲁克"对中国书面语言的观察甚至比马可波罗书中的还要细致"。[4] 实际上，柏朗嘉宾和鲁布鲁克最远只到达了蒙古的哈剌和林（Karakorum），从未进入中国的中原地区。

在13、14世纪欧洲人关于中国的记载中，影响最大的是马可·波罗（Marco Polo，1254—1324）的游记。《马可·波罗游记》极力渲染了当时元帝国首都汗八里（Cambaluc，蒙古语指帝都，即大都）的繁华，还提到了南宋如何被灭的历史。马可·波罗提到，他在中国学会了四种语言和它们的写法。法国人鲍狄埃（Guillaume Pauthier，1801—1873）认为，马可·波罗掌握的是汉文、维吾尔文、八思巴蒙古文和用阿拉伯字母书写的波斯文。但是，英国人裕尔（Sir Henry Yule，1820—1889）、法国人高第（Henri Cordier，1849—1925）对此提出质疑。他们认为马可·波罗不懂汉语，其理由是：马可·波罗把苏州解为地、杭州解为天，说明他根本不懂"上有天堂，下有苏杭"这谚语的实际意思；游记

---

[1] 参见张星烺编注，朱杰勤校订：《中西交通史料汇编》，北京：中华书局，1977年，第284-292页。
[2] 〔英〕道森编，吕浦译、周良霄注：《出使蒙古记》，北京：中国社会科学出版社，1983年，绪言第17页。
[3] 〔英〕柏朗嘉宾、〔法〕鲁布鲁克著，耿昇、何高济译：《柏朗嘉宾蒙古行纪·鲁布鲁克东行纪》，北京：中华书局，1985年，第280页。
[4] 〔英〕赫德逊著，王遵仲、李申、张毅译，何兆武校：《欧洲与中国》，北京：中华书局，1995年，第121页。

中的许多地名，如Cathay（契丹，北中国）、Cambaluc（汗八里，即大都）、Tangut（唐兀惕，即西夏）等，都是蒙古语、突厥语或波斯语的称呼，对于这些地方的汉语名称，马可·波罗却未采用。[1]

法国学者安田朴（René Etiemble，1909—2002）指出，虽然马可·波罗的游记在欧洲获得了巨大成功，但是书中却没有提到任何一个中国思想家的名字。马可·波罗"满怀同情心地讲述了中国人所说的'孝道'、由儒教教理向该民族灌输的风俗习惯和仪表举止，但他同样没有一次提到孔夫子和任何儒教徒"。事实上，当时的"蒙古人对于孔夫子、朱熹和理学都了如指掌"，"蒙古人特别是忽必烈汗已尽其最大的可能采纳了汉地的文明"，甚至还推动了宋元理学的传播。安田朴进一步指出："既然马可·波罗在他于中国经过15年之后而愚蠢地既不提到孔子之名，又不提及老子、庄子、荀子、墨子、孟子等人甚至是朱熹的名字，那就必须承认他完全不懂汉文。"安田朴甚至鼓励读者去假设，如果中国思想在13世纪就传入欧洲，那么基督教和欧洲思想会出现怎样的新局面。不过，可惜的是，"这样的现象丝毫没有产生"[2]。

可见，13、14世纪的教士和旅行家，对中国文化的了解有限，他们的描述多限于中国的城市风貌、物产工艺。因此，欧洲人此时对于中国的知识，仅限于物质与风俗层面。

到了16世纪，葡萄牙和西班牙这两个伊比利亚王国，发现并垄断了中西之间的海上航线，重新启动了欧洲人认识中国的历史进程。很多学者将这段时期的汉学称为"伊比利亚时期"（The Iberian Phase）。[3]

---

[1] 参见杨志玖：《马可波罗在中国》，天津：南开大学出版社，1999年，第75-79页。
[2] 〔法〕安田朴著，耿昇译：《中国文化西传欧洲史》，北京：商务印书馆，2000年，第146-150页。亦可参见另一个中文译本，〔法〕艾田蒲著，许钧、钱林森译：《中国之欧洲》，郑州：河南人民出版社，1994年，第118-122页。
[3] David B. Honey, *Incense at the Altar, Pioneering Sinologists and the Development of Classical Chinese Philology*, New Haven: American Oriental Society, 2001, p. 1. 在全球史的论述中，也有学者将1500—1600年称为"伊比利亚阶段"，如〔美〕斯塔夫里阿诺斯著，吴象婴、梁赤民译：《全球通史：1500年以后的世界》，上海：上海社会科学院出版社，1999年，第二编第六章。

葡萄牙和西班牙早期来华的使节、旅行家、商人、传教士，写下了大量关于中国的见闻或回忆。不过，他们记录的重点，还是中国的政治、经济、地理等资料。

16世纪介绍中国文化的集大成之作，是西班牙人门多萨的《中华大帝国史》。此书于1585年出版，出版后旋即成为欧洲最畅销的书籍之一，短时间内就以不同的语言再版了46次。[1] 法国思想家蒙田，就曾依据此书评价中国。[2]

《中华大帝国史》比较含混地讲到"那里有著名大哲学家"，但是并未提到孔子的名字，还介绍了中国人如何通过科举考试获得功名，但是没有说明参加科举考试需要读哪些书。[3] 此书并没有提到《诗经》等中国典籍，由此可知，当时来华的西班牙和葡萄牙人对于中国典籍及思想学术也不甚了了。

门多萨并未到过中国，也不懂中文，他充分利用了同时代关于中国的各类著述，包括：葡萄牙学者巴洛斯（Joao de Barros，1496—1570）在1539年至1563年写成的《亚洲史》，葡萄牙人克路士（Gaspar da Cruz，？—1570）在1570年出版的《中国志》，以及西班牙人拉达（Martinus de Rada，1533—1578）出使中国的报告。其中，克路士描述了各地生员如何学习、如何取得功名，并且还注意到中国语言文字的特点，如汉字是自上而下书写等等。[4] 拉达在福建得到许多中文书籍，这些书籍一部分留在了菲律宾，其中一些被译成西班牙文，另一部分则被运往欧洲。[5] 拉达运回欧洲的中文书，已很难求证其确切的书目。不

---

[1]〔美〕拉赫著，胡锦山译：《欧洲形成中的亚洲》第一卷第二册，北京：人民出版社，2013年，第307页。
[2]〔法〕蒙田著，潘丽珍等译：《蒙田随笔全集》（下），南京：译林出版社，1996年，第348页。
[3]〔西〕门多萨著，何高济译：《中华大帝国史》，北京：中华书局，1998年，第111-117页。
[4]〔葡〕克路士：《中国志》第七章，载〔英〕博克舍编注，何高济译：《十六世纪中国南部行纪》，北京：中华书局，1990年，第109-113页。
[5]〔英〕博克舍编注，何高济译：《十六世纪中国南部行纪》，北京：中华书局，1990年，第55、57页。

过，根据伯希和、方豪等学者在西班牙所见，西班牙现存16世纪刻本的中文书籍包括：《资治通鉴节要》、《类编历法通书大全》、《通书》、《徐氏针灸》、《新刊按鉴汉谱三国志传绘像大全》、《耀目冠场擢奇风月锦囊正杂两科全集》、《新刊补订源流总汇对类大全》、《古今形胜之图》。[1] 这些书很杂，包括史书、医书、戏剧等，然而并未发现后来耶稣会士那种对儒家思想的巨大兴趣，也没有发现《诗经》等书。

西班牙多明我会士高母羡（Juan Cobo，1546—1592）在1591年左右将《明心宝鉴》译成西班牙文，由其他传教士带回西班牙。《明心宝鉴》成书于明朝初年，摘抄了《尚书》、《易经》、《诗经》、《礼记》、《论语》、《孟子》、《庄子》、《太上感应篇》、《说苑》、《颜氏家训》等书的文字，是明朝流行的通俗读物，风行于东亚、东南亚一带。高母羡所译的《明心宝鉴》，被法国汉学家伯希和称为是"现存最早的中国书西译本"[2]，方豪因此称高母羡为"西班牙第一位汉学家"。[3] 虽然高母羡翻译的《明心宝鉴》含有《诗经》文字，可惜此译本流传不广，在欧洲没有产生影响。

要等到利玛窦进入中国之后，耶稣会士才陆续将儒家文化的知识带回欧洲，欧洲人才开始对《诗经》等中国典籍有初步的认识。

二、耶稣会士介绍《诗经》

利玛窦（Matteo Ricci，1552—1610）被认为"是第一个直接掌握中国语文并对中国典籍进行钻研的西方学者"，"同时又是开始正面地把

---

[1] 方豪：《流落于西葡的中国文献》，载《方豪六十自定稿》（下册），台北：台湾学生书局，1969年，第1750-1764页。
[2] 引自方豪：《流落于西葡的中国文献》，载《方豪六十自定稿》（下册），第1745页。亦可参见方豪：《从中国典籍见明清间中国与西班牙的文化关系》，载《方豪六十自定稿》（下册），第1493页。
[3] 方豪：《中国天主教史人物传》上册，北京：中华书局，1988年（影印香港公教真理学会1967—1973年本），第88页。

中国历史文化介绍给西方的第一个人"[1]。利玛窦进入中国后，逐渐发现，通过科举考试并进入权力机构的士大夫是中国最重要的阶层，如果想在中国顺利传教，必须在儒家士大夫中寻找支持，在儒学经典中寻找契合之处。在1595年一封写给耶稣会罗马总会会长的信中，利玛窦说他在研读儒家经典时找到了与上帝信仰相合的地方："我们曾从他们的经中找到不少和我们的教义相吻合的地方。过去这数年，我由良好的教师为我讲解六经、四书，获知如一位天主、灵魂不在不灭、天堂不朽等思想全都有。"[2]

在《诗经》、《尚书》等古籍中，有关于"帝"、"天"的记载，保存了上古的宗教思想，利玛窦充分肯定其中的宗教内容，并来证明"天主"就是中国古代的"上帝"。因此，他非常重视研读四书、五经。利玛窦的这个思路，被后来入华的大部分传教士所接受和继承。《诗经》就这样作为古代儒家经典，通过利玛窦及其他耶稣会士，进入欧洲人的视野。

利玛窦晚年用意大利文将自己的传教经历写下来。金尼阁（Nicolas Trigault，1577—1629）在利玛窦去世将日记经澳门带回罗马，将其译为拉丁文，并增改了一些内容，于1615年以《基督教远征中国史》为书名，在德国正式刊行，1625年出版英文译本，不过这只是个节译本，英文全译本到1942年才出现。[3]

在《基督教远征中国史》第一卷第五章，利玛窦向欧洲读者介绍了儒家的四书和五经。何高济等人根据英文版翻译的《利玛窦中国札记》的文字如下：

---

[1] 〔意〕利玛窦、〔法〕金尼阁著，何高济、王遵仲、李申译：《利玛窦中国札记》，北京：中华书局，1983年，中译者序言第10、18页。
[2] 〔意〕利玛窦著，罗渔译：《利玛窦书信集》（上），《利玛窦全集》之三，台北：光启出版社，台北县新庄市：辅仁大学出版社，1986年，第202、209页。
[3] 中华书局1983年版的中译本《利玛窦中国札记》，即根据这个英文本译出。利玛窦的意大利原文手稿于20世纪初年被重新发现，台湾光启出版社在1986年出版了从意大利原稿译出的《利玛窦中国传教史》，近年又有文铮将意大利原稿重译，沿用手稿原名《耶稣会与天主教进入中国史》，2014年由商务印书馆出版。

被称为中国圣哲之师的孔子,把更古的哲学家的著作汇编成四部书,他自己又撰写了五部。他给这五部书题名为"经"(The Doctrines),内容包括过正当生活的伦理原则、指导政治行为的教诫、习俗、古人的榜样、他们的仪礼和祭祀以及甚至他们诗歌的样品和其他这类的题材。在这五部书之外,还有一部汇编了这位大哲学家和他的弟子们的教诫,但并没有特殊的编排。它主要是着眼于个人、家庭及整个国家的道德行为,而在人类理性的光芒下对正当的道德活动加以指导。这部书是从前面提到过的那四部书摘录下来的撮要,被称为《四书》(Tetrabiblion)。孔子的这九部书构成最古老的中国图书库,它们大部分是用象形文字写成,为国家未来的美好和发展而集道德教诫之大成;别的书都是由其中发展出来的。[1]

这里对于四书和五经的介绍很混乱。孟德卫指出,英译者加莱格尔翻译的"这部书是从前面提到过的那四部书摘录下来的撮要,被称为《四书》"一句,使整个介绍更加混淆不清,这句拉丁文原文的翻译应该是:"这部书由四本书组成,中国人将这四本书称为'四书'。"孟德卫还认为,书中说孔子亲自撰写了五经,这是因为"利玛窦当时很可能参考了今文经派的观点"。[2] 其实,利玛窦的原文手稿并未说孔子撰写了全部五经,文铮根据手稿原文译出的文字是:

孔子曾重订过四部古书,又亲手写了一部,合称"五经",其中所涉及的或是古代统治者的德行,或是记述这些德行的诗歌,或是中国的礼法,或是一些警世的训诫。在除《五经》之外,有三四位作者辑录了很多没有联系的道德箴言,并编纂成书,受到人们的青睐,这些书被合称为《四书》。以上九部书是中国最古老的书

---

[1] 〔意〕利玛窦、〔法〕金尼阁:《利玛窦中国札记》,第35页。
[2] 〔美〕孟德卫著,陈怡译:《奇异的国度:耶稣会适应政策及汉学的起源》,郑州:大象出版社,2010年,第44、45页。

籍，而其他的书都是由此衍生出来的，这九部书几乎包括了中国所有的文字。[1]

即使从利玛窦原文手稿来看，整个介绍仍然是比较含混的。不过，书中所说的"诗歌的样品"或"记述这些德行的诗歌"，就是指《诗经》，这是毫无疑问的。从《基督教远征中国史》本身来看，利玛窦并没有为欧洲人提供关于《诗经》及其他儒家典籍的清晰完整的知识，只是初步介绍了作为五经之一的《诗经》的性质。

利玛窦之后的耶稣会士，向欧洲读者介绍儒家经典时，描述越来越详细，对于《诗经》不再只是一笔带过，他们将欧洲人的《诗经》知识推进了一步。

曾德昭（Alvaro Semedo，1585—1658）的《大中国志》（*Imperio de la China*）原文为葡萄牙文，1641年、1642年分别在马德里和里斯本出版，又被翻译成西班牙文，1642年在马德里出版西班牙文译本，后来在西班牙文版的基础上出版了意大利文版（1643年）和法文版（1645年）。到了1655年，此书被译为英文。

《大中国志》第十章"中国人的书籍和学术"，按照《易经》、《书经》、《诗经》、《礼记》、《春秋》的排列顺序，介绍了儒家经典，其中介绍《诗经》说：

> 第三部叫《诗经》，是古代诗歌，都有隐喻和诗意，其中有关于人类天性的，也有关于不同风俗的。[2]

---

[1] 〔意〕利玛窦著，文铮译：《耶稣会与天主教进入中国史》，梅欧金校，北京：商务印书馆，2014年，第23-24页。台湾光启社版的译文，同样是根据利玛窦意大利原文译出，文字与此基本一致，见〔意〕利玛窦：《利玛窦全集》第1册，台北：光启出版社，台北县新庄市：辅仁大学出版社，1986年，第25-26页。
[2] 〔葡〕曾德昭著，何高济译，李申校：《大中国志》，上海：上海古籍出版社，1998年，第59页。

这里的介绍，比利玛窦更为详细。张国纲甚至提出："曾德昭恐怕是第一个正确而又较详细地介绍中国古书的耶稣会士。"[1]《大中国志》还介绍了与《诗经》密切相关的采诗制度：

> 诗词在中国极受重视，在诸侯林立，臣事一位帝王的时代，当他们去朝见帝王（每3年1次）时，都必须各自从本国携带流行和时新的韵文和诗歌，因此帝王可以知道他们的风俗习惯，在这些诗词中确实有许多各地风俗的记述。在这点上，中国人远较其他民族优越，因为他们对于所撰写的东西极其慎重，很难在他们的词句里找到一个不严肃的词，而（尤有甚者）他们没有表示邪恶的字眼，书中任何地方也找不着这类记载。[2]

卫匡国（Martino Martini，1614—1661）的《中国上古史》也介绍了《诗经》。"礼仪之争"爆发后，学识渊博的意大利籍耶稣会士卫匡国被派往罗马进行辩护。卫匡国在欧洲期间，为了求得欧洲各界对于耶稣会士中国传教事业的理解和同情，分别于1654年、1655年、1658年出版了《鞑靼战纪》（De bello tartarico historia）、《中国新地图志》（Novus atlas Sinensis）、《中国上古史》（Sinicae historiae decas prima）等书。虽然卫匡国没有专门撰写评介儒家思想的专著，不过有学者认为，卫匡国对儒家理解之全面与深刻，超越了柏应理《中国哲学家孔子》问世之前欧洲出版的所有相关论著。[3] 更重要的是，卫匡国的著作"代表着耶稣会士工作策略的重要转折"。[4] 在利玛窦时代，耶稣会士的主要目标是让中国人接受欧洲的宗教文化；到了卫匡国时代，为了消除罗马教廷

---

[1] 张国刚：《从中西初识到礼仪之争：明清传教士与中西文化交流》，北京：人民出版社，2003年，第301页。
[2] 〔葡〕曾德昭：《大中国志》，第67页。
[3] 朱雁冰：《耶稣会士卫匡国与儒学西传》，载《耶稣会与明清之际中西文化交流》，杭州：浙江大学出版社，2014年，第100页。
[4] 吴莉苇：《当诺亚方舟遭遇伏羲神农：启蒙时代欧洲的中国上古史论争》，北京：中国人民大学出版社，2005年，第411页。

对耶稣会士适应策略的不理解，耶稣会士更重视撰写著作向欧洲人介绍中国文化和儒家思想，以证明在中国运用适应策略传教的合理性。

《中国上古史》对于孔子的生平、经历，以及四书、五经，做了非常详细的介绍。意大利学者梅文健认为，卫匡国的《中国上古史》在介绍儒家经典方面，"为欧洲读者提供了大量的新信息"，此书"与之前的欧洲文献相比，对儒家经典的内容解释得更清楚、更细致，还引用了更多的原文"。[1] 对于儒家经典，卫匡国的《中国上古史》重点介绍了五经，他和曾德昭一样，采用了《易》、《书》、《诗》、《礼》、《春秋》的排列顺序。卫匡国特别指出，《易经》是中国最古老的书，并强调按五经的编撰年代来排序，这主要因为《中国上古史》是以历史为线索。

在介绍《诗经》时，卫匡国说：

> 第三部经典是一本歌谣集，称为《诗经》（Xiking），它总是陶醉于诗意的表达，它用了诗歌的形式而不是散文，朴素地解释了事物的本质，叙述了上古君主——包括明君或昏君——的言行。

卫匡国还比较了中西诗歌的不同，他认为中国诗歌"写作时不需要借助于欧洲诗人惯用的想象与虚构，事实上中国诗歌旨在提供接近自然的道德标准"。不过，卫匡国关心的并不是诗歌，而是儒家哲学。他认为四书包含了"孔子和孟子的哲学"，并在《中国上古史》中引用和翻译了《大学》的部分内容，在引用《大学》第一节之后说这是"整个中国哲学的基础"。[2]

---

[1] Giorgio Melis（梅文健），"Chinese Philosophy and Classics in the Works of Martino Martini S. J."（耶稣会士卫匡国著作中的中国哲学和古学），载《纪念利玛窦来华四百周年中西文化交流国际学术会议》，台北：辅仁大学出版社，1983年，第479页。

[2] 参见Giorgio Melis（梅文健），"Chinese Philosophy and Classics in the Works of Martino Martini S. J."（耶稣会士卫匡国著作中的中国哲学和古学），载《纪念利玛窦来华四百周年中西文化交流国际学术会议》第479-487页。亦可参见朱雁冰：《耶稣会士卫匡国与儒学西传》，载《耶稣会与明清之际中西文化交流》，第107页。

到了葡萄牙耶稣会士安文思的《中国新史》(Nouvelle relation de la Chine),对于《诗经》的介绍更为详细。安文思1636年来到澳门,随一位明代官员进入内地,取汉名安文思,字景明。方豪认为他的汉文名字来自《诗经·周颂·思文》,"文思典出周公思先祖有文德者,故《诗·周颂》有篇名曰《思文》,文思为思文之倒"。[1] 计翔翔则认为他的名来自《尚书·尧典》:"钦明文思安安",其字则来自《诗经·小雅·车辖》的"景行行止",郑玄笺曰:"景,明也。"[2]

《中国新史》原是安文思1668年用葡萄牙文写成的《中国十二绝》(Doze excellencias da China),1688年用《中国新史》的书名在巴黎出版,同年即在英国出版了英译本。《中国新史》介绍了中国的12个优点,包括中国的历史、语言文字、典籍、孔子、政治、君主等。此书的第五章题为"中国人的智慧和他们的主要经典",介绍了四书、五经等中国典籍,但是其排列五经的顺序与曾德昭、卫匡国不同,是《书经》、《礼记》、《诗经》、《春秋》、《易经》。书中介绍《诗经》说:

> 第三部书叫作《诗经》,包括韵文、传奇和诗歌。它分为五类。第一类是雅颂(Ya Sum),即颂词和赞歌,为赞颂以德行和才能著称的人物而歌。还有在他们丧礼、献祭以及中国人为纪念祖先和在隆重节日上念唱的几种格言诗,即包括格言的韵文。第二类叫作国风(Que Fum),即国之风俗。这是些传奇或者是从个人创作中选择的诗句。它们从来不用来演唱,只在帝王及国之大臣前诵念。因此其中毫无雷同地描写百姓的风俗,国家的治理,及现时的情况,这看来和古希腊的喜剧是相同的:它不放过对个人恶行

---

[1] 方豪:《中国天主教史人物传》中册,北京:中华书局,1988年(影印香港公教真理学会1967—1973年本),第81页。
[2] 计翔翔:《十七世纪中期汉学著作研究:以曾德昭〈大中国志〉和安文思〈中国新志〉为中心》,上海:上海古籍出版社,2002年,第226页。计翔翔将《诗经》的"景行行止"引为"景行行之"。

的谴责，也揭露官吏的过失。第三类叫作比赋（Pi Que），这就是譬喻。因为其中的诗都可以用比喻和类比来解释。第四类叫作兴赋（Him Que），也就是起兴。因为这类诗以奇异和高尚的事作为开始，以便对下面的叙事做准备，引起注意。第五类叫作逸诗（Ye Xi），这就是，被遗弃即分开的诗歌，因为孔夫子把这卷遗弃的诗视为有误或者无稽之谈。不管怎样，它们仍被引用，而且保持原状。[1]

何高济、李申的中译用词"比赋"、"兴赋"，颇为奇怪，计翔翔将此处译为"比歌"、"兴歌"。[2] 然而，无论如何回译为中文，安文思所说的《诗经》分类都很奇怪，这明显是混淆了"六义"，将传统诗经学所说的三体"风雅颂"和三用"赋比兴"混为一谈，并且还将逸诗混在一起谈论。张国刚认为，虽然安文思将《诗经》的基本概念"全部混为一谈"，但他"首次从文学角度介绍《诗经》"。[3] 这个评价未必确切，因为安文思与利玛窦、曾德昭、卫匡国等人一样，都是侧重从儒家经典的角度来介绍《诗经》，即使认识到《诗经》是诗歌集，但其重心还是在介绍儒家文化。

在卫匡国之后，比利时耶稣会士柏应理（Philippe Couplet，1623—1693年）继续向教廷解释耶稣会的立场。柏应理在1683年回到欧洲，向教廷、欧洲王室及各界学者大力宣传中国教区的情况、耶稣会士的传教策略，同时编译介绍中国儒家思想与典籍。柏应理的欧洲之行，影响深远。他不仅带回了大量的中国典籍，还编辑出版了《中国哲学家孔子》，这极大地深化了欧洲本土学者对于中国文化特别是儒家思想的认识，推动了欧洲早期汉学的孕育与发展。

---

[1] 〔葡〕安文思著，何高济、李申译：《中国新史》，郑州：大象出版社，2004年，第61页。
[2] 计翔翔：《十七世纪中期汉学著作研究：以曾德昭〈大中国志〉和安文思〈中国新志〉为中心》，第251页。
[3] 张国刚：《从中西初识到礼仪之争：明清传教士与中西文化交流》，第303页。

《中国哲学家孔子》（*Confucius Sinarum Philosophus*）1687年在巴黎出版，此书的成书史颇为复杂，柏应理综合了殷铎泽（Prospero Intorcetta，1626—1696）、恩理格（Christiani Wolfgang Herdtrich，1625—1684）、鲁日满（Francisco de Rougemont，1624—1676）等人的成果。[1] 此书由五部分组成：第一部分是柏应理给路易十四的信；第二部分是绪论（Proëmialis Declaratio），介绍了四书、五经、宋明理学和佛老之学，并特别介绍了《易经》六十四卦和卦图之意义；第三部分是孔子传记，卷首即是孔子的全身画像；第四部分是《大学》、《中庸》和《论语》的译文，这是全书的主体；第五部分为附录，是柏应理编的三份中国帝王年表。《中国哲学家孔子》排列五经的顺序，是《书经》、《诗经》、《易经》、《春秋》、《礼记》。柏应理承认，如果按照中国人的传统看法，《易经》是五经中最古老的，但是他批评《易经》过于晦涩，最终按照这些经籍的重要性和意义来为它们排序。可见，在柏应理等人的心目中，《诗经》的重要性仅次于《尚书》。[2]

在17世纪的最后几年，还有李明的《中国近事报道》（*Nouveaux mémoires sur l'état présent de la Chine*），也向欧洲读者介绍了《诗经》。此书于1696年在巴黎出版法文本，随即于1697出版英译本，并在接下来的两年间出现了两个英文修订版。《中国近事报道》排列五经的顺序是《书经》、《诗经》、《易经》、《春秋》、《礼记》。李明介绍道："世界上的第一部史书无疑是《创世纪》，但是，我们都知道在所有书

---

[1] 关于此书的成书史，可参考张西平《欧洲早期汉学史：中西文化交流与西方汉学的兴起》，北京：中华书局，2009年，第428-433页。关于此书的研究，可参考〔美〕孟德卫：《奇异的国度：耶稣会适应政策及汉学的起源》第八章；Knud Lundbaek, "The Image of Neo-Confucianism in *Confucius Sinarum Philosophus*," in *Discovering China: European Interpretations in the Enlightenment*, ed. Julia Ching and Willard G. Oxtoby, Rochester: University of Rochester Press, 1992, pp. 27-38.

[2] Prospero Intorcetta, Christiani Herdtrich, Francisco de Rougemont, and Philippe Couplet, *Confucius Sinarum Philosophus, sive Scientia Sinensis Latine Exposita*, Parisiis: Apud Danielem Horthemels, 1687, p. xvij. 关于《中国哲学家孔子》绪论的内容及其中五经排序的研究，可以参考〔美〕孟德卫：《奇异的国度：耶稣会适应政策及汉学的起源》，陈怡译，郑州：大象出版社，2010年，第283-295页。

中，中国书是最早问世的。人们尊称为'五经',而且中国人视为神圣的莫过于其中教导的理论了。"李明指出,《诗经》反映了上古圣王时代的风俗,他说:

> 第二本由于它的古老而备受推崇的书是第三代治下编写的一系列颂歌和诗歌,书中描述了从属于皇帝的统治外省的中国诸小国国君的道德习俗。孔子谈及该书时颇多褒词,这便可以判断出,后来许多滥作混进而使该书遭到破坏,因为书中可见一些可笑的或甚至大逆不道的诗句。[1]

所谓的"滥作"、"大逆不道的诗句",可能是指《诗经》中那些与基督教义不符的诗篇与诗句。

对于"六经"的排次,今文派和古文派有不同的看法。今文派主张的排序是:《诗》、《书》、《礼》、《乐》、《易》、《春秋》;古文派主张的排序是:《易》、《书》、《诗》、《礼》、《乐》、《春秋》。这两种不同的排列顺序,各有深意。今文派的排序,是按"六经"内容程度的深浅;古文派的排序,是按"六经"产生时代的早晚。在今文派的排列中,《诗》、《书》、《礼》、《乐》类似普通教育或初级教育的课程,所以排列在前,《易》、《春秋》蕴含了孔子的哲学思想,类似专门教育或高级教育,所以排列在后。古文学家认为《易经》的八卦是伏羲所画,所以《易》最前;《书经》最早的篇章是《尧典》,晚于伏羲;《诗经》中最早是《商颂》,又晚于尧、舜;《礼》、《乐》是周公所作,在商之后;《春秋》经孔子删改,所以排列最后。进一步来看,今文派是将孔子视为教育家、哲学家、政治家,看重"六经"的微言大义,所以按内容程度的深浅来排列"六经";古

---

[1] 〔法〕李明著,郭强、龙云、李伟译:《中国近事报道》,郑州:大象出版社,2004年,第174-175页。此译本系根据1990年法语新版译出。

文派将孔子视为史学家,孔子是"述而不作"的前代文化保存者,所以按产生时代的早晚来排列"六经"。[1]

在上述耶稣会士著作中,只有曾德昭、卫匡国遵从了常见的古文派排序,其他人大多从自己的理解出发,对排序做了调整,这个排序"是一个蕴涵了他们关于'五经'价值判断的等级序列"[2]。

三、耶稣会士翻译《诗经》

方豪指出,利玛窦进入中国"实开中西交通史之新纪元","欧洲人之开始移译中国经籍,研究中国儒学及一般文化之体系与演进,以及政治、生活、文学、教会各方面受中国之影响,亦无不出现在此时"。[3]不过,16、17世纪耶稣会士为欧洲人带来的《诗经》知识,主要成果在于介绍《诗经》,虽然他们已经尝试翻译《诗经》,但是并未传播到欧洲读者的手中。要到18世纪马若瑟(Joseph-Henri-Marie de Prémare,1666—1736)、韩国英(Pierre-Martial Cibot,1727—1780)等人对《诗经》篇章的翻译,以及19世纪孙璋、理雅各《诗经》译本的出版,欧洲人才对《诗经》有全面的直观的知识。

西方人最早翻译中国典籍,可能始于利玛窦1593年用拉丁文翻译的四书。艾儒略(P. Jules Aleni,1582—1649)说利玛窦"尝将中国《四书》译以西文,寄回本国,国人读而悦之,以为中邦经书,能认大原、不迷其主者,至今孔孟之训,远播遐方,皆利子之力也"[4]。然而,

---

[1] 周予同:《群经概论》,载《周予同经学史论》,朱维铮编校,上海:上海人民出版社,2010年,第139-142页。
[2] 吴莉苇:《当诺亚方舟遭遇伏羲神农:启蒙时代欧洲的中国上古史论争》,第225页。关于耶稣会士排列五经顺序及其背后礼仪之争的传教背景,可以参考该书第224-227页。
[3] 方豪:《中西交通史》,上海:上海人民出版社,2008年,第487-488页。
[4] 〔意〕艾儒略著,叶农整理:《大西西泰利先生行迹》,载《艾儒略汉文著述全集》,桂林:广西师范大学出版社,2011年,第403-404页。

利玛窦的四书译本，在当时并未正式出版。[1] 丹麦学者龙伯格（Knud Lundbaek，1912—1995）则认为，罗明坚（Michel Ruggieri，1543—1607）在利玛窦之前已翻译四书。此书也未出版，手稿现存意大利国家图书馆。罗明坚完成的《大学》部分译稿，曾载于耶稣会士波塞维诺（Antonio Possevino，1533—1611）所编的《历史、科学、救世丛书选编》，于1593年在罗马出版，其后于1603年和1608年分别在威尼斯和科隆再版。[2] 不过，这份选译稿在欧洲并未引起注意。

最早翻译五经的是金尼阁，他在1626年用拉丁文翻译五经，附以注解，可惜此书也不传，费赖之甚至说"吾人不知此译本之归宿，且不知其是否已寄达欧洲"。[3] 方豪则说此书曾"在杭州刊印，是为我国经籍最早之西文译本"。[4] 无论是否刊行，金尼阁的五经译文并未在欧洲流传，所以并没有增进欧洲读者对《诗经》的知识。

虽然金尼阁的五经译文没有到达欧洲读者的手中，没有带领欧洲读者领略《诗经》诗篇内容之美，但是四书的翻译毕竟在欧洲出版了，四书中引用的《诗经》诗句，让欧洲人能一瞥《诗经》的吉光片羽，以管中窥豹的方式推进了欧洲人的《诗经》知识。

所谓四书的翻译，就是柏应理编的《中国哲学家孔子》。美国学者孟德卫（David E. Mungello）认为："从结构和内容上来看，《中国哲学家孔子》代表了利玛窦神父适应原则的一个延续。"他甚至认为，《中国哲学家孔子》可能就是由利玛窦当年翻译的《四书》发展而来。[5]

虽然《中国哲学家孔子》只有《大学》、《中庸》、《论语》三

---

[1] 〔法〕费赖之著，冯承钧译：《在华耶稣会士列传及书目》，北京：中华书局，1995年，第46页。
[2] Knud Lundbaek, "The First Translation of A Confucian Classic in Europe," *China Mission Studies*（1550—1800）*Bulletin* 1（1979）: 9. 亦可参见朱雁冰：《从西方关于儒家思想的最早传说到利玛窦的儒学评价》，载《耶稣会与明清之际中西文化交流》，杭州：浙江大学出版社，2014年，第45-52页。
[3] 〔法〕费赖之：《在华耶稣会士列传及书目》，第124页。
[4] 方豪：《十七八世纪来华西人对我国经籍之研究》，载《方豪六十自定稿》，第190页；方豪：《中西交通史》，第725页。
[5] 〔美〕孟德卫：《奇异的国度：耶稣会适应政策及汉学的起源》，第269-271页。

本书的拉丁文译本，没有直接翻译《诗经》，但是这三本书多处引用《诗经》。因此，《中国哲学家孔子》实际上增加了欧洲读者对于《诗经》的直观知识。尤其是《大学》，共引《诗经》12处，文中引用《卫风·淇奥》来说明君子修身曰："《诗》云：'瞻彼淇奥，菉竹猗猗。有斐君子，如切如磋，如琢如磨。瑟兮僴兮，赫兮咺兮。有斐君子，终不可諠兮。''如切如磋'者，道学也；'如琢如磨'者，自修也；'瑟兮僴兮'者，恂栗也；'赫兮咺兮'者，威仪也；'有斐君子，终不可諠兮'者，道盛德至善，民不能忘也。"[1] 这里引了《卫风·淇奥》首章的全文，诗句优美，说理清晰，诗句与道理相得益彰。18世纪英国的珀西（Thomas Percy，1729—1811）、琼斯（Sir William Jones，1746—1794）等人，都是通过《中国哲学家孔子》中的拉丁文版《大学》，领略到《卫风·淇奥》之优美，并进一步将之译为英文。

（作者单位：香港城市大学中文及历史学系）

---

[1] 〔宋〕朱熹：《四书章句集注》，北京：中华书局，2012年，第5-6页。

卫礼贤德译本《易经》序言和引言*

孙立新 译

序言

《易经》的翻译工作开始于十年之前。在1911年的中国革命之后，青岛成了众多最重要的中国旧式学者的居住地，我有幸在这些学者当中遇到了我十分敬仰的导师劳乃宣。他除了让我对《孟子》、《大学》和《中庸》等著作有了更深的理解，还使我首次对《易经》这部著作产生了好奇。在他十分内行的引导下，我像着了迷一样走进了这个陌生但又倍感亲切的世界。翻译是在对文本进行了详细讲解之后形成的。德文译文又被回译成中文，直到德文译本已能完全表达中文原著的原意，翻译才算定型。翻译工作正在进行的当头，可怕的世界大战爆发了。中国学者四散如风，劳先生去了曲阜，孔子的故乡：他与孔家有亲戚关系。翻译《易经》一事被搁置在一边，尽管在协助中国红十字会的工作——这是我在青岛被围期间所承担的一项任务——之余，我从未停止过对古代中国人的智慧的探讨。下列情况可算是一个十分奇特的巧合：在城外的军营里，日本将军Kamio休息之时在读《孟子》，而我，一个德国人，也把空闲时间用于研究中国智慧。但是最幸运的要数一位中国老人，他如

---

* 刘元成、张家政根据英译本翻译，孙立新根据德文原著校译。

此沉湎于他的圣书，以至于一颗手榴弹落在他的身边也没有惊扰他的平静阅读。他伸手摸了一下手榴弹——这是枚臭弹，但又缩回手来，说它太烫了，然后他又读起他的书来。

  青岛被征服了。尽管有一些其他工作要做，我还是能找到一点时间继续进行翻译工作。但是导师——我是与他一起开始这项翻译工作的——却远在外地，而我又不可能离开青岛。正当我一筹莫展的时候，劳先生寄来的一封信令我喜出望外。劳先生说他准备同我一起继续进行暂时中断的翻译工作。后来他真的来了，剩余的翻译工作也完成了。那是我与年迈的大师一起度过的内心激动的美好时光。在译作的主要部分都完成的时候，命运又把我召回了德国。年迈的大师却随后与世长辞了。

  "书各有命"（Habent sua fata libelli）。在德国，尽管我看上去好像已经远离古老的中国智慧了，但是偶尔也有一些出自这部充满神秘的书的建议在这里或那里落在欧洲好的土地上。当我在弗里德瑙（Friedenau）的一位朋友家中看到一本《易经》时，我是多么惊喜啊。这是一个非常精美的版本，我在北京曾花费一整天的时间，跑遍了所有书店，但最终还是徒劳。这个朋友可是一位真正的好朋友，他让我的这个惊喜变成了我的永久收藏，从此之后，这本书就伴随我旅行了半个世界。

  我又回到了中国。新的任务落在我的身上。这时的北京已经出现了一个全新的世界，人和志趣都不同于以往。但我很快就在这里找到了一些帮助，并在北京一个夏天的酷热日子里，最终完成了翻译工作。后来，又经过一遍遍的修改校正，正式的文本终于成形，尽管还与我的愿望有不小的差距，但已经走得这样远，以至于我感觉到可以让它面世了。祝愿这部译作的读者们都能分享我在从事翻译工作时所享受到的对于真正智慧的喜爱。

卫礼贤
1923年夏，北京

引言

《关于变化的书》——中文称《易经》——无疑是世界文化宝库中最重要的著作之一，它的起源可追溯到远古神话时期，直到今天，仍有众多最杰出的中国学者在研究它。在三千多年中国古代历史中出现的所有伟大而重要的思想，几乎都与这本书有密切联系，要么是直接受到它的启发，要么是反过来对解释它的内容产生了影响。所以，可以肯定地说，在《易经》中有数千年最成熟的智慧得以加工成形。因此，毫不奇怪，中国哲学的两个分支，儒家哲学和道家哲学也都在这本书中有其共同的根基。这本书既为那位神奇的先哲老子和他的学生们创造出来的充满神秘而常常让人迷惑不解的道家思想洒上了新的光辉，也为许多在儒家思想传统中经常被当成公理而无须进一步检验的格言披上了耀眼的光环。

事实上，不仅仅是中国哲学，中国的自然科学和治国理政之术也从未停止从这个智慧源泉中汲取营养，所以，毫不奇怪，在汗牛充栋的儒家典籍中，唯有这本书逃过了秦始皇焚书坑儒的劫难。即使是中国人的日常生活也都浸透着这本书的影响。行走在中国城市的大街小巷上，你不仅可以在这里或那里的某个角落，看见一位算命先生端坐在用干净白布覆盖着的桌子旁边，笔砚在手，随时利用这本古老的智慧之书为问卦者应对生活中各种烦琐困扰提供相应的劝告和建议，而且还可以看到，许多公司的金字招牌——它们大都是装饰门面的长方形黑漆木板——也刻有一些符号，其华丽的辞藻一再令人回想起那些来自《易经》的思想和箴言。即使在诸如日本这样已经非常现代的国家，一向以机敏著称的政策制定者们，在遇到困境时，也不拒绝从这部古老的智慧书中寻求忠告。

不过，随着时间的推移，《易经》智慧所享有的巨大声望也使得大量外来的、起源于其他思想体系——大概也有一部分属于中国以外的思想体系——的神秘学说与它的学说联系在了一起。自秦汉王朝以来,某种形式主义的自然哲学越来越流行,它用一系列数字符号来包裹所有可想象的事物,并且通过具有二元论特征的、被加以严格推行的阴阳学说与取自《书经》的"五行生克"理论的结合,使中国的整个世界观越来越僵化和定形。于是,后来就发生了下列事情,这就是,此类日渐烦琐而又玄妙的冥想,像一团云雾似地把《易经》包围了起来,使它显得神秘莫测,而在它们把过去和未来的所有东西统统塞进这一数字体系中时,《易经》也就获得了高深莫测、无法理解的名声。这些玄学家干的另一件应当受到唾弃的坏事,就是在墨子及其学生时代无可争议地存在着的自由的中国自然科学的萌芽被扼杀了,取而代之的是一种单调乏味不受任何实际生活影响的写书人和读书人的传统。这就是为什么在相当长时期内,中国在西方人的眼中都是一具毫无希望的僵尸的原因。不过,我们一定不能忽略下列事实,即除了这种机械的数字神秘主义之外,还有一股生生不息的、深厚的人类智慧活水,以这本书作为其管道,一直在浇灌着人们的日常生活,赋予伟大的中国文化这种揭示生活智慧的成熟性,今天,在这一真正扎根于大地的最后文化的尚存残余旁边,我们几乎是满怀悲伤地钦佩这种成熟性。

那么,这本《易经》到底是一部什么书?为了让大家对这本书及其学说有一个较好的理解,我们首先必须全力去掉那些像藤蔓一样利用各种可能性从外部渗透于书中的解说,不管这些解说所涉及的是古代中国术士迷信的神秘主义,还是同样属于迷信范畴的现代欧洲学者的理论,这些学者总是倾向于把他们在原始野人那里获得的经验运用于对所有历史性文化的研究之中。[1] 我们必须紧紧把握住这样一个基本原则,即对《易经》的解释必须从其自身和它所属的时代出发。秉持这一原则,再

---

[1] 由于其怪异,我在这里谨提一下Rev. Canon Mc Clatchie在其1876年出版的著作《儒家易经或"变化的经典作品"翻译——附注释及附录》所做的荒诞不经且完全外行的尝试,即把"比较神话学"的主要理论运用于对《易经》的解说。

晦暗的东西也能显露出它的光辉，我们也就能认识到，《易经》这本书尽管非常深奥，但并不比其他经历了漫长历史从古代一直流传到我们现今时代的作品更难懂多少。

一、《易经》的运用

占卜之书

《易经》是从一些代表占卜结果的线条图像组合开始的。[1] 在古代，占卜到处都被加以利用，而最早的占卜结果仅限于回答是与不是。这种占卜解答方式也是《易经》赖以形成的基础。"是"就用一条简单的完整直线"——"来表示，而"否"则用中间断开的短线"— —"来表示。然而，大概很早就有了对占卜结果加以进一步区分的需求，所以便从简单的线条产生了通过加倍而形成的线条结合，从而出现了以下四种组合形式：

⚌　⚍　⚎　⚏

在上面这四种线条组合上，再各加一条线，就形成了八个三画卦。这八个三画卦被理解为在天上和在地上运行的事物的图像，与此同时，它们还被认为是处于不断变化、从一种状态转变为另一种状态的过渡之中的，就像世界上各种现象都处在不断相互转化的过渡状态一样。这样，我们就对《易经》有了一个基本概念。这八个三画卦是持续变化的过渡状态的象征，也是这样一些图像，它们自身也在不断地发生变化。其所关注的并不是处于静止状态的事物，不是现存事物本身，而是处于变化之中的事物的运动，这一点与西方人的习惯迥然不同，在西方，人们所关注的主要是事物本身。所以，这八个三画卦并非对事物本身的描

---

[1] 从这里讨论的情况来看，《易经》并非像一些人认为的那样是一部词典，这一点已无须进一步说明了。

摹，而是对它们的运动趋势的描摹。这八个图像所表达的意思越往后越丰富。它们代表了自然界中某些与它们的本质相符合的运动过程。它们也代表了一个由父亲、母亲、三个儿子、三个女儿组成的家庭，但不是在神话的意义上，不同于由众神居住的古希腊奥林匹斯，而是在那样一种抽象的意义上，也就是说，它们所展示的不是事物本身，而是事物的功能。

一旦我们对这八个作为《易经》基础的象征符合加以通盘审视，我们便会获得下列图表：

图像	卦名		特点	象征	家庭关系
☰	乾	创造者	强大	天	父亲
☷	坤	接受者	奉献、服从	地	母亲
☳	震	激昂	刺激的运动	雷	长子
☵	坎	深渊	危险	水	次子
☶	艮	静止	不动	山	三子
☴	巽	温柔	渗透	风，木	长女
☲	离	依附	发光	火	次女
☱	兑	愉悦	高兴	湖	三女

三个儿子代表着处于不同阶段的运动的元素：运动的开始、运动中的危险、运动的停止和完成；三个女儿代表着不同阶段的顺从的元素：温柔的渗透、清醒和适应、愉快的安宁。

为了使占卜结果更具多样性，很早时期人们就把这八个图像再加以连结，这样就得到了六十四个符号，其中每个符号都包含六个线条，要么是肯定性线条，要么是否定性线条。所有线条又都被看作是可以变化的，而一旦某一线条发生了变化，则整个符号所代表的状态也就过渡到另一种状态了。下面以加倍的坤，接受者，地，☷☷为例，加以说明。它代表的是大地的特性，以奉献精神著称，在一年四季中指代晚秋，此时所有的生命力量都进入了休眠期。如果其最下的一条线变成了阳爻，则整个卦就变成了复卦☷☳，回归。这个图像代表的是雷，在冬至日这一天在大地中搅醒所有的生命力，象征着重归于光明。

这个例子说明，要改变一个卦的性质，并不需要该卦中的所有的爻都发生变化，它只取决于某一特定的爻的性质。一支包含有不断增强的能动性的阳爻的改变可以转变成它的反面，成为阴爻；相反，一支不太强健的阳爻不会发生变化。这一原则也适用于阴爻。

对于那些被看作承载非常强大的积极的或消极的能量并可自行运动的个爻，在第二编《系辞》（第一部分第9章）和第三编最后部分论述占卜的运用的专章中有更为详细的介绍。这里仅做如下提示，自行运动的阳爻以数字九为标志，自行运动的阴爻以数字六为标志，而那些不运动的、在卦中只充当建筑材料而无特别意义的个爻，则用数字七（阳爻）或八（阴爻）来表示。因此，当人们在文本中读到"初九意思是……"时，就要明白此语是说，当位于第一位的阳爻以数字九来表示时，它具有下列含义……；相反，如果一支爻被冠以数字七，则在解释占卜内容时，可完全忽略该爻。同样的原则也适用于分别以数字六和数字八来代表的爻。在前面列举的例子中，我们提到了坤，接受者，该卦的构造如下：

8 最上爻　　— —
8 第五爻　　— —
8 第四爻　　— —
8 第三爻　　— —
8 第二爻　　— —
6 第一爻　　— —

从上列数字中可以看出，在解释本卦时，第一爻之上的五个爻都可以忽略不计，只有以数字六为代表的处于初爻位的爻才有独立的意义。通过它的改变，状☷坤，接受者，就过渡到了状☳复，回归。

利用这种方法，我们就可以得到一系列以线条象征性地描述出来的状态，它们可以通过它们的线条的运动相互过渡（但并非必须过渡，因为，如果一个卦里的各爻都以数字七和八来表示，那么这个卦自身就没有发生变动，只是其作为一个整体的状态会被观察到）。

　　除了通过六十四卦所展现出来的变化规律和变化状态的图像，还有一点值得注意，这就是，各种形势都要求一种特别的行为方式，以便使自己可以适应于这种行为方式。在各种形势中都有一种行为方式是正确的，另一种行为方式则是错误的。显然，正确的行为方式会带来好运，而错误的行为方式则会带来不幸。那么，在某种形势中，哪种行为方式是正确的呢？这个问题是至关紧要的。它是这样一个问题，它所导致的结果就是，与通常的算命书籍相比，从《易经》中可以获得更多的指教。如果一个用纸牌占卜的女人告诉她的女顾客说，她会在八天内收到一张来自美国的汇款单，那么，对于该女顾客来说，除了等待该汇款单的到来——或者不到来之外，她无所事事。这是一种已经被预先宣告的命运，它完全独立于人的作为和不作为。因此，所有的算命术都是没有什么道德意义的。而在中国，首次出现了这样的人，他对于已经宣告了未来情形的卦辞并不感到满意，而是提问：那我该怎么做呢？这种情形一旦发生，就必然会有一本书从算命书转变为智慧书。为《易经》带来这种变化的，是生活在公元前1000年前后的周文王和他的儿子周公旦，他们把有关正确行为的明确建议附加在先前只能默默无语地分别对一个接一个的具体情况的未来做出预测的卦和爻上。这样一来，人就成为命运的共同塑造者；因为他的行为可以作为决定性因素介入世界大事，并且，人们越是能够早早地通过《易经》认识到事态的萌芽，他的行为的决定性作用就越大，因为事态的萌芽是关键所在。只要事物尚处于形成阶段，它们就是可以被加以引导的。一旦事物发展成熟，它们就会成为强大无比的势力，对此，人只能软弱无力面对了。这样一来，《易经》就变成了一种纯属特殊类型的算命书，而卦和爻则以其运动和变化神秘地再现大宇宙的运动和变化。利用蓍草秆儿，人们就能获取某个点，从这个点出发，人们就可以了解事情的概况。有了这种概况，人们就可以指出正确的行为，可以告诉某人怎么做才能适应时势的需要。

所有这一切中唯一让我们的现代意识感到陌生的，是通过操作蓍草秆儿来获悉形势的这个方法。其操作程序看起来充满神秘，因为仅仅通过操作蓍草秆儿，人的无意识就可以变得活跃起来。并不是所有的人都具备同样的占卜能力。必须是头脑清醒、情绪沉稳的人，才会对隐藏于不起眼的蓍草秆儿中的宇宙作用有所感知。作为植物界的产物，这些蓍草秆儿与原始生命有着特殊的关系。它们来源于神圣的植物。

智慧之书

然而，意义更为重大的是《易经》一书的其他用途，即把它当作智慧之书来用。老子见过这本书，他的一些深奥难懂的名言警句都来源于这本书的启发。事实上，他的整个思想世界也都贯穿着这本书的学说。孔子也见过这本书，并为之做出了大量的思想贡献。他还可能写下了一些解释性评述，并以讲课的形式把其他一些评述传授给他的学生。流传到我们所处时代的这本《易经》就是经过孔子编辑整理和加以注释的。

如果我们追问在这本书中一以贯之的基本观点，我们就只能局限于为数不多却非常伟大的几个思想观念。

整本书的基本思想就是变化的思想。论语[1]讲道，孔夫子曾经站在一条河边发出下列感慨："万事万物都像这条河一样川流不息，日以继夜。"（逝者如斯夫）这句话同样表达了变化的思想。已经认识到了变化的人，就不会再把他的注意力放在瞬息万变的单个事物上了，而是会把注意力集中于在所有变化中都发挥作用的永恒不变的规律上。这个规律就是老子所说的道，就是过程，就是所有许多中的一。为了自我实现，需要做出一个决定，一个规定。这个基本规定就是所有事物伟大的

---

[1] 《论语》，IX，16。

原始开端，就是所谓的"太极"，其最初的含义是房屋的大梁。后来的哲学对这个原始开端进行了许多研讨。有的人把"无极"，比"太极"更早的最原始开端，画成一个圆圈，"太极"则成了一个被分成明和暗、阴和阳两部分的圆圈☯，而这个符号在印度和欧洲也发挥着一定作用。但是对于《易经》的原始思想来说，所有诺斯替主义二元论类型的玄思完全是陌生的。对于它来说，这个规定仅仅是房屋的大梁，也就是说线条。但既然有了这个代表"一"的线条，"二"也就出世了。与此同时，上下、左右、前后的分别也就出现了——简言之，对立的世界诞生了。

这种对立观念通过阴阳这一对概念而闻名于世，并且产生了巨大影响，尤其是在秦汉两朝相互交替的转变时期，也就是在我们西方纪元开始之前，甚至还出现了一个专门讲授阴阳之术的学派。那时，《易经》被多方面地用作巫术之书，书中也掺杂了许多它原本并不知道的内容。自然，以阴阳、男女为原始原则的学说也在外国研究中国的学者当中引起了广泛关注。不少人根据已经得到证明的模式，猜测这里包含有阴茎崇拜等原始符号以及其他诸如此类的东西。必须指出，阴阳两词的原始含义并不包括上述内容，这一点可能会令那些发现者们很感失望。阴的原始意义是"阴天"、"阴云笼罩"，而阳的原始意义实际上是指"在阳光下飘动的旗帜"[1]，即"被光线照射到的"或者"明亮的"东西。后来这两个概念也被转用于某一座山或某一条河的明暗两面。就山而言，南面属阳，北面属阴；就河而言，河南属阴，河北属阳（因为在观看一条河时，河的南面呈现暗色，也就是说属阴，反射着阳光的河的北面则呈现亮色，也就是说属阳）。由此出发，这两个表达也被转用于《易经》，用来指代公开存在之物两种不断转换交替的基本状态。此外，必

---

[1] 参阅梁启超1923年7月15日和22日在中国杂志《努力周报》（*The Endeavor*）发表的值得注意的详细论述，还可参阅B. 辛德勒（B. Schindler）在《泰东夏德纪念专号》（*Hirth Anniversary Volume von Asia Major*）上发表的《中国终极存在概念的发展》（The Development of the Chinese Conceptions of Supreme Beings）。

须注意的是，在《易经》原初的文本中，此种意义上的阴阳概念根本没有出现，就是在最古老的评述中，也很少见，直到《系辞》——该文的某些部分已经明显地受到道家思想的影响——阴阳概念才具有了上述意义。在《对卦辞的评述》[1]中，人们不是讲阴阳而是讲"柔"和"刚"。

不过，不管人们还会对此发表什么高论，可以肯定的是，出于这两种力量的变化和过渡，现存事物便开始自行构建了，在此，变化部分地是从一种状态到另一种状态连续转换，部分地像白天和黑夜、夏天和冬天那样，是自身相互关联的各种现象进行封闭的圆圈形循环运动。这种变化不是毫无意义的，否则，它就不可能从中给出任何知识了；这种变化是服从于贯彻于其中的规律即"真谛"或"道"的。

《易经》的第二个基本思想是它的理念学说（Ideelehre）。八个画卦显示的图像主要不是指某个具体事物而是指事物的变化状态。与之相连的则是这样一种思想，这种思想在老子和孔子的学说中均有明确表达，这就是，可见世界中的每个事物，都不过是不可见世界中的某一"图像"，也就是说观念（Idee）的作用。相应地，现实世界中发生的每一件事都只是对于某个超越我们的意识的事件的模仿，而随着时间的推移，它到后来也会成为某个超越我们的意识的事件。只有圣人和智者能通过他们的直觉感知到这些观念，因为他们与较高层次的世界有联系。这样一来，这些圣人便能够对在现实世界中发生的事件进行决定性的干预，于是，人与天（也就是说超越我们的意识的观念世界）和地（也就是说可见的物质世界）联合起来，共同组成一种原始力量的三重性（Dreiheit）。现在，这种理念学说在两个意义上得到了运用。《易经》所指出既是事件的图像，也是以这些图像来表达的尚处于初级阶段、未完全展示开来的（in statu nascendi）状态的形成过程。正如人们可以学会理解过去一样，通过《易经》的帮助，人们也认识了事物的萌芽，学

---

[1] 即《彖传》。——本版译者注。

会了预见未来。于是，这些以由线条组成的卦为基础的图像也就成为在通过它们所预示的形势下采取合乎时宜的行动的样板。但是，利用这个方法，人们不仅可以适应自然的发展变化进程，而且，正如人们在《系辞》（第二部分，第二章）中也做过此类非常有趣的尝试那样，所有人造的文化设施都可以追溯到这些理念和图像上。不管人们的具体做法有什么差异，就其基本思想而言，我们在这里所遇到的无疑是一个千真万确的真理。[1]

除了图像，还有作为第三个主要部分的卦辞也很值得注意。卦辞是对图像的文字描述。它们会告诉占卜的人，某个特定的行为到底是带来好运还是不幸，是令人后悔还是令人羞愧。卦辞能够让人自由地做出决定，暂时脱离从当时的形势中自动产生的现有发展方向，如果这一发展方向会导致不幸的话，借助于这个方法，人就能够使自己不受事件的强制。通过这些卦辞，也通过自孔子以来不断添加进来的评述，《易经》就为它的读者打开了中国人生活智慧的丰富宝藏，同时也为它的读者提供了一种全面考察生活形态的方法，使他们能够借助于这种考察方法，有机地和自主地塑造自己的生活，使之与作为万事万物的基础的最终"真谛"，也就是"道"保持一致。

二、《易经》的历史

在中文文献中，有四位圣人被指为《易经》的作者，这就是：伏羲、周文王、周公旦和孔子。

伏羲是一位神话传说中的人物，渔猎时代的代表，烹饪的发明者。如果把他说成是《易经》中的卦象的发明者，这就意味着，人们把这些卦象置于一个如此久远的时代，大大超出了历史记忆的范围。八个原始

---

[1] 参阅胡适在他的《中国逻辑方法的发展》（上海1922年）一书中所做的极其重要的论述，也参阅他在他的哲学史著作第一卷中所做的更为详细的阐释。

三画卦也都有其名称，但在中国语言（汉语言）中，这些名称并不曾出现，因此，也有人指出了这些卦象的外国起源。无论如何，这些卦象绝不是古代文字符号，即使有人想要半偶然，半有意识地，把这个或那个古代文字符号与它们协调起来。[1]

很早以前，这八个三画卦就相互组合了起来。在古代，曾有两部汇编作品被人提及：一部是夏朝的易经，叫《连山》，据说其第一卦是艮，静止，山；第二部是商朝的易经，叫《龟藏》，其第一卦是坤，接受者。后者偶尔也被孔子提及，并被当作历史来看待。至于当时是否已经出现六十四卦的卦名，如果已经出现，它们是否同现今的易经中的名称相同，这是很难说的。

根据毫无理由质疑的一般传统，现有的六十四卦汇编出自周王朝的祖先周文王之手，他在被商纣辛囚禁期间，为每个卦添加了简短的判辞。属于各爻的文字解说，即爻辞，则出自他的儿子周公旦之手。在周王朝的所有时间里，这部号称《周易》的书主要被当作占卜之书来使用，这一点可由古代的一系列历史记录加以证实。

这就是这本书在孔子发现了它的时候所处的状态。孔子在其年事已高的时候花费了大量精力来研究它，很有可能《对卦辞的评述》，即《象传》，就出自他手。《对于卦象的评述》，即《象传》，也可追溯到他那里，即使并不怎么直接。相反，第三部非常有价值并且十分详细的评述著作，即以问答的形式对个爻做出的评述，则是由他的学生或他的学生的学生编纂的，但是现在只有一些断篇残章得以保存（其中一部分被称为《文言》，一部分被称为《大传》（即《系辞》）。

在孔子的众多追随者中，似乎主要是卜商（子夏）承担了传播《易经》的任务。随着哲学玄思的进一步发展，正如它在《大学》和《中庸》中所表现的那样，此类哲学也在研究《易经》方面产生了越来越大

---

[1] 这一点特别涉及坎卦，☵，因为坎的形状跟水字的篆字字形，很相似。

的影响。围绕着这本书，有一系列著作问世，其残存部分——有的早，有的晚——都在所谓的《十翼》中依稀可见，但其内在价值和内容却是各不相同的。

在秦始皇焚书坑儒之际，《易经》逃脱了其他古典作品所遭受的噩运。但是，如果说有什么东西可以驳倒下列传说，即焚书事件使各种古书的所有版本都毁于一旦的话，那么《易经》的状态就是一个可以被用来进行反驳的证据，因为它并没有受到任何损坏。实际上，造成古书损坏的主要原因是：上百年的艰难困苦、古代文化的衰落、文字系统的改变等。

《易经》在秦始皇统治时期易经牢固地树立起了其作为预言和巫术之书的地位，之后，在秦汉时期，大批方士蜂拥而至，并且大概是由邹衍率先倡导，后来又被董仲舒、刘歆、刘向等人进一步发挥的阴阳学说，充斥于对《易经》的解释之中。

从《易经》中清除这些垃圾的任务落在了伟大而睿智的学者王弼身上，是他把《易经》称为智慧之书而不是占卜之书。他的这种观点很快就受到别人的效同，方术学派的阴阳学说逐渐被抛弃，新兴的治国理政哲学越来越多地与《易经》相联系。在宋朝，《易经》被用作太极图理论的证据，而这个理论大概不是起源于中国的，直到大程子（程颢）写作了一部很好的关于这本书的评述为止，人们逐渐习惯于把《十翼》中包含的评述拆分开来，分门别类地编排到相对应的各卦之中。于是，这本书就在很大程度上成为一本与国家政治和个人生活相关的教科书了。然而，朱熹又试图恢复它作为占卜之书的功能，除了一篇简短而精练的对《易经》的评述外，他还出版了一本导论，对他研究预言艺术的成果进行了详细介绍。

上个朝代[1]中的批判历史学派也对《易经》进行了深入研究，他们

---

[1] 指清代。——本版译者注

不赞成宋代学者的观点，强调那些从时间上说更接近《易经》的汉代评论家的观点，但是他们对于这部书的研究成果远不如他们对于其他古代经籍的研究成果大，因为汉代的评论家们说到底都是些巫师，至少是深受巫术思想影响的。康熙时期，有一个叫《周易恒解》的很好的重编本问世，它把正文和十翼分开编排，并囊括了各朝各代最好的评述。现已完成的翻译就是以这个版本为蓝本的。

三、译文的编排

对于《易经》的翻译是遵循下列基本原则完成的，知晓这些原则大大有助于阅读书中的各章节。

文本的翻译尽可能短而精练，以便使它通过中文制造出来的远古印象得到充分的展现。因此，我们不仅翻译了文本，而且还翻译了出自中国最重要的注疏家著作的摘录，而且这样做更有必要。这个摘录必须是尽可能条理清楚的。它可以使人们对于中国学者为理解这本书的内容而附加上的一些最重要的解说有所了解。译者个人的观点以及翻译时将该书与意思与其非常接近的西方作品进行比较的做法，这些都已尽可能地略去。即使有一些，也总是加以特别标示，这样做主要是为了使读者知道，本书中的文本和评论是对中国人思想的真正复述。之所以要特别强调这一点，是因为一些基本原则与基督教教义非常吻合，以至于它经常产生异乎寻常的影响。

为了使非专业人员也能够比较容易地读懂这本书，我们首先把带有客观解释的六十四卦正文放在本书第一编。读者最好是从头到尾阅读这一部分，努力了解它的思想观点，不要受到图形和卦象的干扰。例如，在读第一卦乾的时候，应随着乾卦中各爻所代表的发展阶段，一步一步地追踪乾卦所代表的思想，正如名家所描述的那样；在读的时候，就平静地接受所谓的龙的存在的观点。这样下来，读者就会清楚地知道，中国人的生活智慧将会对各种各样的生活境况说些什么。

在本书的第二编和第三编中，有紧跟而来的对所有事物为什么会是这样的问题的解答。在这里，我们把有助于理解卦的结构的最关键资料都编排在一起了，但也仅限于那些绝对必不可少的资料，以及尽可能是最古老的资料，正如在附录中有所谓的《十翼》中的资料那样。只要可能，我们就把《十翼》中的资料拆分开来，编排到相应的解说里，以便于读者能更好地理解它们，而其对各卦的客观描述已被我们安排到第一编的摘要之中了。因此，对于那些想深入研究《易经》的人来说，本书的第二编和第三编也是必不可少的。另一方面，考虑到西方读者的理解能力，我们尽量避免一下子就把那么多非同寻常的东西都堆在一起。所以，通过这种编排方法所产生的一些必要的重复是必须容忍的，因为它们对于全面理解这本书是十分有用的。有一点可以被当作坚定的信念公开讲出，这就是：无论是谁，只要他真正理解了《易经》的精神实质，他的经验和他对生活的真正理解就一定会得到极大的丰富。

（译者单位：北京师范大学历史学院）

海外华人《论语》英译研究述论*

王承丹　吴丽娜

摘要：《论语》得以在英语世界广泛传播，其影响进而波及整个西方社会，海外华人译者功莫大焉，针对这方面的研究相对冷寂但却有迹可循。追本溯源，辜鸿铭是最早受到关注的华人译者。辜氏无愧于华人《论语》英译史上的椎轮大辂，毫无疑义地成为非常时代所塑就的非常人物。林语堂钦敬辜鸿铭的人格，推崇他的《论语》及译著，首先因为他们共同拥有闽南文化渊源的关联。辜鸿铭对中华文化不遗余力的揄扬，向西方世界译介《论语》及其他儒家经典的拓荒之举，尤其是他所取得的成就以及带来的文化冲击，等等，都让林语堂及其他后来者多受沾溉。陈荣捷称扬林语堂，他的做法与林语堂追慕辜鸿铭相仿佛。向英语世界播扬《论语》及其他中华典籍，是陈荣捷终其一生的志业，这可视为与其前驱辜鸿铭、林语堂后前相继，传灯接火。到了刘殿爵、金安平等海外华人学者的《论语》英译，已经基本上成为纯粹的学术行为，译介活动本身大都成为一种职业化、学术化的实践与追求。

关键词：海外华人　《论语》　英译

---

*　本文是国家留学基金委和厦门大学共同资助"孔子《论语》在英语世界"项目，以及欧盟伊拉斯谟项目资助"孔子《论语》在西方世界"课题的研究成果。

研究者对《论语》英译活动及相关英译著述的关注，可谓由来已久，专门化的研究与专业性的评论所在多有。但是，针对国外华人译者《论语》英译这一现象，专门性的研讨与评价却相对冷寂。具体到已有的研讨成果，更是罕见"海外华人《论语》英译"之类的专门论著及篇什，这显然与英语世界实际存在的华人《论语》英译既有成就和影响难相符契。有感于此，本文以英语世界的出版物，如著作、文章等，为主要参考对象，试对海外华人学者的《论语》英译及其研究加以讨论。

一

儒家经典《论语》向英语世界的译介与传播，首着先鞭者为西方学者。生逢此时的海外华人学者有感于中华文化晦暗不彰，儒家经典被误读曲解，因之不平而鸣。美国著名汉学家卜德（Derk Bodde）较早注目于此，首先拈出《论语》英译中的"华人译者"（the Chinese translator）这一专属称谓，但他并没有就此展开进一步的探讨。在提及华人英译《论语》的先驱辜鸿铭时，卜德氏使用了"华人译者"的概念，以之与早期《论语》译介史上的诸多西方知名译家相提并论。[1]卜德氏在其专文中列举了曾经译介《论语》的西方汉学家，其杰出者如：晁德莅（Angelo Zottoli）、顾赛芬（Séraphin Couvreur）、沙畹（Édouard Chavannes）、苏慧廉（William Edward Soothill）和卫礼贤（Richard Wilhelm）等。与此同时，他也举出华人学者辜鸿铭，并在辜氏的姓名之前使用了the Chinese translator，有意无意间显示出辜鸿铭不同于西方译者的华人身份。

卜德此文当时就引起了东方学泰斗美国汉学巨擘劳弗（Berthold Laufer）的兴趣，后者同时或稍后也对《论语》翻译及解释的相关问题加

---

[1] "A Perplexing Passage in the Confucian Analects，" Derk Bodde, *Journal of the American Oriental Society*, Vol. 53, No. 4（Dec., 1933）, p. 348.

以评论研讨。[1] 但是，在《论语》英译及相关领域内，"华人译者"作为专用术语却并未由此得以传播开来，并最终为更多人接纳使用，其命运大致始于卜德，终于卜德。与西方学者不同，身居异国他乡的华人学者则给予海外华人英译《论语》活动及著述以更多关注、称扬，其中特别突出者如林语堂对于辜鸿铭译介成就的推崇与传承，以及陈荣捷对于林语堂英译中华典籍的褒评，等等。

从林语堂的角度看，他对辜鸿铭的崇敬首先源于福建闽南乡人之谊，尤其是闽南的口岸城市厦门，是把他们紧密联结在一起的纽带。辜鸿铭祖籍福建厦门同安，其名号之一就是与之有关的Amoy Ku，林语堂不仅直接称辜氏为"厦门之子"，还把他与另外两位闽籍的著名文学家、翻译家严复和林纾一同视为自己写作译介的前驱[2]；虽然林语堂生长于毗邻厦门的漳州，但他却与前者结缘甚深，就闽南文化、地缘及亲缘认同而言，林氏实际上视鹭岛与故乡漳州略无二致；他曾一度执教于厦门大学，在山海之间栖居盘桓，更是经常在自己的著述中提及厦门人情风物。但是，比之福建闽南同乡之谊，更为重要的却是辜鸿铭对林语堂的启迪，后者对前者《论语》及其他儒家经典英译的无上钦敬乃至膜拜，就是最为充分体现之一。

林语堂毫不讳言，是辜鸿铭帮着他解缆放船，继而推他到探索与质疑的惊涛骇浪之中。因为对民族历史文化遗产一探底里的冲动早已积淀在内心深处，一旦有了辜鸿铭这位文化拓荒者的大力推助，加之为了自我精神的救赎与升华，林语堂便提前踏上了上下求索的长途，倾力探究中国哲学、语文等学科的玄奥，并以此唤醒沉沦中的中华精神。[3] 林语堂的付出得到现世回报，他因此成为引领这一思潮的前驱与翘楚。在乡

---

[1] "Lun Yu IX, 1, " B. Lufer, *Journal of the American Oriental Society*, Vol. 54, No. 1, （Mar., 1934）, p. 83.
[2] Lin Yutan, *From Pagan to Christian*, Printed in Great Britain by The Windmill Press Ltd, Kingswood, Surrey, 1960, p. 43.
[3] Lin Yutan, *From Pagan to Christian*, Printed in Great Britain by The Windmill Press Ltd, Kingswood, Surrey, 1960, pp. 58, 45–46.

人前辈辜鸿铭的激励与益助下，林语堂也从中华文化经典著作入手，凭借自己的无尽才思，以及生花妙笔，向英语世界译介播扬中华典籍。儒家经典同样是林语堂的首选，而他对孔子、《论语》传统文化典籍的研究与译介最为引人瞩目。

具体到辜鸿铭的儒家经典英译，即《四书》中的《论语》、《中庸》和《大学》这三部华人英译史上的开山之作，对林语堂的影响最为直接、深刻。因此，他的评价也大都集中于此。在林氏眼中，辜鸿铭的贡献不仅仅是忠实于儒家经典的英文翻译，更体现在对两种语言心领神悟基础之上的独特解会。具体而言，辜鸿铭在其译著中匠心独运，使东西方世界语言文化中所蕴藏的义理与哲思融会贯通，弥合无间。[1] 林语堂之称扬辜氏的《中庸》英译，几乎到了无以复加的地步，以至于他自己不复措手再译，而是直接把辜氏的译文移录到自己的著述中。[2] 林氏主要因为向西方世界翻译介绍中华典籍与文化而声名卓著，他的译文与译风为人称道，堪称典范，在其著述中如此移用他人翻译作品的现象充分说明他对译者人格及译作品质的高度信任。

辜鸿铭对于自己的《论语》英译（*Discourses and Sayings of Confucius*）可谓别出手眼而又寄托遥深，林语堂对此心领神会，并毫不吝惜地给以褒评，进而指出辜氏《论语》译文的突出特点，如对歌德、席勒、拉斯金和朱贝尔等西方著名学者的引用与解会。与此同时，他还强调指出：辜氏译文之所以独领风骚，主要因为他对古典原著的领会无人望其项背；而相形之下西方汉学家的译作乏善可陈，华人学者本来可以有所作为但却心不在兹。为了进一步说明儒家经典英译之难，以及汉学家的力所不逮，林语堂拈出名动欧美汉学界的传教士学者理雅各。辜、理相较，林语堂得出结论：前者的译作是原著真实的呈现，源语言和目的

---

[1] Lin Yutan, *From Pagan to Christian*, Printed in Great Britain by The Windmill Press Ltd, Kingswood, Surrey, 1960, p. 50.
[2] Lin Yutang, *The Wisdom of Confucius*, Beijing: Foreign Language Teaching and Research Press, 2009, pp. 34, 77-103.

语在这里通融无碍，浑成一片。[1] 显而易见，这也正是辜鸿铭英译《论语》的初心与深衷所在，即：辜氏的《论语》英译某种程度上即是针对传教士学者理雅各"中国经典"《论语》英译有感而发，不平则鸣[2]。

二

林语堂游居欧美时，曾经有选择地向西方世界译介了中国传统经典著作，其中就包括《论语》等儒家的核心典籍，由此带来的反响持久且深远，比之筚路褴褛者辜鸿铭有过之而无不及。关于林氏的《论语》英译及其他相关译著，名扬北美的华人学者陈荣捷（Wing-tsit Chan）曾给予热情评述，他的切中肯綮之论颇值得注意。

陈荣捷心目中的林语堂，诸如他的基督教家庭及教育背景，去国游学后写成风靡欧美的畅销书《吾国与吾民》，为人著述所体现的温雅情趣与幽默风格，等等，最终铸就了林氏成其为出类拔萃的中国文化译介宗师。尤其重要的是，林语堂对孔子及儒家经典的解会，颇具远见卓识，绝非一般人能够并驾比肩，其译著《孔子的智慧》即是这方面突出的代表。对于林氏的这部著述，哲学家或历史学家会觉得只是娓娓而谈，因而缺少批判精神。但是，陈氏对此有所回护，他认为：林语堂把孔子看成一个仁人，把儒家学说视为华人现世生活生命历程中的活性因素，进而加以系统评介，主要通过节译《论语》等其他儒家经典，来完成这项浩大工程。具体到林氏的译介著作，陈荣捷评其为选文精当，英语译文清晰畅达，儒家人文精神在这里得到彰显，同时又具有用理性撼动人心等多方面的优长。[3]

---

[1] Lin Yutan, *From Pagan to Christian*, Printed in Great Britain by The Windmill Press Ltd, Kingswood, Surrey, 1960, pp. 50–52.
[2] Ku Hung-ming, *Discourses and Sayings of Confucius*, Shanghai: Kelly and Walsh, Limited, and at Hong Kong – Tokohama – Singapore, 1898, pp. vii–x.
[3] Wing-tsit Chan, "Lin Yutang, Critic and Interpreter," *The English Journal*, Vol. 36, No. 1, (Jan., 1947), pp. 1–7.

林语堂所著《孔子的智慧》于1938年在美国纽约出版问世，向英语世界乃至整个西方世界译介阐释《论语》及儒家经典的微言大义是其主要目的之一。该书问世不久，陈荣捷即于1940年为之撰写了评论。在书评中，陈氏首先不吝褒评，比如就林氏著述的主旨大端、风格特点等大加揄扬，使得肯定与赞誉成为全文基调。其次，陈荣捷在行文中使用了"欧洲译者（European translators）"、"西方学者（Western students）"和"西方的误解（Western misinterpretation）"等语词；不言而喻，这一方面于有意无意之间突显了林语堂的华人身份背景，只是没有更进一步拈出 "华人译者（Chinese translators）"或类似的专门用语罢了；另一方面，陈氏显然意在突显华人学者在这一领域的成就与优长。[1] 最为重要的是，陈荣捷认为林氏选译《论语》可谓运思缜密，取舍得当，与儒家学说核心相关联的"正名"、"孝"和"命"等至为关键的章节句段殆无缺遗，而其中蕴含的孔子智慧真实显现，魅力无穷。除此之外，陈荣捷也注意到林语堂对辜鸿铭英译《中庸》的移用，并指出林氏的某些调整更加贴近于原著，且择其突出者加以罗列[2]，这无疑充分显示了华人学者在《论语》英译方面的相同旨趣。若再参之以其后杜维明对刘殿爵《论语》英译著作的肯定，至少说明华裔学者之间惺惺相惜、心有戚戚并非虚言妄语。[3] 然而世事沧桑，变通无穷，曾经引无数哲人才士竞相驱驰的《论语》英译领域亦烟云过眼，一日千里。到了21世纪第14个年头金安平的《论语》译著出版之时，她只是把刘殿爵的译本列于书末的众多参考文献之中，似乎更多地出于学术研究中一种自然而然的处理，而仅凭这一点已经很难确知海外华人译者之间的草蛇灰

---

[1] Wing-tsit Chan, "Review on The Wisdom of Confucius," *Pacific Affairs*, Vol. 13, No. 4 (Dec., 1940), pp. 483, 485.
[2] Wing-tsit Chan, "Review on The Wisdom of Confucius," *Pacific Affairs*, Vol. 13, No. 4 (Dec., 1940), pp. 483-487.
[3] Tu Weiming, "The Confucian Tradition in Chinese History," *Heritage of China Contemporary Perspectives on Chinese Civilization*, ed. by Paul S. Ropp, Berkeley: University of California Press, 1990, p. 115.

线，伏脉隐踪，亦即一瓣心香式的承续关系了。[1] 陈荣捷是誉满西方学界的华人学者，他的鼓吹张目对林语堂及其他华裔学者助益良多。值得注意的是，陈氏本人的《论语》英译亦特色鲜明，传播广泛，长期以来皆为欧美高校相关专业的教科书首选，但却罕见专门的评论文章与著述[2]。

作为海外华人《论语》英译群体中后起大成的刘殿爵（D. C. Lau），其译作在东西方世界都得到了广泛接纳，先后出版行世的有英国企鹅经典本（1979）、香港中文大学出版社本（1983，1992），以及中国大陆的中华书局本（2008）等不同版本。仅从这一点看，刘殿爵在《论语》英译领域的贡献及影响无人可及。因此，刘氏和他的译著得到空前而又广泛的关注就成了顺理成章而又水到渠成的事情。

英语世界对刘殿爵的《论语》英译给以关注，评述者如Robert E. Hegel及安乐哲（Roger T. Ames）等人，他们的专文颇值得注意。前者在评论文章中指出，刘氏的《论语》译著（企鹅经典本）甫一问世，即取代了此前风行西方世界的威利（Arthur Waley）译本（1937年版），进而成为高等院校中国思想史课程教材的标准版。[3] 无庸置疑，这应是《论语》英译史上里程碑式的事件；而对于那些视英译《论语》或为寓意寄托，或为学问追求的海外华人学者及其这个群体来说，则意义非凡，值得大书特书。

安乐哲则以香港中文大学1992年出版的"中华经典"新版《论语》英译为例，指出刘氏译著的主要特色是交互参照引用的充分使用，以此引起读者注意到《论语》句段间的交迭与关联。直译是刘殿爵《论语》英译的突出特点，安乐哲通过书中实例加以评说。在安氏看来，刘殿爵对中华经典的翻译，可谓一时无出其右者；他对译著的精益求精，体现

---

[1] Annping Chin, *Confucius the Analects* (*Lunyu*), New York: Penguin Group (USA) LLC, 2014, p. 396.
[2] Wing-tsit Chan, *A Source Book in Chinese Philosophy*, Princeton: Princeton University Press, 1963, pp. 14–48.
[3] "Confucius, *The Analects* by D. C. Lau," Robert E. Hegel, *Chinese Literature: Essay, Articles, Reviews* (*CLEAR*), Vol. 6, No. 1/2, (Jul., 1984), p. 204.

了其谦谨与信实，令人击节称赏；而他研究中国哲学的相关著述，使后学同侪受益良多。[1] 从学问承传授受的角度考察，安乐哲是刘殿爵的弟子及其著述的合作者，因此，他对师长的评价更能切中肯綮。正因为如此，安乐哲青出于蓝而胜于蓝，他的《论语》英译才能后出转精，当之无愧地成为当下此类译著中的引领风潮者[2]。

三

英语世界对海外华人学者《论语》英译关注的另一种形式是篇幅较长的评述类文章，其中杜润德（Stephen W. Durrant）、史嘉柏（David Schaberg）和郑文君（Alice W. Cheang）等人的相关作品颇具特色，很值得注意。

杜润德针对刘殿爵及其《论语》英译撰写的长篇评论文章，全文广征博引，鞭辟入里，而又倾情尽性，不失为可读性极强的学术美文。作者开门见山，认为刘殿爵凭借其《论语》译介及其在中国哲学领域的研究成就，可与西方世界的汉学家及《论语》译介者，诸如理雅各、苏慧廉、翟理斯（Herbert A. Giles）、顾赛芬、卫礼贤和威利等人并驾齐驱，进而成为当代汉学研究畛域内的独领风骚者。文章同时也列出刘氏译作的不足之处，突出者是与已有的此类译著绝少关联，也没有说明自己对《论语》译介领域的特殊贡献等；与此相映照的是，苏慧廉和威利等人则在这方面做得恰到好处。杜润德由此提出批评，直陈他本人的遗憾之处，即：如刘殿爵这样功底深厚的学者，竟然没列出更多的注释；而在《论语》翻译及相关的领域内，许多话题存在争议，读者期待着刘殿爵这样的功底深厚而又声名卓著的学者能在自己的译本中给出合理的

---

[1] "*Confucius: The Analects（Lun yü）* by D. C. Lau, " Roger T. Ames, *China Review International*, Vol. 1, No. 2,（FALL 1994）, pp. 170-173.
[2] Roger T. Ames, Henry Rosemont, Jr., *The Analects of Confucius: A Philosophical Translation*, New York: The Random House Publishing Group, 1998.

解释。这篇评论文章的另一大特点是，作者从不架空臆论，泛泛而谈，而是把刘殿爵的译文与其他译者的译文相比较，从而得出切实可信的结论。较此更加细致谨严的是，作者甚至指出刘氏译著中的两处英语单词拼写错误，而遣词用语更是幽默风趣。[1]

在同样的标准之下考察华人学者《论语》英译著述，这自然是题中之意，国外学者也正是这么做的，较为突出的例子是史嘉柏和郑文君，他们这方面的评论文章颇具有代表性。前者列出了7种20世纪90年代的《论语》英译著作，华人学者刘殿爵和黄继忠名列其中；后者的文章主要针对4位译者，其中也包括黄继忠。

在史嘉柏看来，刘殿爵的香港中文大学汉英双语版《论语》，基本保持了企鹅经典版的翻译特色而稍有增益；诚如杜润德的博雅之论，刘氏的译作较为恰切地反映了原著"不避烦难又无懈可击的风格"，属于上佳译作之列；对于读者而言，不仅受惠于优雅的英语，更是得益于对应的汉语原文。史嘉柏氏也指出了刘氏译著的美中不足，比如：从不参考他人的译文，罕见旁及格言警句的不同释义。对于黄继忠的译作，史嘉柏则指出过于偏重直译，缺少哲理和创变；黄氏译著苦心孤诣，选择更可信据的解释加以引用，这使其有别于其他同类译著；译作的缺点出在前言里，失于过分简化历史背景甚至误错连篇，以及对关键语词释义时夸大儒家统绪的连续性，比如把《论语》与后世著述混为一谈，等等。[2] 郑文君对黄继忠《论语》英译的评价可谓别出心裁：威利的《论语》译著被他假设为居中者，其右翼为信《论语》以为真实者；左翼则属视《论语》篇章全非真者，其中的孔子根本就是子虚乌有；依据这个

---

[1] "On Translating Lun yü," Stephen W. Durrant, *Chinese Literature: Essay, Articles, Reviews*（*CLEAR*）, Vol. 3, No. 1,（Jan., 1981）, pp. 109-119.

[2] "'Sell it! Sell it!': Recent Translation of Luyu," David Schaberg, *Chinese Literature: Essay, Articles, Reviews*（*CLEAR*）, Vol. 23（Dec., 2001）, pp. 115-139.

假定的标准，黄继忠的《论语》英译被评论者划归到最前者的行列。[1]

史嘉柏和郑文君的评论有较为突出的共同特点，即：他们对刘殿爵和黄继忠的评述皆惜墨如金。具体说来，前者的文章共25页，集中评论刘殿爵的部分还不足2页；后者全文共19页，对黄继忠评述的主要部分仅有区区15行，另有10行页下注，进一步申说译作引证等方面的问题。这或多或少说明，海外华人译介的《论语》类著述数量较为可观，但只有如上所述的极少数译者和译著得到了某种程度上的评析与研判，其他此类译作则至今未能纳入研究者的视野之中，个中原因值得玩味。

最为突显者莫过于如下现象，即与海外华人《论语》英译相映照的是，中国国内《论语》英译及研究呈现了乱花渐欲迷人眼的局面，尤其是近二三十年来，不仅出版发行了数种中国大陆译者的《论语》英译本，于此同时也引进出版了英语或英汉双语版的国外华人译本，如林语堂、陈荣捷及刘殿爵等人的全译或节译本。但是，根据笔者的考察，国外对这方面的评价与研究几近空白状态。

四

综观海外华人《论语》英译发展变化的历史脉络，可以清楚地发现，他们的译介活动与西方传教士学者翻译《论语》及其他儒家经典紧密相关。华人译者大都因激而起，有感而发，不仅对传教士学者的译作多加针砭，更在具体的译介活动中独辟蹊径，力图全面超越。毋庸讳言，仅从源语言及其所关联的文化角度看，一方面，华人学者英译《论语》具有天然的优势，辜鸿铭就是一个显例；另一方面，当语言文化优势不知不觉间演化成为某种心理优势时，译者的出发点便有可能出现游

---

[1] "The Master's Voice: On Reading, Translating and Interpreting the 'Analects' of Confucius," Alice W. Cheang, *The Review of Politics*, Vol. 62, No. 3 (Summer, 2000), pp. 563-581.

离于译事本身的现象，译作也会随之打上相关的烙印。更为重要的是，辜氏生逢中国内忧外患连绵不断，中华文化遭遇西方强势文化侵凌之时，这无疑进一步激发并强化了他捍卫与张扬母文化的浓烈意绪，直接或间接地反映在译介活动中便是其译法独标高格，译作自有一种难以规模的风范与特色。凡此种种，无一不体现在辜氏《论语》及其他儒家典籍英译著述之中。

虽然林语堂私淑辜鸿铭，承其心香余绪，毫不讳言辜氏是他的精神活力源泉，并且他们之间也确实存在着闽南地域文化认同的纽带，以及共同的学术追求与趣味。然而，林语堂实际上迥异于辜鸿铭，前者比之后者更能融入西方世俗及宗教文化，至少不是时时事事都要彰显自己的华人身份，或者把自己视作西方文化的评头品足者，更毋庸说站在它的对立面了。林氏自己的话是最好的注脚："两脚踏中西文化，一心评宇宙文章。"于是，林语堂在从异教徒转变到基督教信众的过程中，也完成了译介与写作上的某种转捩，即：他能够驾轻就熟地凭借西方读者更易于接受的方式译介《论语》及其他中华典籍。正是由于林、辜面临中西社会文化环境的改易，特别是这种大背景下个人心性情怀与气质格调的差异，以及自我的选择持守与调节适应，从而玉成了林语堂为辜鸿铭身后海外华人译介传播《论语》的宗师级人物。在西方以及华人世界接受程度的差异，是辜、林崭然有别的最好佐证，但若归结到英译《论语》及中华典籍这点上，他们薪火传承，殊途同归。

为了研讨的需要，大致可把海外华人学者《论语》英译活动视作一个绵延赓续的过程。如前已述，最起码从辜鸿铭到林语堂，再由林语堂到陈荣捷，其间确实存在着较为清晰分明的前后传承轨迹。陈荣捷及其前后的时代，东西方文明之间的碰撞与交流渐渐走到了另外的方向，由此产生的结果随之呈现出别样形态；阵阵弥漫全新时代的轻风细雨润物无声地悄然来临，承传接续的线索一时变得模糊缭乱，甚至扫踪灭迹。但是，海外华人英译《论语》的脚步并未停却，突出者如金安平，他们的译著在英语世界广泛传播，得到更为普遍的接受，虽然诸如"吾国（my country）"之类字眼的含义已变得隐而不彰[1]。与此相映成趣的是，这些译者的《论语》英译比之其华人前驱显现出了更加纯粹的学术追求，他们更加重视藏蕴于汉英两种语言文化乃至历史哲学等信息之间的解会交流与融通传达。毫无疑义，金安平就是当下这方面的翘楚。于是，他们的《论语》英译著述在东西方世界畅通无阻，得到更多学理性评价与探讨也就成了情理中的事情。

（作者单位：厦门大学中文系；复旦大学中文系）

---

[1] Annping Chin, *Confucius the Analects*（*Lunyu*）, New York：Penguin Group（USA）LLC, 2014, p. xv.

国别研究与评论

从万白安编《孔子与〈论语〉新论》[1]看美国儒家伦理研究大势*

李玉良

提要：自从《论语》、《孟子》等儒家经典被翻译成英文以来，这些译本既是许多英美儒学爱好者的读本，也是英美儒学研究的蓝本。英美汉学家和哲学研究者通过学术研究的方式进一步传播了儒家思想。从万白安编纂的《孔子与〈论语〉新论》来看，研究者们的蓝本是理雅各、韦利、安乐哲、刘殿爵、陈荣捷、西蒙·莱斯、苏慧廉、道森、庞德、詹宁斯、魏鲁男等人的儒家经典译本。其所研究的问题则主要集中在礼、仁、道、孝等儒家伦理观念的古义与新解，以及对儒家伦理哲学意义的阐释。其中既有考证性研究，也有发明性研究，以及中西伦理哲学对比研究。这些研究显示，儒家观念愈来愈为西方伦理哲学界所重视，也在一定程度上反映了美国社会对儒家思想既开放又怀疑的矛盾心态。

关键词：翻译文本　儒学伦理　阐释　儒学传播

---

[1] Bryan W. Van. Norden：*Confucius and the Analects—New Essays*. New York：Oxford University Press，2002.

* 本文为国家社科基金项目"儒家经典翻译传播与国家文化软实力建设研究（项目编号：13BYY036）阶段性研究成果之一。

万白安（Bryan W. Van Norden）供职于美国瓦萨学院（Vassar College），任该校哲学系、汉语和日语系教授，是当代美国颇有影响的著名汉学家，长期以来从事中国哲学与中国文学研究。他发表的主要儒学研究成果有《德性伦理与儒学》（*Virtue Ethics and Confucianism*）和《中国哲学危机》（The Crisis in Chinese Philosophy）；出版儒学著作《中国古典哲学导论》（*Introduction to Classical Chinese Philosophy. Indianapolis：Hackett Publishing，2011*）、《德性伦理与早期中国哲学中的后果论》（*Virtue Ethics and Consequentialism in Early Chinese Philosophy. New York：Cambridge University Press，2007*）；并和艾文贺（Philip J. Ivanhoe）合作编纂《中国古典哲学读本》（*Readings in Classical Chinese Philosophy. Indianapolis：Hackett Publishing，2005*）；独立编纂倪德卫的论文集《儒学之道》（*The Ways of Confucianism by David S. Nivison. Chicago：Open Court Press，1996*）和《孔子与〈论语〉新论》（*Confucius and the Analects：New Essays. New York：Oxford University Press，2002*）。其中，《孔子与〈论语〉新论》一书，对美国的儒学研究影响很大。该书共收集当代美国11位汉学家的论文。他们分别是马萨诸塞州立大学从事先秦文学研究的白牧之（E. Bruce Brooks）；威斯康星州立大学麦迪逊校区亚洲语言文化系从事宗教及老子哲学研究的齐思敏（Mark Csikszentmihalyi）；密歇根大学哲学系从事宗教、哲学、亚洲学研究的艾文贺（Philip J. Ivanhoe）；康涅狄克州立大学哲学系从事中西哲学研究的Joel Kupperman，南缅因州立大学从事康德哲学研究的Robert B. Louden，加利福尼亚州立大学比较文学与外国语言系从事比较世界文学研究的瑞丽（Lisa A. Raphals）；斯坦福大学亚洲学系从事儒学研究的Joe Sahleen；瓦萨学院哲学系从事亚洲学研究的万白安；加利福尼亚大学伯克利分校从事儒学研究的信广来（Kwong-loi Shun）；瓦尔帕莱瑟大学耶稣学院、荣誉学院从事基督教伦理哲学研究的Steven A. Wilson；斯坦福大学从事宗教学研究的李耶理（Lee H. Yearley）。从全书所收编的论文，可以窥见美国儒学研究的基本方法及其所关注的焦点问题，从而了解更大时空范围内美国儒学的研究视野。对于他们的儒学研究，本文拟从两个方面进行论述。

一、美国儒学研究的视点

总的来看，本书的儒学研究是严肃和深入的。多数研究者对儒家思想价值抱有肯定的态度。有的研究寓于儒学思想传统内部，具有考证的属性；有的是研究者与前辈儒家进行的对话，具有探讨与发明的属性；有的属于对原文古义的西方哲学化演绎。具体可以大致分为五种研究类型。

1. 文本意义探讨

艾文贺的《谁的孔子？哪部〈论语〉？》可谓是西方汉学家对《论语》进行的经学研究。其研究对象是《论语·公冶长》中"子贡曰：'夫子之文章，可得而闻也。夫子之言性与天道，不可得而闻也'"中"文章"、"性"、"天道"等的意义。作者讨论了由何晏、程颢、程颐、朱熹、戴震、章学诚等形成的《论语》注疏传统，并借机阐发了自己的观点。据他分析，从何晏到章学诚，每位经学家的解读都不同，何晏的解读大半是道教的，而朱熹等宋明儒者的解读则受释家影响较大。唯有章学诚认为孔子所谈的都是现实世界中的人和事，从没有直接谈论如人性和天道这样的抽象道理，虽然他所谈论的总是与这些抽象道理有关。因此，作者主张，解读儒家经典，应该系统深入地研读历代经学传统注疏。当代中外译者在翻译这些经典时不能系统地参照不同时期的经学注疏，翻译时缺乏指导性的理论，所以翻译出来的文本常会给读者造成中国人的思想不系统的错误印象。最后作者提出，解读《论语》这样的经典文本，首先应该清楚一个问题，那就是，解读的是谁的孔子、哪部《论语》。这体现了作者在经典研究问题上的历史主义观点。

白牧之和白妙之（A. Taeko Brooks）的《〈论语〉9:1文字和文本语文学研究》（Word Philology and Text Philology in Analects 9:1）一文，

围绕《论语·子罕》中"子罕言利,与命,与仁"章句,讨论了《论语》文本中的文字学问题。二白的论证主要是利用语篇内互文佐证的方法。作者列举"君子去仁,恶乎成名(4:5)"、"君子喻于义,小人喻于利(4:16)"、"放于利而行,多怨(4:12)"、"因民之所利而利之,斯不亦惠而不费乎(20:2)"、"不行短命死矣(6:3、11:7)"、"必复命(10:3)"、"四十而知天命(2:4)"等章句,证明孔子并没有"罕言利,与命,与仁",并探讨了"仁"等概念的含义。作者提出,理解《论语》的个别字句,需要从《论语》整体着眼,而《论语》同时也是整个儒学文本系统的一部分。[1] 这种方法是传统经学的训诂方法,今天的研究应当仿效。

齐思敏的《孔子及汉代〈论语〉》援引了大量史料,论述了《论语》自春秋战国至汉代的功能演变,并重点论证了其在汉代所发挥的社会政治及官学教育功能。齐氏征引《史记》、《新序》、《说苑》、《孔子三朝记》、《孔子家语》、《礼记》、《大戴礼记》、《法言》、马王堆新出土的《论语》竹简等儒家经典,说明了西汉朝廷对孔子圣人形象的塑造过程,又引《春秋公羊传》,说明公羊则把孔子塑造成素王和法典制定者。在汉初,孔子就已经不仅是至尊者的圣人,而是法典制定者,是根据历史的经验和教训为后代帝王制定整治纲领的先知。随着汉初立五经博士,儒学纬书丛出,《孔子徒人图发》、《孔丘密经》,尤其是《孝经右契》等,把孔子描绘成了能预知未来的先知先觉。这时的汉代统治者把《论语》当作了皇太子及卿士大夫子弟习文知礼的教科书。统治者对《论语》的社会政治诉求,使得汉代《论语》与战国时期先儒私学传授的《论语》在功能上已大相径庭。最后,齐氏讨论了孔子在《论语》中对鬼神的态度,指出自汉儒到清末的康有为,对此各有所解:汉儒肯定孔子与占卜习俗有关,其《易经·系辞》即是证明;宋儒程朱则认为孔子并不信神,并称认为其信鬼神是受了误导;康

---

[1] E. Bruce Brooks and A Taeko Brooks: *Word Philology and Text Philology in Analects 9:1*, p. 200.

有为通过引证《论语4:8》认为，孔子是讲鬼神的，所谓不讲鬼神，是后儒受到佛家教条的影响而对孔子做出的阐释而已。作者最后断言：孔子的形象，不仅像顾颉刚所说的那样，从战国时期到汉代发生了变化，而且即使在同一时期，其也会因所在的社会团体的不同而不同；《论语》开始与皇太子的培养教育及礼仪官宦的仕途发生了联系，正是公元前2世纪的朝廷选择《论语》中的章句作为教科书，以及《论语》的影响力在公元1世纪时持续增长的原因。[1] 值得注意的是，齐氏的研究，其目的不在于考证历史上某家儒学的正确性，而是在于让读者领略孔子在不同历史时期所发挥的历史作用，所以，历史地看，把孔子阐释为圣人和教育家，都是合理而有意义的。

2. 儒学内部伦理哲学探讨

信广来在《〈论语〉中的仁与礼》一文中专门探讨了仁与礼的性质和关系问题。文中作者引用并评述了徐复观、唐君毅、劳思光、赵纪彬、韦利（Arthur Waley）、陈大齐、安乐哲（Rogers T. Ames）、郝大维（David L. Hall）、赫伯特·芬格莱特（Herbert Fingarette）等的观点，并将他们对仁和礼的解释分为工具性和定义性两类。工具性解释把礼看作是实现仁的工具和途径，而仁是人的一种心性，它可以独立于具体的行动之外而存在。工具主义者认为，仁本身就具有独立和终极价值，而礼在社会中的存在价值和个人遵循礼的价值则来自礼对于仁所起的工具性作用。孔子作为定义性解释的代表，他认为理想的仁在于遵循当时中国社会中盛行的礼节。仁不是一种不同于礼而且可以独立于礼而存在的心性，通过遵循礼也不能修得仁德或者表现仁德。在列举大量《论语》本文例证来分析两种观点之后，作者提出了第三种观点，即仁和礼既非彼此独立，也非共寓一体，而是仁形成于礼并寓于礼之中，因为仁离开礼是不可理解的而且是没有意义的（can not be shown to have a validity）。

---

[1] 参见齐思敏：*Confucius and the Analects in the Hàn*，pp.153-154.

这种研究还不属于训诂与考证研究，而是一种分析哲学式的文本阅读和批评。这对于启发美国学者乃至普通读者对儒家思想观念的深入理解和探讨，有很重要的意义，也有利于儒家思想的传播。

万白安的《〈论语〉4:15"一贯"解析》（Unweaving "One Thread" of Analcts 4:15）通过对所谓"一贯"及其下属的"忠"和"恕"的分析，说明以柏拉图、亚里士多德以及笛卡尔哲学为代表的西方哲学与儒家哲学的不同——西方哲学具有系统性和知识性，并强调知识性具有重要作用，而孔子哲学与西方哲学不同，缺乏系统性。万氏的讨论是从韦利的翻译"one thread"（一贯）开始的。"一贯"语出《里仁》孔子和其弟子的一段对话："子曰：'参乎，吾道一以贯之！'曾子曰：'唯。'子出，门人问曰：'何谓也？'曾子曰：'夫子之道，忠恕而已矣。'"威利的译文是："The master said: 'My Way has one thread that runs right through it.' Master Tseng said, 'Yes'. When the Master had gone out, the disciples asked, saying: 'What did he mean?' Master Tseng said, 'Our Master's Way is simply this: Loyalty, consideration.'"万氏对戴震关于"一"和"贯"的注，以及理雅各对这一章的翻译进行了简要分析，认为两者都把"一"理解成"一致"、"整一"，把"贯"理解成"贯穿"、"贯通"，都是错误的。而韦利和道森（Dawson）将"一"和"贯"连在一起，翻译成"one thread"和"one single thread"，从句法上讲，也是不合理的。作者接着论证忠和恕在不同上下文之间所表现出的矛盾，认为忠和恕并不是孔子所谓"道"的两方面内容。因为两者都有严重的等级观念，忠对上，而恕对下。如"君使臣以礼，臣事君以忠"，就是如此。作者并没有进一步认真讨论"一"与"贯"的意义与关系问题，更没有通过历代注疏进行考据和论证。而是想当然地提出，这段章句是后人为了提高曾子的声誉而故意编造出来的，是无端插入的一段对话，因此与前后文没有连贯性，从而也十分难解。作者最后推论，"one thread"的哲学思想在孔子哲学中是不存在的，并进一步断定，孔子的哲学缺乏系统性，孔子也不是像西方哲学家一样的哲学家。万白安的这些讨论虽然可以在其文章内部逻辑上自圆其说，但其整个过程都围绕西方哲学家和汉学家如倪德卫（David S. Nivison）、艾文贺（Ivanhoe）、芬格莱特、白牧之、理雅各、刘殿爵等学者的争论展开，作者在引文取证时多断章取义，没有进入儒学文本体系，在思想内容讨论上以偏概全，没有进入儒学思想体系，在字义与句法的理解上主观臆断，没有进入经学训诂体系。其推论的逻辑起点以及所引用的论据是错误的，所以他的结论注定也是无效的。但这种研究却代表了西方儒学研究的一种方式——儒学的分析哲学研究。

3. 宗教哲学研究

如果说信广来所做的是儒家伦理学研究，那么Robert B. Louden的《天何言哉？基督徒沃尔夫和西方学者对孔子伦理学的阐释》（What Dose Heaven Say? Christian Wolff and Western Interpretation of Confucian Ethics）则是在字义探讨的基础上，对《论语》中的"天"进行了另一种研究——宗教哲学研究。作者的讨论从18世纪德国宗教学家克里斯蒂安·沃尔夫（Christian Wolf）、康德（Immanuel Kant）、黑格尔（George W. F. Hegel）等对孔子的认识和评价开始。沃尔夫把孔子和耶稣相比，并称孔子没有通过启示神学甚至自然宗教的启示，就发现了正确的道德原则。在演讲中公开这一结论致使他被停止教职，并被驱逐出德国。[1] 康德则认为孔子从没有创造"道德"这样的概念并将其灌输到中国人的头脑中去，所以中国人不可能到达高尚的境界并关心义务，孔子的所有伦理只是一些不可容忍的道德极端。黑格尔更是认为，孔子所拥有的仅仅是一些实际的和世俗的智慧，而没有思辨的哲学。[2] 随后，作者驳斥了芬格莱特关于孔子不谈论天的观

---

[1] 参见Robert B. Louden："What Does Heaven say?"：Christian Wolff and Western Interpretation of Confuxian Ethics, in Bryan W. Van Norden （de.）, *Confucius and the Analects: New Essays*. Oup Usa, 2002, pp.75-76.

[2] 参见Robert B. Louden："What Does Heaven say?"：Christian Wolff and Western Interpretation of Confuxian Ethics, in Bryan W. Van Norden （de.）, *Confucius and the Analects: New Essays*. Oup Usa, 2002, pp.76.

点,认为《论语》中孔子对天的论述形成了一个前后统一的整体,并从中推断,孔子是一个强烈的宗教信徒,而且他的道德倾向取决于他的宗教观。[1]孔子要求人们,如果要获取真正的道德,就必须向外看,并向上看天。道德准则依赖于外在于我们的某种东西,这种东西比人的本性、比文化、比理性都要大得多,而这种准则的外在于人的价值源泉必须是神圣的。作者认为,孔子在思考天时所怀有的敬畏正是其最基本的宗教心理。[2]从Louden的观点来看,儒学在美国学术界的眼中,与利玛窦眼中的儒学一样,仍有宗教意义。

4. 儒学新义发明

Steven A. Wilson《顺从、个性和品德的本质:古典儒家对当代伦理反思的贡献》一文,批评了芬格莱特关于礼和仁的观点。芬格莱特认为,美而有效的礼需要亲自以娴熟的仪式技巧参加仪式,礼的力量离不开仪式。[3] Wilson则认为,芬格莱特关于礼的观点绝对而空洞。Wilson也批评了安乐哲。安乐哲认为,尽管修身者被他们的传统和礼仪所遮蔽,但是修身者必须通过评估和改变传统来追求适当的理解(appropriateness)[4],而Wilson则认为安乐哲的这一观点忽视了儒学关于人类全面繁荣的共同方面。礼俗不是创造性地修饰早已形成的自我的一种形式,而是通过一个社会共同尊崇的先在标准进行自我修养的方式。安乐哲没有看到,如果没有那些在传统中早已存在的可供选择的公共意义,一个人是无法从传统的利益中获取个人所需的意义的。[5] Wilson认为,在儒学关于礼仪的话语中,可以找到人类繁荣源自人的绝对个体感的根据。一方面,这

---

[1] 参见Robert B. Louden:"What Does Heaven say?":Christian Wolff and Western Interpretation of Confuxian Ethics, in Bryan W. Van Norden(de.), *Confucius and the Analects: New Essays*. Oup Usa, 2002, p.77.

[2] 参见Robert B. Louden:"What Does Heaven say?":Christian Wolff and Western Interpretation of Confuxian Ethics, in Bryan W. Van Norden(de.), *Confucius and the Analects: New Essays*. Oup Usa, 2002, p. 81.

[3] 参见Steven A. Wilson:"Conformity, Individuality, and the Nature of Virtue: a classical Confucian Contribution to Contemporary Ethical Reflection", pp. 96–97.

[4] 参见Steven A. Wilson:"Conformity, Individuality, and the Nature of Virtue: a classical Confucian Contribution to Contemporary Ethical Reflection", p. 98.

[5] 参见Steven A. Wilson:"Conformity, Individuality, and the Nature of Virtue: a classical Confucian Contribution to Contemporary Ethical Reflection", p. 101.

种形式的个人主义有利于人类繁荣，另一方面，这种形式的个人主义与鼓励孔子所说的真正意义上的道德的种种原因又不可分割。[1] 儒家把听上去正确的一切都注入他们的人格当中，但是他们认为，有关人在自然和社会中的位置的具体真理是古代圣王们发现的。Frankfurt和Taylor提出，人之所以为人是因为人有能力培养和形成二级欲求（second-order desires），并能摆脱本能欲求（desire simpliciter），而我们的理想人性则与我们自己的欲求、倾向或者选择无关，相反，它是判断这些欲求和选择的标准。在儒学语境中，就是那些蕴含在古代圣王身上的形而上的、本体论的、心理学上的和认识论上的标准，提供了标准框架，在这个框架当中，道德评价标准变得明白易懂。Wilson最后说，在经典儒学的语境中，真正的道德有两个组成部分，一是为善行本身去做善事，二是为享受善行去做善事。因此，品德教育必须尊重和培养人的个性，以防丢失这样的可能。一个人达到一定的品德境界时，就能只为修身而享受做善事，不把修身当作达到另一目的的工具。[2] 这一阐释正符合孟子所谓"穷则独善其身，达则兼善天下"的道德要求。但Wilson的论述，明显是将这一道德准则在中西伦理哲学的结合中进一步深化了。不过，他关于儒学的个人主义的观点，后来受到了Alexus Mcleod的间接批判。后者强调，仁是《论语》中的一种公共德性（communal property）[3]。

与Louden相比，Joel J. Kupperman《重温自然性：为什么西方哲学家应该学习孔子》（Naturalness Revisited: Why Western Philosophers Should Study Confucius）一文对"自然性（naturalness）"思想的阐发，也给人留下了深刻的印象。Kupperman认为，西方哲学家可以从孔子那里学到很多。其中之一就是孔子对自然性（naturalness）的偏爱。有趣

---

[1] 参见Steven A. Wilson: "Conformity, Individuality, and the Nature of Virtue: a classical Confucian Contribution to Contemporary Ethical Reflection", p. 106.

[2] 参见Steven A. Wilson: "Conformity, Individuality, and the Nature of Virtue: a classical Confucian Contribution to Contemporary Ethical Reflection", p. 109.

[3] 参见Alexus Mcleod: Ren as a Communal Property, *Philosophy East & West*, Volume 62, Number 4 October 2012, PP. 505-528（2012 by University of Hawai'i Press）。

的是，"自然性"一词是源于苏慧廉和韦利对《论语》的两处翻译。一处是《论语·学而》："礼之用，和为贵，先王之道，和为美。"苏慧廉的译文是："In the usage of decorum it is naturalness that is of value."另一处是《论语·雍也》："质胜文则野，文胜质则史，文质彬彬，然后君子。"苏慧廉的译文是："When nature（质）exceeds training, you have the rustic. When training exceeds nature, you have the clerk. It is only when nature and training are proportionally blended that you have the higher type of man."作者又引韦利译文："When natural substance prevails over ornamentation, you get the boorishness of the rustic. When ornamentation prevails over natural substance, you get the pedantry of the scribe."用naturalness来翻译"和"和"质"当然不能反映孔子的真意。但且不论两位汉学家的译文是否准确，重要的是，这些译文为作者提供了关于"自然性"的思想资源。作者由此认定，孔子有关于"自然性"的哲学思想，认为礼的灵魂在于自然，进而将其与亚里士多德和尼采的思想相比，并断定伦理抉择在亚里士多德和尼采的哲学中只是个人游戏，而在孔子哲学中则是多人游戏。他说："什么是自然性？这个词暗示着一种行为上的自由自在，毫无紧张感：行为者对自己的行为感到理所应当，舒适自如，在行为和行为者正常状态之间没有丝毫矛盾冲突。"[1] "naturalness"与"harmony"虽然翻译方式不同，但两个词所表达的思想大致是一样的。"自然性"不仅在礼仪中是重要的，作为个人关系的风格特点，是重要的，而且在政治上，也是重要的。从广义上说，如果伦理学对生活是重要的，那么它就必须对人的发展过程给予足够的关注，因为对人来说，建设性的思想和行动风格已经变成一种自然而然的事。[2] Kupperman关于自然性的一切论述，都是由"和"和"质"

---

[1] 参见Joel J. Kupperman："Nauralness Revisited: Why Western Philosophers Should Study Confucius", p. 44.

[2] 参见Joel J. Kupperman："Nauralness Revisited: Why Western Philosophers Should Study Confucius", pp. 51-52.

两个字被翻译成"nature"而引起的,而《论语》中的"和"和"质"本身并没有包含"自然性"的思想。这一研究可以说是典型的借题发挥。而借题发挥大概正是西方哲学思想发展的重要途径。

5. 他者的解读

李耶理的《〈论语·里仁〉的存在主义解读》是作者从存在主义哲学的角度对《论语·里仁》一章有关道、孝、死亡等内容的解读。虽然作者所引用的此章的译文有的地方意思不够准确,譬如"Of neighborhoods virtue is the most beautiful. If one does not choose to dwell in virtue, how could one be wise?"("里仁为美,则不处仁,焉得知?")但其对孔子思想的整体把握还是基本上准确的。作者首先阐明对于经典的解读,有原教旨主义的方法,也有将经典与现实联系在一起解读以指导当下生活的方法。作者自称他的方法,是将两者结合到一起,既尊重经典的本文意义的历史性,看到其中的缺点,又能从中发现其对于人的生存有指导意义的东西。[1] 首先,存在主义认为,好恶对于大多数人来说仅是反射式的反应而已。而孔子认为"唯仁者能好人,能恶人",仿佛只有仁者才能有好恶,因为只有他们的好恶,才是真正意义上的好恶。一般人的好恶,只是表面上的好恶。但本章的其他部分也有与之相矛盾的关于好恶的论述,如"敏而好学,不耻下问"等,并不一定是仁者之恶,这与存在主义的好恶观念又颇相契合。关于美德的性质,李耶理认为,美德有两种,一种是表现性的(expressive),另一种是获得性的(acquisitive)。表现性美德行为的动机是因为道德行为本身表现了善的理念;而获得性美德行为的动机是因为这种行为有助于行为者想获得的东西。这两种美德在《论语·里仁》中没有明确论述。在后世儒家的著述里,在语言上通常得以表现的是获得性美德,但也论述了一个人如何选择一种表现其有关善的观念的行为或生活方式。最后,作者通过"朝

---

[1] 参见 Joel J. Kupperman: "Nauralness Revisited: Why Western Philosophers Should Study Confucius", pp. 238-239.

闻道，夕死可矣"，论述了《论语》中关于死亡的主题。存在主义者认为，人们的正常视野中并没有强调死亡，甚至连死亡的观念都没有。当然，人们知道自己和他人是注定要死的，但人们仅把死亡看作是人的生命的本体论结构的一部分，而且这种理解还没有以一种能够改变人的视野的方式被把握。对于生命，人们拥有的仅是存在的，而非生存的理解。用存在主义的话语来说，人们还不愿意选择死亡。作者认为，儒家的闻道与面对死亡催生了一种信心，这种信心使拥有美德的人既能看到他们需要弥补的弱点和那些需要获得认可的行为，又要继续拥有那些它们已经拥有的意义。拥有美德的人可以依靠表现性美德，而非获得性美德而生活。他们完全可以生活于世界而又不属于世界，因为他们把握了世界的偶然，也把握了美德和追求美德的意义。[1]可以说，李耶理在《论语》中看到了存在主义哲学意义，并借机演绎了这一意义。

《一个达礼的女性》（*A Woman Who Understood the Rites*）是本书中颇与众不同的一篇文章，瑞丽在文中忠实地研究和描述了《列女传》中鲁季敬姜的德行。文章的主体内容分为三个部分：（1）知识女性；（2）孔子关于通达知礼女性的论述；（3）敬姜的后期命运。作者通过历代儒家者对敬姜的评价，创造性地分析了自孔子至宋明时期女性地位的变化，肯定了孔子和早期儒家对女性的地位和才能的自然公平的评价态度，也指出了宋明时期新儒学对妇女的偏见。瑞丽的研究，从表面上看是对季敬姜的研究，而实际上是一种借古喻今的女性主义宣示。

二、儒家典籍译本仍是美国儒学研究的重要蓝本

从论文集内容来看，美国汉学家的儒学研究与儒家经典的诸种译本密切相关。他们在研究过程中凡涉及《论语》原文的地方，一般要引

---

[1] 参见Joel J. Kupperman："Nauralness Revisited: Why Western Philosophers Should Study Confucius"，p. 264.

用某种《论语》译本。他们涉及的方式有两种，一种是以考证原文古义为目的的对《论语》原文的语文学讨论，一种是以探讨章句道德伦理为目的而作为证据引用。研究者对译本的引用并没有十分客观的标准，主要看译本的翻译方式是否符合其研究目的。譬如，Joel J. Kupperman《自然性再探》主要引用了韦利的译本，次数多达13次。白牧之和白妙之的《论语中的词语与文本语文学研究》则主要探讨《论语》中章句的字义，所以文中引用其译本《论语原始》（*The Original Analects*）多达38次，其他各个英语译本也都有所引用。而从总体来看，汉学家们的儒家思想研究总是要涉及《论语》的本文，所以一般需要阅读和引用某一种译本。有时为了使讨论更加客观和准确，不得不同时引用几种译本。《〈论语〉9:1文字和文本语文学研究》一文就涉及了所有的《论语》英文译本。《孔子与〈论语〉新论》共收11篇儒学研究论文，每一篇中都涉及一种或几种译本，译文的引用率较高。书中所涉及的所有译本包括《论语》译本、《孟子》译本、《大学》译本、《中庸》译本、《春秋左传》译本、《诗经》译本等。译本及引用情况列表如下：

译本名称	译者	出版社	出版时间	引用（次）
The Analects	D. C. Lau	New York：Dorset Press	1986	1
Confucius：The Analects	D. C. Lau	New York：Penguin Books	1979	25
Mencius	D. C. Lau	New York：Penguin Books	1970	4
A Source Book in Chinese Philosophy	Wing-tsit Chan	Princeton：Princeton University Press	1936	1
The Book of Songs	Arthur Waley	New York：Grove Press	1987	1
The Analects of Confucius	Arthur Waley	George Allen and Unwin	1938	7
The Analects of Confucius	Arthur Waley	New York：Vintage Books	1938	32
The Analects of Confucius：A Philosophical Translation	Ames, oger, and Henry Rosemont Jr.	New York：Balantine	1998	1

续表

译本名称	译者	出版社	出版时间	引用（次）
Confucian Analects, The Chinese Classics	James Legge	Hong Kong: Hong Kong University ress (reprinted)	1970	9
The Chun Tsew with the Tso Chuan	James Legge	Hong Kong: Hong Kong University Press	1960	5
Confucian Analects, The Great Learning and the Doctrine of the Mean	James Legge	New York: Dover Publications	1971	4
The Tso Chuan	Burton Watson	New York: Columbia University Press	1989	3
The Original Analects	E. Bruce Brooks, A. Taeko Brooks	New York: Columbia University Press	1998	47
Confucius	Raymond Dawson	New York: Hill and Wang	1981	4
The Analects of Confucius	Simon Leys	New York: W. W. Norton & Company	1997	2
Confucius	W. E. Soothill	London: Oxfor University Press	1910	4
The Analects of Confucius	Huang Chichung	Oxford PB	1997	1
The Analects	Ezra Pound	Hudson Review, spring-summer	1950	1
The Sayings of Confucius	Lionel Giles, M. A.	London:Hazel, Watson and Viney, LD.	1907	1

这些译本，虽然各自有对《论语》原文的解读方式，而且其中不乏对原文的误读和扭曲，但它们却以各自不同的方式，一直在影响着美国的儒家思想研究。其各自的价值也是不容否认的。因为这些译本的影响不仅在

于是否准确地传达了儒家思想，还在于是否引发了哲学界对儒家思想的新的阐释和发明，这两种方式都在扩大儒家思想的影响。令人欣慰的是，以译本为基础的儒学讨论常常不是沿着一个单一的路线进行，而是以古义考证为目的的语文学研究和以伦理哲学当代应用为目的的研究常常交织进行，相互促进，最终的结果是，儒家思想的真谛在研究与传播中愈来愈显现，儒家思想的当代阐释和应用也愈来愈具有时代性特点。从这一点上来看，加强儒家经典的当代翻译工作，也仍然具有十分重要的意义。

三、结语

从万白安编纂的《孔子与〈论语〉新论》来看，西方汉学界和哲学界的中国儒学研究主要遵循三条路线：一是原文意义考证，这类似于我国的训诂学研究；二是阐释性研究，这种研究以从古义中发明新义为旨归，其用在于丰富和完善西方哲学思想；三是以西方某种哲学观念去演绎儒家思想，这往往采用类比的研究方法，以证明西方哲学的合理性为旨归。值得注意的是，这些研究一般以儒家经典的英文译本为蓝本，本部文集就包括了对理雅各、韦利、安乐哲、刘殿爵、陈荣捷、西蒙·莱斯、苏慧廉、道森、庞德、詹宁斯、魏鲁男、翟林奈等人译本的反复引用。由于每种英文译本都存在各种问题，所以研究的结果并不一定符合儒学的本义。但是，哲学研究的意义并不在于考据和证明，而重在发明。客观上，美国汉学界的儒学研究，既丰富和传播了儒学，也丰富和完善了西方哲学。这些研究也显示，儒家思想一直为西方伦理哲学界所重视，反映了美国社会对儒家思想既开放又怀疑的矛盾心态。

（作者单位：青岛科技大学外国语学院）

北美汉学家论先秦儒家的文学思想

任增强

摘要：北美汉学家对先秦儒家文学思想的论述于孔子着力较多，集中于孔子的诗学观以及其认识论或曰思维方式对文学批评的影响；但对孟子与荀子的文学及美学思想亦有所触及，主要围绕孟子的以意逆志、知人论世、知言养气说等文论命题和荀子的实用论和创作心理论展开。

关键词：北美汉学　先秦儒家　文学思想

西方世界对中国先秦时期的儒家学说观瞩颇早，耶稣会士利玛窦在1593年就把《四书》译成了拉丁文，1691年则出现了由拉丁文转译的《论语》英译本。但长期以来，海外学者大都仅仅从思想史与文化史的角度对儒家思想加以审察，未有心关注孔、孟、荀等在文学思想方面的言述。尽管零星的叙述依然能够觅得，如英国早期汉学家翟理斯（Herbert A. Giles）20世纪初所撰《中国文学史》（*A History of Chinese Literature*）中曾译介了《论语》、《孟子》中的部分章节，略及孔子对《诗经》的道德政治解读，然而毕竟属于一些偶然性的发现，当然也远不足以形成一种系统化的学术架构。经过半个多世纪的积累，北美汉学，尤其是美国汉学如今已经发展为国际汉学的中心，其对儒学思想的研治尤为积极，并多有创辟，由此也会涉及对儒家文学观的勘察，加之，在文学史研究领域中，亦有一由对纯文学的兴趣而向理论研究过渡的趋向，从而使得一部分汉学家将视野投诸作为中国古典文论源头之一的先秦儒家思想。此进程大致始于20世纪70年代，尤至近年来为稍盛。虽然专门性的著述仍不多见，一些重要的阐述还间杂于文论史通述及对儒家思想的一般性探索中，但也构成了不算整齐却有自身特色的言述系列。

一、汉学家论孔子的诗学观

刘若愚（James Liu）专著《中国文学理论》可谓北美地区较早关注中国古代文学思想的专书。书中将孔子对《诗经》的评论归为"实用理论"。所谓"实用理论"乃是基于文学是达到政治、社会、道德，或教育目的之手段的观念。这一思想在中国传统批评中是最具影响力的。[1] 刘若愚认为孔子的文学观念主要还是实用性的；当然孔子也注意到了文学的情感效果和审美特质，但这些对他而言，是次于文学的道德和社会功用的。若以对孔子一般思想的研究来看，将其文学思想归纳为一种实用诗学，并未有什么新颖之处，但如果考虑到北美汉学界长期以来受英美新批评影响，而偏向于注重中国诗学的超功利与审美特征，那么对这一模式特征的观瞩与阐明，也有某种纠偏的作用。

颇值一提的是，围绕着孔子的诗学观，海外汉学界在20世纪七八十年代之际曾形成"潜性论争"的局面。华裔汉学家陈世骧（Chen Shih-hsiang）在1971年为"美国亚洲学会"年会"比较文学组"所做的开幕发言《中国的抒情传统》中曾提及孔子谈诗的可兴、可怨、可观、可群，以为"对于仲尼而言，诗的目的在于'言志'，在于倾吐心中的渴望、

---

[1] 〔美〕刘若愚著，杜国清译：《中国文学理论》，南京：江苏教育出版社，2005年，第160页。

意念或抱负。所以仲尼着重的是情的流露"。[1] 而以英文写作的法国汉学家侯思孟（Donald Holzman）却否认了孔子作为文学批评家的地位，认为孔子没有视文学为审美经验，而是注重文学实用的一面。[2] 他认为散见于《论语》中的有关《诗经》的评论是社会学意义上的而非文学性的；而且，孔子纵容对《诗经》的有意曲解，以便将之用于做道德标签。芝加哥大学费威廉（Craig Fisk）针对侯思孟对孔子实用主义文学观的诘难提出了不同的看法。费氏认为侯氏对孔子的批评过于苛刻。费氏说，孔子用前代的文化遗产以教育王公子弟，《诗经》对孔子而言不是缅怀过去的挽歌而是作为其思想的当下言说以及施教的典籍。中国古时有在社交场合引《诗》的传统，而孔子正生活在这一传统的没落期。故此，侯氏攻击孔子未将诗歌视为艺术的做法是毫无意义的。[3] 费氏进一步分析说，《论语》所关注的基本问题是"文与质"（cultivatedness and substance）的关系。对孔子来说，"文"本身绝不是目的，优秀的文学作品应该同君子一样，必须文质彬彬。孔子的思想对后来中国文学的主题乃至历代批评家对文学风格与文学史的态度都产生了重大而深远的影响。

进入20世纪90年代以后，随着新一代汉学家的诞生，孔子文学思想受到更多的关注，这或许意味着北美汉学界研究趣味的某种转向。而在研究理念上，后继者同样有所推进，由宏观上的定性转为对细部的多向度稽查，尤为注重在中国传统诗论语域中对孔子文学思想意蕴的深化性探讨与新方法论的运用。其中最值得一提的便有范佐伦（Steven Van Zoeren）、柯马丁（Martin Kern）与孙广仁（Graham Sanders）等的研究。

---

[1] 〔美〕陈世骧：《陈世骧文存》，沈阳：辽宁教育出版社，1998年，第5页。
[2] Donald Holzman: "Confucius and the Literary Criticism in Ancient China", Adele Austin Rickett (ed.), *Chinese Approaches to Literature from Confucius to Liang Ch'I-chao*, Princeton: Princeton University Press, 1978, p. 9.
[3] Craig Fisk: "Alterity of Chinese Literature", *Chinese Literature*: Essays, Articles, Reviews, No. 2, 1980, p. 90.

近20年来，美国学者展开中国传统阐释学的研究，范佐伦的专著《诗歌与人格：中国传统的读解、注疏和阐释学》可视为其中的一部代表作。范佐伦在该书中动态地梳理了《论语》中孔子论《诗》的三个阶段，并在具体分析《论语》中引《诗》评《诗》的现象后，认为《论语》对《诗经》的评论如依时间为序可寻到一条清晰的线索，即将《诗经》依次视为音乐、修辞、学习的对象。[1] 西方学者研究中国的阐释学著作，有助于阅读传统《诗经》文本和了解各诗篇之意涵，而孔子诗论无疑为《诗经》创构出一个重要维度。在此，范佐伦从历时性的视角出发，动态地揭示出孔子说《诗》的三阶段：一为复礼兴乐，一为应对辞令，一为教科书之用，较为全面地细致分析了《论语》中孔子论诗的内涵演变。

除研究视角外，20世纪90年代以来北美汉学家对孔子文学思想的研治，在方法论上也颇有特别之处。如普林斯顿大学柯马丁教授的"二重证据"法、加拿大汉学家孙广仁对结构主义方法的运用。

柯马丁《新出土文献与中国早期诗学》一文中探讨了新出土的《孔子诗论》（Confucius's Discussion of the Odes）。柯马丁运用"二重证据法"通过地下发现之新材料与纸上之材料二者互相比勘释证，解析孔子论诗对"情感"与"实用"的兼顾。

新出土的上博简《孔子诗论》共有29片，一千多字。柯马丁认为这一文献虽为断片但是意义重大。其中包含了《诗经》流传的最早文献证据以及对《诗经》的评价与讨论。[2] 10号竹简说"《关雎》以色喻于礼"；11号竹简又补充说"《关雎》之改，则其思益矣"；第12号竹简又反问道"反内于礼，不亦能改乎？"；14号竹简最后补充说"其四章

---

[1] Steven Van Zoeren: *Poetry and Personality: Reading, Exegesis, and Hermeneutics in Traditional China*, Stanford: Standford University Press, 1991, p. 48.

[2] Martin Kern: "Early Chinese Poetic in the Light of Recently Excavated Manuscripts", *Recarving the Dragon: Understanding Poetics*, Olga Lomová（ed.）, Prague: The Karolinum Press, 2003, p. 28.

则愉矣，以琴瑟之悦，嬉好色怃，以钟鼓之乐……"柯马丁说，这种阐释不同于《诗大序》所谓的《关雎》美后妃之德，亦不同于依据现代标准将其视为妥帖而无害的婚歌。[1] 如此，通过地下出土文献的辅证，柯马丁发现，孔子论诗注重诗之本体，着重诗义在于"言志"，在于人之情感，看重诗对人心灵的陶冶。当诗本身涉及历史时，便在真实的基础上，将具有审美意象的诗引向道德的理想境界，以强调诗的政治教化作用是潜移默化的。而从汉代开始的中国阐释学以人格教化为中心，以史证《诗》，教条式地将儒学观念生硬地灌注进诗篇中，寻章摘句，牵强附会，严重抹杀诗歌的文学特征与艺术感染力。"而从出土的文献，如《孔子诗论》来讨论早期诗歌的不同接受与解读，借此可以再斟酌我们对这些早期诗作的构成、流传、解读和社会文化地位的基本假设"。[2]

柯马丁在一次访谈中曾指出："欧洲的学术里有相当强的语文学（philology）传统，德国尤其如此。所以编出土文献方面的书，如果找美国学者，结果肯定不一样。这是不同的学术传统带来的结果。"[3] 柯马丁作为德国人，深受欧洲汉学传统熏陶，他的早期中国文学研究以集中于语文学和历史学分析为标志，很大程度上没有受到最新西方文学理论的影响。而"在20世纪60年代到80年代之间出现的比较文学学者和结构主义者对这一研究领域的推动，反映了用西方的模式和思维范式来研究中国文学的愿望"，[4] 身处北美汉学界的孙广仁便运用结构主义方法来解读孔子诗学。

在专著《遣词：传统中国诗歌能力观》中，孙氏拈出"诗歌能力"

---

[1] Martin Kern："Early Chinese Poetic in the Light of Recently Excavated Manuscripts"，*Recarving the Dragon：Understanding Poetics*，Olga Lomová（ed.），Prague：The Karolinum Press，2003，p. 56.
[2] Martin Kern："Early Chinese Poetic in the Light of Recently Excavated Manuscripts"，*Recarving the Dragon：Understanding Poetics*，Olga Lomová（ed.），Prague：The Karolinum Press，2003，p. 72.
[3] 盛韵：《柯马丁：更多了解其他古文明才能更清楚古中国》，载《东方早报》，2012年4月1日。
[4] 〔美〕柯马丁著，何剑叶译：《学术领域的界定——北美中国早期文学（先秦两汉）研究概况》，载张海惠《北美中国学——研究概况与文献综述》，北京：中华书局，2010年，第583页。

（poetic competence）和"文化能力"（cultural competence）两个概念对中国先秦、两汉、南朝以及唐代的诗学思想进行了结构主义式梳理与考察。孙广仁对先秦诗学的考释，以孔子的诗学观为审视对象。

"能力"（competence）一词，较早可见于美国语言学家乔姆斯基（Noam Chomsky）所谓的"语言能力"，乔氏基于"能力"与"述行"（performance）这一组对立概念，对规则和行为的区别作了最佳表述，这对术语与索绪尔的"语言"与"言语"恰好对应。具体说来，"语言能力"即"通过一套规则或规范系统，对那些在这个系统中运用自如者所无意识掌握了的知识，给予明确的再现。他们无须意识到这些规则，而且在大多数情况下，的确也并未意识到这些规则，因为真正掌握语言能力，通常意味着对这些规则的直觉的把握，在产生行为和理解的过程中，这些规则并不显现。可是，这又并不等于说规则不存在：掌握规则意味着一种系统的能力"。[1] 孙广仁指出，"诗歌能力"指的是某个人以诗歌话语（poetic discourse）为手段来影响另一个人的态度与行为以达到某种预期目的的能力。[2] "文化能力"指的是操控传统的能力。儒家作为传统主义者宣称他们具有某种操控力，这种操控力并非被动接受，而是将过去的知识应用于当下的情境以产生预期的结果。语言使用者因具备了一套内化的语法才可以进行语言的交流与意义的解读，同样，儒家在解读《诗经》时，需要事先对诗歌话语如何发挥作用做到心中有数，知晓从文本中寻找什么。故而，就需要具备当时的文化知识，熟悉诗歌表达和解读的程式，具备一种已经被内化的文化规则。孙广仁说，孔子并没有提出新的学说，他更多是在解释一套业已存在的做法（practices）。这说明孔子正是对春秋时期诗歌的程式了然于胸，"述而不作"。孙广仁引入结构主义的分析方法，以"诗歌能力"来界认孔子

---

[1] 〔美〕乔纳森·卡勒著，盛宁译：《结构主义诗学》，北京：中国社会科学出版社，1991年，第31页。
[2] Graham Sanders: *Words Well Put: Vision of Poetic Competence in the Chinese Tradition*, Cambridge: Harvard University Press, 2006, p. 6.

对《诗经》的阐述与发明，正中鹄的。其寻绎孔子说《诗》时所遵循的文化语法规则。这一潜隐习则的发现，为孔子评诗之种种表象提供了解释性的支撑结构。

二、汉学家论孔子的认识论或思维方式的影响

除了对孔子诗学思想内涵的探讨之外，孔子论《诗》的思维方式或认识论也引起了一些美国汉学家的重视。对此思维或认识模式的探讨直接影响到对这一中国诗学传统及其运思模式的把握，从而将之运用到对中西比较的历史与对文明史反思的议程中。

美国汉学家郝大维（David L. Hall）与安乐哲（Roger T. Ames）在《通过孔子而思》一书中"把孔子树立为摆脱西方人对超验的长期依赖的后现代主义的楷模"，[1] 他们在后现代语境下对西方理性主义的思维模式加以审视与反思，认为这一西方思维模式导致了事实—价值—理论—实践的相互脱离，而孔子"学（learning）、思（reflecting）、知（realizing）、信（living up to one's words）"的思维方式可以作为批判西方传统思维模式的一种参鉴。

在郝、安看来，孔子对《诗经》的解读与其"学、思、知、信"的思维方式是相一致的。首先《诗经》是文化价值的载体，包含了大量的有关文化传统的宝贵资料，为现代社会提供了根和源，成为社会的稳定因素。其次《诗经》作为一部艺术作品，展示出精美的言辞。它是词汇的宝库，能用来改善人们口头和书面的表达技巧，为组织和表达人类的经验提供了一种丰富的媒介。再次，在春秋时期的政治斗争中，《诗经》又是一部以隐晦方式触及敏感问题的重要著作，对任何外交官或者未来的政治家而言，熟谙《诗经》中的兴、比方式，都是很重要的。但

---

[1] 〔英〕葛瑞汉著，张海晏译：《论道者：中国古代哲学论辩》，北京：中国社会科学出版社，2003年，第39页。

是在学习《诗经》时又不能不思不问，孔子说："兴于诗，立于礼，成于乐"，认为《诗经》不仅是供人学习的历史资料，而且是创造性思维的重要源泉。它激发人修身养性，发挥创造性和想象力，达到博学的境界，借以增强社会责任感；不应把《诗经》看作是供人效仿的、有德者对道德规范的说明，而应视其为人的、社会的、政治的、经验的可信结构，是批判的反思和创造性的改编物，是当时道德的、美学的、社会团体的框架。《诗经》的主要目的不是认同、界定和告知，而是参与，并最终改造一切。[1] 在孔子对《诗经》的领会和创造性的说明中，我们可以看到"学"和"思"之间的相互作用导致了对经典原文更深的理解，以及个人的转变。这样，《诗经》就为人们领会旧意义提供了源泉，并为人们表现新意义提供了工具，成了认知的必由之路。孔子对《诗经》的运用为其认识论提供了一个十分贴切的例证。

美国汉学家哈佛大学宇文所安（Stephen Owen）是当前西方汉学界知名的中国古典文学研究专家，著有《中国文学思想读本》。全书从文本细读出发，在对中西文论的双向阐发中，以"他者"的视角对中国文论进行了深入理解和重新建构。在该书第一章开篇，他指出了孔子认识事物的"三级系列"问题，认为正是孔子这一迥异于西方的特殊认识论构成了中国文学思想的重要起点。

宇文探讨了《论语·为政》中的"子曰：'视其所以，观其所由，察其所安，人焉廋哉？人焉廋哉？'"，他认为"孔子此段话涉及一个特殊的认识论问题"，[2] 值得充分关注。不同于西方模仿说或再现说中的二元意义结构，孔子提出认识事物的三级系列：不是从"存在"、"理念"等不变之物出发，而是从"人"出发，先去观察一个人是怎么回事，再看他何以会如此，最后还要考察他安顿于何处，从而找出他的

---

[1] David L. Hall, Roger T. Ames: *Thinking through Confucius*, Albany, N. Y.: State University of New York Press, 1987, p. 64.
[2] Stephen Owen: *Readings in Chinese Literary Thought*, Cambridge: Harvard University Press, 1992, p. 19.

目的、动机和所求。实际上,孔子该段话之本意是指,通过仔细观察分辨一个人外在的言行,可以窥见其内心的真实,这里指出的是如何认识一个人的道德品质的问题,与文学思想并无直接关联,但宇文却独具只眼,以为孔子此段话虽未直接论及文学,却包含了一种理解和阐释文学的程式与方法,而且这其中包含的认知模式对后世的文学思想产生了颇大的影响。孔子在此所提出的问题关系到如何在具体情境中识别"仁"(the good)而不是认识"仁"的概念。中国文学思想正是围绕着"知"的问题发展起来,这是"知人"、"知世"的"知"。这个"知"的问题取决于多种层面的隐藏,它引发了一种特殊的解释学,意在揭示认识言行的种种复杂的前提的解释学。中国的文学思想就建立在这种解释学之上,正如西方文学思想建基于"诗学"(poetics)(即就诗歌的制作来讨论"诗"是什么)。中国传统诗学产生于中国人对这种解释学的关注,而西方文学解释学则产生于它的"诗学"。[1] 正因为上述两种不同的出发点,中西文学思想也就分道扬镳了。

三、汉学家论孟子与荀子的文学及美学思想

随着海外对儒学典籍的译介与对儒家哲学思想的研治,儒家文学批评与美学思想也引起了诸多汉学家的瞩目与研究,北美汉学家的相关论述虽于孔子着力较多,但对孟子与荀子的文学及美学思想亦有所触及,主要围绕孟子的以意逆志、知人论世、知言养气说和荀子的实用论和创作心理论展开,为我们国内学界的古代文学思想研究提供了参照。

(一)汉学家论孟子的若干文论命题

施友忠(Vincent Yu-chung Shih)在《文心雕龙:中国文学中的思

---

[1] Stephen Owen: *Readings in Chinese Literary Thought*, Cambridge: Harvard University Press, 1992, p. 22.

想与形式研究》序言中以为,虽然孟子保留并发展了孔子的说教主义,但是他的理想主义与神秘的学问使得他能够采取灵活的态度来对待一些文学问题,他主张以开明的姿态来阐释《诗经》,他说"说者不以文害辞,不以辞害志。以意逆志,是为得之"这种较为自由的阐释,在施友忠看来是一种纯粹直觉或主观的判断,是十分冒险的妄加猜测,反映出的评论者的主观印象。但施友忠又认为这种主观判断并非一无是处,在批评刚出现的时候,诚直的看法(sincere opinion)本身就是一大贡献。[1] 当然另一方面,孟子又主张不能孤立地解读作品,必须结合作者的生平与所处的时代语境,即"颂其诗,读其书,不知其人可乎?是以论其世也"。这在一定程度上缓和了他的主观印象式批评方法。但最终施氏还是坚称,即便历史维度的引入也很难平衡主观、印象式批评者的观点。

相对而言,施友忠认为"养气说"(the fostering of the vital spirit or breath)是孟子对中国文学批评更为重要的贡献。"气"在孟子那里具有浓厚的伦理色彩。[2] 孟子说:"其为气也,至大至刚,以直养而无害,则塞于天地之间。其为气也,配义与道;无是,馁也。是集义所生者,非义袭而取之也。"可见,"气"代表的是经由道德修养所获得的道德品质。在论"养气"时,孟子还谈到了"知言"(to know one's character through his words):"敢问夫子恶乎长?"曰:"我知言,我善养吾浩然之气。"施氏认为,这其中就有一些文学意味。"浩然之气"是君子的特征,是一种道德勇气,这种勇气形之于言辞,言语就变得合乎情理,产生势如破竹的力量,就会赋予文学诸如雄浑、劲健、豪放等风格。在后来的发展中,"气"的内涵逐渐扩大,不仅含有最初单纯的道德意义,还增添了美学的意义,成为中国文学批评史上品评作家才能及

---

[1] Vincent Yu-chung Shih: *The Literary Mind and the Carving of Dragons*: A Study of Thought and Pattern in Chinese Literature, Hong Kong: Chinese University Press, 1983, p. xiii.
[2] Vincent Yu-chung Shih: *The Literary Mind and the Carving of Dragons*: A Study of Thought and Pattern in Chinese Literature, p. xiii.

作品高下的重要标尺。[1]

宇文所安在其专著《中国文学思想读本》中对孟子的"知言"理论也提出了自己的看法。"何谓知言？"曰："诐辞知其所蔽，淫辞知其所陷，邪辞知其所离，遁词知其所穷。"对此，宇文所安认为孟子所谓的"知言"并不是指简单地理解一段话的意思，当然更不是仅仅再现说话者说这段话的意思。孟子所说的"知言"是：理解一段话彰显了说话者的何种意图，又使什么（what）得以澄明（manifest）。更为重要的是，说话者所说的是不自觉的，或许根本就不是其原意的表露。[2] 在此，宇文所安格外注意到孟子对中国文学思想的引导方向。他说，在西方语境中，"member of an audience"中的"member"暗示"集体"（the collective body）才是完整的有机体：文本所予以的接受期待不能由某个读者实现。而孟子的"知言"刻画了一种迥然有别的读者原型，这种读者并不是为了单纯寻求一种独一无二的体验模式，而是去试图理解另一个人。以此为起点发展起来的文学艺术，如果某一文本强烈触动了读者的情感，原因在作者及其时代，而与读者与文本的封闭关系无涉。即使一个文本虽经千万人之手，但它永远都只找一个人，即一个"知言"的人。[3]

对于《孟子·万章上》中的"咸丘蒙曰：'舜之不臣尧，则吾即得闻命矣。《诗》云：'普天之下，莫非王土；率土之滨，莫非王臣。'而舜既为天子矣，敢问瞽瞍之非臣，如何？曰：'是诗也，非是之谓也；劳于王事而不得养父母也。'曰：'此莫非王事，我读贤劳也。'故说诗者，不以文害辞，不以辞害志。以意逆志，是为得之"，宇文所安解释说，在孟子看来，《诗经》中"普天之下，莫非王土；率土之

---

[1] Vincent Yu-chung Shih: *The Literary Mind and the Carving of Dragons*: A Study of Thought and Pattern in Chinese Literature, p. xiv.
[2] Stephen Owen: *Readings in Chinese Literary Thought*, Cambridge: Harvard University Press, 1992, p. 22.
[3] Stephen Owen: *Readings in Chinese Literary Thought*, Cambridge: Harvard University Press, 1992, p. 24.

滨，莫非王臣"的意思是由原因赋予的。意义是从某个具体的条件中产生的。孟子考虑的是"其所由"。孟子强调，任何一般意义都离不开具体意图的参与，所以必须把这段话理解为与产生这段话的那个具体条件的一种关系。宇文说，孟子不仅批评了因不考虑整体而误解部分的错误倾向，更为重要的是，它宣告了中国语言和文学传统理论中的一个核心假定：动机和具体的起因是意义的一个不可分割的组成部分。在这里，孟子假定文学语言与普通语言不同。更有意味的是，"辞"被视为"文"与"志"之间的中介。按照孟子的描述，解释的诸阶段是"志"在语言中的显现过程的镜像，那么充分实现了的就是"文"而非"志"。宇文氏认为这是后来活跃在该传统中的一个重要的雏形，即所谓的"文"指的是有文采的语言和书面语，是语言的完满的、最终的形式，而非普通语言的一种定形或变形。宇文氏接着解释说，在"辞"之前是"志"。通过仔细阅读，我们发现的不是"意义"而是"志"，即"怀抱"。"志"是一种心意状态，语言通常所具有的各种可能的意义，无论字面的还是比喻的，都归属于它，同时，"志"又不局限于这些意义。《诗》的语言不指向"被说的东西"，甚至也不指向"想说的东西"，毋宁说，语言指向说了的东西和想说的东西与说话人为什么说这个、为什么想说这个二者间的关系。宇文氏接着解释说，符号/意义的那种朴素符号学模式在中西文化中都曾存在过。西方知性的传统没有彻底逃避这一模式，而是不断加工、发展它。在中国，符号理论被一更加高级的模式所取代了，这个模式就是"志"。志把动机和情境与符号的纯规范运作结合起来，从表面来看，这似乎是以心理学代替语言学，实际上它体现出了这样一种认识：如果不通过某种心理和在某种具体条件下，任何语言都是不可能产生的。

对于《孟子·万章》中的"颂其诗，读其书，不知其人，可乎？是以论其世也"所包含的"知人论世"说，宇文所安也给出了自己的解释。他认为在理解文本和理解他人这两种能力之间形成了一个解释的循环：我们借助某些文本来理解他人，但该文本只有借助对他人的理解才是可理解的。读者和作者之间的关系最终是一种社会关系。阅读被放置在一个社会关系的等级序列之中；它与在一个小社群中与他人交友只有程度上的而没有本质上的差别。最后宇文所安指出，我们阅读古人不是为了从他们那里获得什么知识或智慧，而是为了"知其人"。而这种"知"只能是来自对他们的生活语境的理解，这种生活语境是从其他文本中建立起来的。"知"可以靠阅读这些文本来获得，但这样的"知"与那个人是分不开的。在这里，文学的基础在于一种伦理欲，它既是社会性的（social）也是社交性的（sociable）。

（二）杜维明论孟子人文精神与美学思想

杜维明（Tu Wei-ming）在《孟子思想中人的观念：中国美学阐释》一文中探讨了孟子的自我修养（self-cultivation）观念对中国艺术理论的影响。杜氏围绕孟子思想中的"道、身、心、神"四个范畴展开，其目的：一是探讨古典儒学，特别是孟子关于人的思想；二是以上述四个范畴作为理解中国美学思想的关钥。[1] "道"（the Tao），作为人行为的准则，在孟子的思想中不仅得到充分的体现，而且也是他全部思想的基础。孟子所谓的"道"不是一个静止的范畴，而是一个动态发展、永无止境的进程，是通过学习使一个自私的自我转变为一个具有能知能爱的自我的完整的过程。"身"（the body）在儒家那里，经常是一个带着特定含义的词汇，这一词汇隐含着自我的更为内在的意义，它是自我修行的胚基，而"六艺"是陶冶自我的手段。在孟子思想中，那种通过礼、乐、射、御、书、数等"六艺"的修行来完善自身的人，可以创造出自身的真和美。倘若说"身"是表达一种时空观念存在的概念，那么

---

[1] Tu Wei-ming: "The Idea of the Human Mencian Thought: An Approach to Chinese Aesthetics", Susan Bush and Christian Murck（eds.）, *Theories of the Arts in China*, Princeton, N. J.: Princeton University Press, 1983, pp. 57-58.

与"身"相比,"心"(the heart)所呈现出来的一个明显特征就是其超越时空的功能。在孟子看来,学习是一个"求其放心"的过程,而研习"六艺"是为"存心"。所谓"存心"便是牢牢地保持人心能动的和不断开拓的状态以洞悉圣人以及我们自己心中的真与美,达到"上下与天地同流"的"大体"境界。孟子将那些实现着自我的伟大转换的人称为"圣",而将那超出我们理解的"圣"称为"神"(the spiritual)。因此可以看出,"神"如同善、真、美一样都象征着人潜在的完美状态。而通过对浩然之气的修养以开发与激活人体与人心内部的、能够将自我发展与天地融为一体的潜能,使人性能够参与天地的转化和发展的过程,最终达到与天地同在的境界。上述这种自我完善的方法在杜维明看来为中国艺术确立了一个深厚的人文主义基础。孟子用其人道的定义去影响美学观念,将人体和渗透于人的结构中的感知能力作为定义"美的观念"的主要参照点。[1] 美就像是人身上不断生长着的所有善与真的品质一样,是作为一种激励标准而存在的。美,从经验者的自我和为人所感知的对象两者之间的相互作用中,来陶冶人的情操,不论在艺术创作或审美过程中,文字仅仅是承载"道"与"意"的工具,而内在的体验、心灵的乐趣或转换的精神才是美的根基。[2] 如此,通过对孟子饶有兴味的解读,杜氏用几个与身体有关的术语描绘出自我修行的几个阶段,认为艺术既是修身、修性的途径,又是其外在的表现,故而中国艺术有着深厚的人文根基。

(三)施友忠论荀子文学思想

荀子是继孔孟之后儒家思想的又一重要代表人物,但其著作《荀

---

[1] Tu Wei-ming: "The Idea of the Human Mencian Thought: An Approach to Chinese Aesthetics", Susan Bush and Christian Murck (eds.), *Theories of the Arts in China*, Princeton, N. J.: Princeton University Press, 1983, p. 69.

[2] Tu Wei-ming: "The Idea of the Human Mencian Thought: An Approach to Chinese Aesthetics", Susan Bush and Christian Murck (eds.), *Theories of the Arts in China*, Princeton, N. J.: Princeton University Press, 1983, p. 71.

子》在西方没有像《论语》、《孟子》那样受到翻译者的重视，对其文学思想的讨论就更为寥落。施友忠《文心雕龙：中国文学中的思想与形式研究》探讨了荀子的实用主义文论观与创作心理论。

施友忠认为与孟子相比，荀子的文学观更具有实用性。[1] 对他来说，文学存在的唯一合法性在于它的有用性，这一观点最初见于孔子，在实用主义的墨家那得到进一步强化。施氏说，尽管荀子关注社会行为的原则和产生社会和谐的途径与方法，但他也注意到了文学的某些价值，如对人性格的美化作用。只是问题在于荀子所谓的"文学"还不是我们现在所理解的文学，而是"学问"（learning）的统称。文学与学问之间畛域的模糊或许是作为纯文学起点的诗歌逐渐承担上道德教化的原因之一，而荀子更是处处援引《诗经》来表达他的道德观点。

在施友忠看来，虽然荀子是一个自然主义的哲学家，但他对创作活动的根源与本质却有着深刻的见地，并对创作心理有着合理的阐释。[2] 通过引证荀子论"乐"的一段话，施氏解释说，荀子认为音乐的功能在于调整人的情感使之和谐，这种内在的和谐首先为社会和谐奠定基础，然后再经由"礼"而使社会和谐得以实现，而"礼"指的是社会行为，是"乐"的内在原则的外化。由于音乐与诗歌之间有着密切的关系，荀子的乐论对后来的诗学产生了巨大的影响。

（作者单位：山东大学国际汉学研究中心）

---

[1] Vincent Yu-chung Shih: *The Literary Mind and the Carving of Dragons: A Study of Thought and Pattern in Chinese Literature*, p. xiv.
[2] Vincent Yu-chung Shih: *The Literary Mind and the Carving of Dragons: A Study of Thought and Pattern in Chinese Literature*, p. xiv.

日本朱子学近期研究综述

陈晓杰

摘要：日本的朱子学研究历史悠久，长期处于世界顶尖水平。但遗憾的是中国大陆对日本研究的相关翻译与介绍还是不够，本文即以2011—2013年这三年当中的朱子学研究的著作与论文为对象，进行介绍与分析。

关键词：朱熹　日本朱子学研究　实证主义

日本的朱子学研究有着非常悠久的历史，在20世纪七八十年代更达到了二战后学术研究的高峰。由于翻译体制以及薪酬等客观原因，大陆对于日本学界的研究著作的翻译以及介绍都不尽如人意，而相关的综述性论文，目前为止最全面的还是石立善在2006年撰写的《战后日本的朱子学研究述评：1946—2006》，有兴趣的读者请参看之，在此不赘[1]。

日本近百年的汉学研究之传统，使得朱子学的相关研究在学风上也讲究严谨扎实。在对某课题进行研究时，一方面会尽可能搜集相关先行研究成果；另一方面，在论证时基本都以材料为依据，不喜浮夸之谈，这就是日本一直引以为傲的实证主义精神。由于篇幅有限，故本文仅以2011—2013年的日本的朱子学研究成果为主，进行简要的介绍与分析。

---

[1]　《战后日本的朱子学研究述评：1946—2006》，原文刊载于《鉴往瞻来——儒学文化研究的回顾与展望》（复旦大学出版社，2006年），也可以参看网上免费电子版本转载，例如 http://www.confuchina.com/10%20lishi/riben%20zhuzi.htm。

另外，由于篇幅有限，本文只能做选择性的介绍，关于2011—2013年的日本朱子学研究成果总目，请参看附录。

一、朱子学研究著作

1. 高梨良夫[1]《エマソンの思想の形成と展開—朱子の教義との比較的考察—》（爱默生的思想形成与展开——与朱子教义的比较性考察，金星堂，2011年）

该书是美国作家爱默生（Emerson）与宋明儒学尤其是朱熹之思想之间的比较研究。高梨在认定两者之间有很大共通点的判断之下得出了如下结论：两者之思想都并非抽象之形而上学，而是从人间伦理到宇宙自然之间的"生命"思想，他们都以"理"或"道德之法"作为思想之核心，但是这同样也以生命原理为基础。在以超越世界存在为前提的情况下，两者都重视形而下现实世界之事物以及现象的展开。同时高梨指出，在明治、大正时期日本知识分子将爱默生更多地视为与阳明学、朱子学或者禅宗佛教之"空"思想一致的把握与理解有失偏颇，爱默生在接受东方思想影响的同时，依然保持着西方基督教文化之脉络而形成其独特的思考。

2. 吾妻重二[2]、朴元在 编著《朱子家礼と東アジアの文化交涉》（朱子家礼与东亚的文化交涉，汲古书院，2012年）

2009年11月3日，由韩国国学振兴院以及关西大学文化交涉学教育研

---

[1] 高梨良夫，硕士就读于东洋大学，之后在耶鲁大学、哈佛大学担任研究员，现任长野县短期大学教授。具体研究业绩请参看：http://www.nagano-kentan.ac.jp/profs/en/takanashi.pdf.
[2] 吾妻重二，1956年生，1978年早稻田大学第一文学部东洋哲学专攻毕业，1981—1983年留学北京大学哲学系，1997年开始任关西大学文学部教授，现为关西大学东亚文化研究科教授。研究领域为朱子学，宋代思想史，东亚儒学，文公家礼相关研究等。主要著作有《朱子学の新研究》（创文社，2004年）、《宋代思想の研究——儒教・道教・仏教をめぐる考察》（关西大学出版部，2009年）、《泊園書院歴史資料集——泊園書院資料集成１》（关西大学出版部，2010年）、《泊園記念会創立50周年記念論文集》（关西大学出版部、2011年）、《朱熹〈家礼〉实证研究》（吴震翻译，华东师范大学出版社，2012年）等。

究据点（ICIS）共同在韩国举办了《朱子家礼と東アジアの文化交渉》的国际研讨会，2012年正式出版同名论文集。

该书主要围绕朱熹的《家礼》在东亚各国（中国、朝鲜、越南、琉球、日本等）之传播与受容而展开。《家礼》作为冠婚丧祭之指导性读物，在16世纪以后的东亚各个地区都不同程度地作为日常仪式或者葬礼实践的重要指导，但是在目前为止的仪礼研究相对于思想等研究领域的大幅落后情况下，相应地对家礼之受容情况以及多元化展开的研究也很少。该书即以此为主要问题意识和焦点，从思想（《家礼》与朱熹的礼学思想乃至朱子学体系中的定位问题）、传播（东亚各国的《家礼》传播以及版本、文献相关研究）以及具体思想家对于《家礼》之实践与思考等角度，做出了多方位的详细考察。

3. 小仓纪藏《入門 朱子学と陽明学 》（朱子学与阳明学入门，筑摩书房，2012年）

作为启蒙性读物，该书以非专业人士为对象，对中国的儒教以及朱子学、阳明学进行了介绍与解读。该书一开始就强调士大夫阶层阅读古典之快感，以及儒教之生生世界观，与近年来研究开始强调儒教之宗教性的潮流一致的同时，小仓特别注重道德能量（energy）、美意识等，这可能与其对法国哲学家柏格森的偏爱有关。另外，小仓特别指出，儒教的鬼神观很重要，并将生命哲学等西方思想的要素进行融合，提出了其独到的见解。

二、研究论文

1. 小路口聪[1]**《朱熹の「慎独」の思想》（朱熹的"慎独"思想，《东洋大学中国哲学文学科纪要》第20号，2012年，第35-83页）**

该文以《大学》以及《中庸》中的"慎独"思想为核心，在关注层面上更兼顾到本体论层面与工夫论层面的整合、经书之间的体系性整合的朱子学特点。文章首先以对佛教的批判意识开题，并联系到程颢的论天道之"纯亦不已"，而天道之连续不间断性正是天之所以为"诚"的表现，人之生命与本质都由天赋予，故最终之境界也应当是与天一样的连续不间断的"纯亦不已"，而要达到这一点，就需要做"慎独"的工夫。在《大学》中，"慎独"属于"诚意"之工夫，作者分别分析了"自欺"和"自慊"，指出朱熹强调了非为他人的自足性状态（"为己"与"为人"）。这种无待于外的工夫必定最终归结到自己当下一念之发动，由此文章过渡到对一念之"几"、也就是一念刚出现之瞬间的分析，学者往往能明辨善恶，但是当下无法做到百分之百的"好善恶恶"，此即是"自欺"，就是"不诚"，就是与道体不相似。作者接下去进一步对《中庸》的"慎独"工夫进行了介绍，指出"戒慎恐惧"与"慎独"在朱熹的工夫论体系中的不同意义，前者指向"未发"工夫，后者是"一念萌动"之处的"已发"工夫，但不论已发未发，都当戒慎恐惧，如此方能做到工夫之连贯性。作者最后指出，王阳明的"致良知"和王龙溪的"一念独知"思想都可以上溯到朱熹的"慎独"论上。

---

[1] 小路口聪，1958年生，东洋大学教授，文学博士。主要从事朱子学、陆象山以及阳明学的相关研究。主要著作《"即今自立"の哲学——陆九渊心学再考》（研文出版，2006年），论文有《王龙溪の"根本知"をめぐる考察——あるいは、"生"の哲学としての良知心学》（《阳明学》第18号，2006年）、《人に忍びざるの政とは》1—4（《东洋学研究》43—46，2006—2009年）等。

2. 马渊昌也[1]《宋明期儒学における静坐の役割及び三教合一思想の興起について》（宋明时期儒学的静坐之作用以及三教合一思想之兴起，《言语·文化·社会》第10号，2012年，第87-117页）

该文以"静坐"为题，研究范围从南宋时期开始直到清初，但又并不是一般意义上的泛泛之谈和资料汇编，而是围绕宋明儒者承认对静坐之收摄身心为有效手段的同时对静坐之"静"所可能指向的空虚寂灭之佛老路数又戒备很强，由此形成的朱子学与阳明学对静坐所采取的"不即不离"的暧昧态度作为讨论主轴。例如，明末东林党的高攀龙通过静坐而获得的工夫体验很有名，但是清初朱子学者陆陇其对此提出严厉批评，认为高攀龙和顾宪成等学者都陷入了佛老之道而背叛了朱子学。同时在论文后半段重点以明末"三教合一"思潮背景下对静坐的戒备相对放松，学者们对之前一直语焉不详的适合儒学的静坐如何可能的问题进行了思考与实践。并将王龙溪、颜均、袁黄和高攀龙的事例整合起来进行考察，指出高攀龙的"复七规"可能是儒学历史上首部完全不含佛教、道教色彩的儒学静坐的指导书。

3. 堀池信夫[2]《〈中国自然神学論〉の鬼神—ライプニッツの朱子解釈—》（《中国自然神学论》中的鬼神——莱布尼兹的朱子解释，《东洋研究》第184号，2012年，第1-26页）

作为欧洲最早的认真研究过中国哲学的西方哲学家，莱布尼兹以及其著作《中国自然神学论》是非常有名的。堀池的文章把考察重点放在

---

[1] 马渊昌也，1957年生。东京大学大学院博士课程（中国哲学·1988）、驹泽大学大学院博士课程（佛教学·2006）满期退学。1998年开始担任学习院大学外国语教育研究中心教授。马渊没有单著，2011年编辑出版了《東アジアの陽明学—接触・流通・変容》（东方书店，2011年1月）一书。论文则有《劉宗周から陳確へ—明代儒教から清代儒教への転換の一側面—》（《日本中国学会報》五三，日本中国学会，2001年）、《明代後期における"気の哲学"の三類型と陳確の新思想》（收入奥崎裕司编《明清とはいかなる時代であったか》（汲古书院，2007年3月）等。

[2] 堀池信夫，1947年生，筑波大学名誉教授，研究领域非常广泛。著作有《漢魏思想史研究》（明治书院，1988年）、《中国哲学とヨーロッパの哲学者》（上下两卷，明治书院，1996、2002年）、《中国イスラーム哲学の形成——王岱輿研究》（人文书院，2012年），编著有《中国のイスラーム思想と文化》（勉诚出版，2009年）、《知のユーラシア》（明治书院，2011年）等。

宗教观上，他指出，当时的天主教会认为以朱子学为核心的中国哲学是无神论，由此凸显出基督教之上帝才是唯一之神的正统性。但是在1687年，Couplet出版了《中国哲学者孔子》，书中以张居正的朱子学解释为焦点，认为朱子学是有神论，这种观点很大程度上影响了当年就阅读到该书的莱布尼兹。莱布尼兹在完成《单子论》之后的1715年写下了《中国自然神学论》，其主张朱子学为有神论之动机有两点：其一，"至高神"（至高单子）和上位"天使"（被造单子）分别对应于中国的"一者"与"鬼神"，由此莱布尼兹证明了自身的哲学体系的普遍性；其二，莱布尼兹通过有神论的主张而间接支持耶稣会，反对正统的罗马天主教会。事实上，莱布尼兹对朱熹的"鬼神论"的分析，尤其是强调鬼神虽然是二气之良能，但同时超越于气的"生气"（la vigueur）、"活力"（l'activité），以及"祭祀"之场与鬼神的紧密联系，即便放在当代众说纷纭的"朱熹鬼神观"理解之中，依然有其重要的参考价值，莱布尼兹之思想敏锐性由此可见一斑。

4. 牛尾弘孝[1]《朱子学における静坐・居敬の解釈をめぐって（補編）》（关于朱子学的静坐与居敬的解释（补编），《中国哲学论集》37、38合并号，九州大学中国哲学研究会，2012年）

该文探讨了朱子学的静坐与居敬的理解问题。首先，文章列举了吾妻重二的《静坐とは何か》和中嶋隆藏的论文的观点，认为两者固然在观点上有所不同，但都认为朱熹的静坐是"精神安定"的手段与修养方法。牛尾认为，吾妻将儒者的静坐分为"精神安定之手段"和"求得内在之自觉或者自我觉醒"，这种区分在实践上是否可能是值得怀疑的，并尖锐地指出，此区分以"朱熹的静坐并不指向宗教体验"为前提，但

---

[1] 牛尾弘孝，九州大学文学硕士，现为大分大学教育福祉科学部教授。著作有《叢書日本の思想家13 浅見絅斎・若林強斎》（明徳出版社，1990年）、《傳習録索引》（共著，研文出版，1994年），论文有《楊慈湖の思想：その心学の性格について》（《中国哲学论集》，九州大学，1975年）、《朱子学における"静坐・居敬"の解釈をめぐって》（《中国哲学论集》，2008年）等。

是究竟什么是"宗教体验"，吾妻并没有给出说明。牛尾接下来以荣格研究专家汤浅泰彦以及宗教哲学研究大家井筒俊彦为例，向我们展示了以"宗教体验"为核心的朱熹静坐观认识。汤浅和井筒都借用了分析心理学专家荣格（C. G. Jung）的"表层——深层"心理学理论，认为程朱所讲的静坐等工夫论都有独特的心理经验为前提，而绝非单纯的文献分析所能理解。牛尾指出，上述两者的解释除了岛田虔次之外，中国思想研究者几乎未给予任何关注。第二章探讨朱熹的"居敬"观。吾妻在《居敬前史》中提出两个观点：①朱熹之"敬"是"心理之紧张状态"，是无对象性的，②这种对"敬"的把握与古代儒教是相通的。牛尾首先指出，古代儒教之"敬"都是针对鬼神或者祖先，而不是"无对象性"。其次，牛尾认为朱熹的"敬"是有对象的，这个对象就是"天理"。确实在文集以及语类等文献中，我们无法找到"敬理"或者类似的说法，但是牛尾指出，在《论语集注》的"畏天命"段落，朱熹解"天命"为"天所赋之正理"，并且"大人"与"圣人之言"也是"天命之所畏"，而朱熹又曾说过"敬是畏谨"、"敬只是一个畏"，那么显然可以有以下推论：敬=畏=畏天命=畏天理。

5. 木下铁矢[1]《「仁義礼智信」か「仁義礼智」か——現在の朱子学理解を問う》（"仁义礼智信"还是"仁义礼智"？——对当今朱子学理解之疑问，《吉田公平教授退休纪念论集》，研文出版，2013年）

木下近几年来一贯地批判岛田虔次[2]的朱子学理解，在木下看来，

---

[1] 木下铁矢，1950—2014年，1979年京都大学文学研究科博士课程修了，历任冈山大学文学部教授、综合地球环境学教授，朱子学研究专家。著作有《「清朝考証学」とその時代——清代の思想》（创文社，1996年）、《朱熹再読——朱子学理解への一序説》（研文出版、1999年）、《朱子学の位置》（知泉书馆，2007年）、《朱子——〈はたらき〉と〈つとめ〉の哲学》（岩波书店，2009年）、《朱子学》（讲谈社，2013年）以及论文若干。

[2] 岛田虔次的书虽然国内翻译不多，但最有名的《中国における近代思惟の挫折》很早就出版，之后的沟口雄三出来批判岛田的欧洲中心主义以及岛田的反驳等，也逐渐为大陆读者所熟知。不过，"挫折"说主要讨论的对象是明代的阳明学以及李卓吾这样的"异端"，就朱子学研究而言，最有名的还是《朱子学と陽明学》（岩波书店，1967年）一书，该书从1967年第一次印刷开始，到2011年为止已经是第39次印刷，其影响力可见一斑。岛田对朱子学以及阳明学的理解、包括岛田对《四书》的解读，在日本至今仍占据统治地位，打个不很恰当的比方，他的地位近似于牟宗三之于大陆、台湾的宋明理学研究。

由于岛田式解读的重大偏差，时至今日，日本的朱子学研究对朱熹都普遍存在严重的误读。就朱子学而言，最核心的概念无疑是"性"与"理"，朱熹继承二程的观点，主张"性即理"，而对于"理"，在后文还会提到，无论是中国还是日本，都存在很多种解释，但就"性即理"这一命题而言，绝大多数研究者都偏向于从"本质"（essence）上去进行理解。木下认为，这种"本质"论属于经院哲学所讨论的"本质存在"（essentia）与"事实存在"（exsistentia）之范畴中的"本质存在"：本质存在是"某物是什么"，亦即是说面前某物究竟是桌子还是椅子，而事实存在说的是某物是否实际存在，如面前是否有一张桌子。那么，朱熹所说的"理"就成为区分"人"与其他类别的"本质"所在。但是，木下仅举了一例，就动摇了上述看似理所当然的解释：在《孟子·离娄下》中，朱熹如此解释孟子的"人之所以异乎禽兽者几希"："人物之生，同得天地之理以为性，同得天地之气以为形。其不同者，独人于其间得形气之正，而能有以全其性，无少异耳。"朱熹明确指出：人与物同得"天地之理"，理无所谓完全不完全，区别就在于人与物得到"天地之气"是不同的，人能得"形气之正"，故能"全其性"而已。用"气"来解释人与其他生物之不同固然可行，但朱熹仍然需要解释：同样作为"人"，人与人之间何以存在着先天或者后天的巨大差距？木下引用了岛田的说法，岛田认为："五行"（金木水火土）对应"五常"（仁义礼智信），既然万物之基本组成都是"五行"，那么五行之间的比例差异就决定了即便同样是"人"，如果"木气"盛则性格偏于"仁"，"火气"盛则偏向"礼"。由此，木下认为，岛田依然是在主张"理"之本质主义论。在之后，木下还针对岛田之说法，提出"性=理"的内容究竟是"五常=仁义礼智信"还是"仁义礼智"的问题，并依据朱熹文献的检索结果以及理论分析，论证了晚年朱熹是站在"仁义礼智"一边理解"性=理"的立场。

6. 辻井义辉《朱熹哲学における感応と理》（朱熹哲学中的"感应"与"理"，东洋大学中国哲学文学科纪要第二十一号，2013年，第219-244页）

该文研究的对象是老生常谈的朱子学之"理"。在简单介绍了日本学界的若干种解释之后，辻井特别推崇木下铁矢的看法，木下将"理"理解为"元→亨→利→贞"之顺次展开旋律（rhythm）、将"性"理解为"活动程式（program）"，辻井此文即以"阴阳"为线索来证成木下之理解。首先，朱熹认为，天下之物都是"有阴有阳"、"有动有静"，阴阳之间既相互转化，也相互抗争，是极具动态的。那么，何以阴阳会如此运作？那自然是因为有"阴阳之理"。论文后半部分以"感应"为研究对象。辻井注意到，朱熹强调感格之重要性，并指出："此'感'并不只是从外部进行作用，而是能深入到对方的内部而作用，换句话说，是'唤起'、'引起'之意味"（第238页）。当然，这一点在实践上更重要，儒家主张父慈子孝，父之"慈"能够"感"化子女，而子女由此而唤起自身本有之孝心，与此同时，"'应'在作为'应'而作用时，同时也在'感'对方"（第239页）。

7. 福谷彬《『資治通鑑綱目』と朱子の春秋学について——義例説と直書の筆法を中心として》（《资治通鉴纲目》与朱子的春秋学——以"义例说"和"直笔"书法为中心，《东方学》第一百二十七辑，2014年，第66-82页）

朱熹本人一直反对"一字之褒贬"那样的穿凿附会，认为孔子是依据鲁史而"直笔"写成，否定"义例说"，而另一方面，在《资治通鉴纲目》（以下简称《纲目》）中事实上却存在着大量褒贬的书写，福谷为了解决此矛盾，重新探讨了朱熹的春秋学观点。首先，福谷认为朱熹春秋学的独创性即是"义例说之否定"与"直笔说之提倡"（第67页）。但是，如果一味否认圣人褒贬之义，那么孔子修春秋的意义究竟何在就成了问题。因此朱熹说："春秋一发首不书即位，即君臣之事也。书仲子嫡庶之分，即夫妇之事也……一开首，人伦便尽在。"经文所记录之事件在朱熹看来，都是与人伦相关的教训，因此即便孔子不加一字之褒贬，其内容也已经有所谓"大义"在了。福谷总结道："通过记录事实，使得毁誉褒贬自见，与此同时，为了明此毁誉褒贬，而通过直书史实的记录者之作为，以上两点即是朱子所认为的'直笔之笔法'。"（第73页）其次，通过对于"凡例"的考察，福谷证明了《纲目》之编纂与朱熹春秋学有密切的关联。朱熹还从其他史书中吸收"直笔"之写法。例如《后汉书》中对于曹操而书"夏五月丙申，曹操自立为魏公"，朱熹就很称许，他对于《通鉴》中的"夏五月丙申，以冀州十郡封曹操为魏公"的"封"字很不以为然，并在《纲目》凡例之"篡贼"条目中写道："至王莽、董卓、曹操等自得其政，迁官，建国，皆依范史，直以自为自立书之。"福谷认为，这并不是朱熹本人下褒贬之意，而只是参取"史法之善者"。

8. 中纯夫[1]**《本末格物说考》**（本末格物说考，《日本中国学会报》第六十二集，2010年）

从朱熹作《大学》补传开始，对于《大学》的"格物"究竟应当如何理解就一直是聚讼不止的话题，以致在明代出现了黄宗羲所谓七十二家"格物"说的程度。中纯夫在该文中对于宋明时期的"格物"说进行了系统的整理，非常具有参考价值。对于《礼记·大学篇》的"格物"应该如何解释，历来是众说纷纭。代表性的无疑是朱熹的训"格"为"至"，训"物"为"事"，而王阳明则以"格"为"正"，"物"为"意之所在"，除此之外，王心斋以大学本文的"物有本末"训"物"的所谓"淮南格物说"非常有名（但事实上在王心斋之前就有人如此解释，朝鲜儒学也是），中纯夫即对明末的"本末格物说"进行了系统性的整理，并分出"以格物为本"（王柏）、"以致知为本"（冯从

---

[1] 中纯夫，京都府立大学教授，主要研究阳明学，近年来开始转向朝鲜儒学以及朝鲜阳明学之研究，代表著作有《朝鮮の陽明学——初期江華学派の研究》（汲古书院，2013年）等。

吾）、"以诚意为本"（黎立武、袁俊翁、罗汝芳、刘宗周、毛奇龄、汤斌、朱鹤龄）、"以修身为本"（王艮、蒋信、王栋、耿定向、章潢、姚舜牧、李颙）四大类。中纯夫指出，本末格物说之意义首先就在于将"八条目"视为本末终始之次序，在此情形下，将"格物"视为"本"并不符合逻辑，"致知"的情形也是一样，因此只有王柏和冯从吾分别以"格物"和"致知"为本，是毫不奇怪的，而"诚意为本"和"修身为本"在逻辑上都能说通。另外，《大学》之文本在明代的主流至少有①《大学章句》②大学古本③（伪）石经大学三种，从理论上说三种版本都能得出本末格物说之结论，但在依据《大学章句》的情况下，与朱熹的传第五章之格物解释必然会产生冲突，而事实表明也是如此，不过，对于即物穷理之说，给予肯定性评价的并不少，由此可见，即便否定朱熹的经书解释，也并不意味着否定其工夫论；相对而言，阳明学出现之后的十四例中，十一例对良知说采取肯定之立场。

三、综述

通过上文之介绍与分析，笔者认为可以大致归纳出如下特点：

1. 研究方法与关注焦点非常分散与多样化，但是并没有出现新的方法论或体系性构造的研究。

2. 绝大多数研究都秉承日本中国学研究的优良传统，以扎实的文献资料为基本来展开论述，很少有浮夸之言辞。

其次，近几年来，不仅是朱子学研究，整个近世思想研究的领域都逐渐把目光转向广阔的"东亚"视野。进一步可以分为两大领域：

1. 中国的近世儒学如何在东亚其他国家之间传播和流通（版本与文献考证为主）；日本、朝鲜等国家在官方层面如何看待朱子学与阳明学（政治、文化、社会层面）；民间以及思想家如何看待朱子学、阳明学（思想、哲学、文化）。

2. 直接研究日本、朝鲜的近世儒学思想与文化，或者相应地进行比较思想研究。

当然，这两者之间存在着交叉的情况，如日本朱子学者如何实践"家礼"就是如此，但大致上第二块研究课题不是什么新的领域，战后日本和韩国都有相应的研究，只是在过去的话中国朱子学研究者很少关心日本、韩国的朱子学，而这几年则不然，研究者的核心人物均不同程度地转向上述两大领域的研究：吾妻重二的研究先前已经介绍过，不再赘述；市来津由彦则参与了小岛毅等人组织的"宁波计划"，并编辑出版了《江戸儒学の中庸注釈》（汲古书院，2012年），马渊昌也则在2011年编辑出版了《東アジアの陽明学——接触·流通·変容》（前引）；其他朱子学研究的重镇，如大东文化大学的三浦国雄近年来在研究日本朱子学（山崎暗斋门派）；土田健次郎则很早以前就开始关注日本思想史研究和现实问题，最近还出版了《"日常"の回復：江戸儒学の"仁"の思想に学ぶ》（早稻田大学出版社，2012年4月）。

在结束本文之前，笔者还想介绍一下已经于2010年逝世的日本著名学者沟口雄三。沟口的著作这几年在中国已经陆续出版，虽然笔者没有翻看过所以不知道具体翻译水平如何，但是从翻译的速度之快就可以看出大陆对沟口的重视程度。沟口确实没有一部朱熹或者朱子学的专著，其成名作《中国前近代思想の屈折と展開》（东京大学出版会，1980年）也没有专门讨论过朱熹，但沟口在1987年与日本思想史专家相良亨共同合作的中日概念史比较研究非常著名。沟口作为中国思想的研究者分析了《中国の『理』》（《文学》第五五卷·第五号，1987年）、《中国の『天』》（上·下）（《文学》第五五卷·第十二号、1987年，第五六卷·第二号，1988年）以及"心"、"自然"等观念的演变，特别是沟口对宋明时期的"理"以及"天"的解读，认定朱熹的"天"就是"理法化"之天，这些对于日本的朱子学研究都具有非常深远的影响。在这之后，沟口又和其弟子伊东贵之以及近代史大家村田雄二郎共同编写了《中

国という視座》一书，沟口在书中基本上重复了他先前的朱子学解读。

　　沟口对朱子学做出的另一个巨大贡献，就是2007年开始由他所发起和倡导的《朱子语类》的日文翻译活动。本来，沟口从20世纪80年代就开始自行组织语类的翻译会，20年之后，这当中的年轻一代成长而成为中坚力量（垣内景子、恩田裕正等），而沟口则对全国学者发起了号召，呼吁将这个东亚世界过去的共同遗产进行现代日语的翻译。因为《语类》中牵涉到政治、文化、历史等各个方面的内容，需要广泛的文化工作者的参与与投入。我们很难想象沟口等人是花了20年时间才翻译出《语类》的前三卷，更难想象若没有沟口这样有威望与人脉的学者的呼吁，《语类》之翻译几乎不可能。当然，因为有了先前的翻译经验之积累，加之全国范围内的思想史研究者的全面参与，我们期待着能在二三十年之后见证这一百四十卷之翻译大业的完成。或许有些学者会感到不解，觉得翻译工作不过是给看不懂中文的人看的东西，实则不然。《朱子语类》本身属于语类体，看似通俗易懂，实则一方面对话中掺杂了不少方言，另一方面朱熹所使用的词汇与某些概念并不容易理解。在很多情况下，正因为使用的都是看似通俗的词汇，研究者往往会容易忽略其中所隐含的朱熹的特有思维。正确翻译语类的前提是对内容的精准把握，这是非常需要花工夫和心思的。因此某种程度上可以说，对语类的翻译本身就是一种"解读"与"理解"，尽管解读本身未必一定是唯一的。

　　以上就日本2011—2013年的朱子学研究做了简单介绍与评价。由于笔者之学识限制，难免挂一漏万，敬请谅解为感。

附录

2011—2013年日本的朱子学研究论文目录

1. 辻井义辉《朱熹哲学における心と気の流れをめぐる問題——気質論と心性論との橋梁》(《白山中国学》17号，白山中国学会，2011年1月)

2. 吾妻重二《朱熹の釈奠儀礼改革について——東アジアの視点へ》(《東アジア文化交渉研究》第4期，2011年3月，第3-10页)

3. 辻井义辉《朱熹の気質論——感じ、思考し、運動するメカニズム》(《東洋大学大学院紀要》47号，东洋大学大学院，2011年3月)

4. 辻井义辉《朱熹気質論における『心』の位置と役割》(《東洋学研究》48号，东洋学研究所，2011年3月)

5. 市来津由彦《朱熹の四書注釈における「解説」的言辞の特質とその形成》(《東洋古典学研究》第32期，2011年10月，第25-47页)

6. 木津祐子《『朱子語類』"有"構文における「存在」義》(《東京大学中国語中国文学研究室紀要》14号，2011年11月，第63-88页)

7. 辻井义辉《朱熹哲学における"知覚"論》(《白山中国学》18号，白山中国学会，2012年1月)

8. 小路口聪《朱熹の「慎独」の思想》(《東洋大学中国哲学文学科紀要》第20号，2012年，第35-83页)

9. 马渊昌也《宋明期儒学における静坐の役割及び三教合一思想の興起について》(《言語・文化・社会》第10号，2012年3月，第87-117页)

10. 辻井义辉《朱熹哲学における心の様態観》(《東洋大学大学院紀要》48号、东洋大学大学院，2012年3月)

11. 堀池信夫《〈中国自然神学論〉の鬼神—ライプニッツの朱子解釈—》(《東洋研究》第184号，2012年7月，第1-26页)

12. 辻井义辉《朱熹哲学における"主宰"論——関係性と主体的責任をめぐる問い》(《日本中国学会报》第4集，2012年10月，第150-170页)

13. 尾弘孝《朱子学における静坐・居敬の解釈をめぐって（補編）》(《中国哲学论集》37、38合并号，九州大学中国哲学研究会，2012年12月，第58-82页)

14. 中嶋隆藏《朱子の静坐観とその周辺》(原文刊载于《东洋古典学研究》第25集，后收录于《静坐》，研文出版，2011年)

15. 井川義次《若きライプニッツと朱子の邂逅：シュピツェル〈中国文芸論〉をめぐって》(堀池信夫编《知のユーラシア》收录，明治书院，2011年7月)

16. 中島隆博《小人がもし閒居しなければ——朱熹の思想》(原文刊载于宫本久雄等编《公共哲学の古典と将来》，东京大学出版会，2005年，后收录于个人论文集『共生のプラクシス——国家と宗教』，东京大学出版会，2011年10月)

17. 木下铁矢《「仁義礼智信」か「仁義礼智」か——現在の朱子学理解を問う》(收录在《吉田公平教授退休記念论集》，研文出版，2013年)

18. 牛尾弘孝《朱熹の鬼神論の構造——生者と死者をつなぐ領域》(同上)

19. 辻井义辉《朱熹哲学における感応と理》(东洋大学中国哲学文学科纪要第二十一号，2013年)

20. 辻井义辉《朱熹の「おのづから」の哲学》(白山中国学第19期，东洋大学中国学会，2013年1月)

21. 福谷彬《孔孟一致論の展開と朱子の位置——性論を中心として》(日本中国学会报第六十五集，2013年)

22. 福谷彬《『資治通鑑綱目』と朱子の春秋学について——義例説

と直書の筆法を中心として》（东方学第一百二十七辑，2014年）

朱子学相关著作目录

1. 高梨良夫《エマソンの思想の形成と展開——朱子の教義との比較的考察》（金星堂，2011年4月）
2. 吾妻重二、朴元在编著《朱子家礼と東アジアの文化交渉》（汲古书院，2012年3月）
3. 陶德民、黄俊杰、井上克人编《朱子学と近世・近代の東アジア》（台湾大学出版社，2012年3月）
4. 小仓纪藏《入門 朱子学と陽明学》（筑摩书房，2012年12月）
5. 木下铁矢《朱子学》（讲谈社，2013年）

（作者单位：武汉大学国学院）

韩国诗话中的韩愈诗歌研究

薛茜严

摘要：本文在对韩国诗话中的韩愈诗歌研究情况进行总体概述的基础上，选取了韩国诗话中韩愈诗歌研究方面颇具特色的三个问题，即"基韩范杜"学诗准则的内涵和意义、韩愈诗歌的用韵特点以及韩愈联句诗的创始性意义，据此对比了中、韩诗论中的相关论述，阐述了中韩诗家在评论上述三个问题时的异同之处，进而窥探韩国诗家在评述韩愈总结中韩学者在韩愈诗歌研究方面的得与失。

关键词：韩愈　韩国诗话　基韩范杜　联句诗

引言

自古以来，中国与朝鲜半岛在经济、政治、文化等方面有着密切的往来，据韩国学者赵钟业统计，从朝鲜高丽朝到李朝，韩国诗家共创作了诗话作品117部[1]。由于中国与朝鲜半岛之间的密切交往，中国各个时期的诗歌理论也都及时传入韩国，对韩国的诗学发展产生了重要影响。韩国学者在诗歌批判方法、诗学观念以及诗歌审美情趣上都与中国诗学保持着很大的相似性。韩国诗话作者经常在其作品中品评中国诗人、探讨中国诗论中的诗学观念，其中不乏真知灼见，为中国诗学、诗论的研

---

[1] 赵钟业：《中日韩诗话比较研究》，台北：学海出版社，1984年，第227页。

究提供了重要的参照。

本文题目中的"韩国诗话",是目前学界比较流行的说法,"韩国"并非政治地理意义上的韩国,其范围涵盖了朝鲜、韩国在内的朝鲜半岛及其附属岛屿,所论及的诗话包括自朝鲜高丽、李朝至今数百年间的作品,亦可称为"朝鲜诗话"。

一、"基韩范杜"的学诗准的

清代诗论家叶燮在《原诗》中评价韩愈:"唐诗为八代以来一大变。韩愈为唐诗之一大变;其力大,其思雄,崛起特为鼻祖。"[1]韩愈的诗歌是对之前既有诗风的一种反拨和创新,其倡导的诗学观念及其诗歌创作实践都对后世产生了深远的影响。由于韩愈在诗歌创作上激进的态度和对诗歌规则的打破和挑战,招来后人的颇多诟病。如宋代沈括就曾经批评韩愈的诗歌"乃押韵之文耳,虽健美富赡,而格不近诗"[2]。反对韩愈诗歌的人自然不会主张向韩愈学习,但赞扬韩愈诗歌的人也认为韩愈的诗歌是不可学的,如陈师道在《后山诗话》中指出:

> 学诗当以子美为师,有规矩可学。退之于诗,本无解处,以才高而好尔。渊明不为诗,写其心中之妙尔。学杜不成,不失为工。无韩之才与陶之妙,而学其诗,终为乐天尔。[3]

陈师道这段话集中讨论了杜甫、韩愈、白居易三位风格不同的诗人,总体来看,陈师道推崇杜、韩而贬乐天。他认为学诗应该以杜甫为目标,即使学杜不成,格律也是工整的。但韩愈的诗歌并无章法可言,如果学习不好,便沦为白居易的浅显。陈师道关于韩愈诗歌与杜甫诗歌

---

[1] 王夫之等撰:《清诗话》(下),上海:上海古籍出版社,1978年,第570页。
[2] 何文焕辑:《历代诗话》,北京:中华书局,1981年,第323页。
[3] 何文焕辑:《历代诗话》(上),北京:中华书局,1981年,第315页。

的观念很具有代表性,韩愈诗歌偏于"险怪",大多数文人仅止于欣赏与赞叹,很少付诸实际去模仿学习,但韩国文人却把韩愈作为初学诗之人的启蒙作者,这一点十分值得探讨。

古代韩国对中国诗学的崇尚经历了一个流变的过程,自新罗至高丽之初,诗坛崇尚唐诗,推崇李白、杜甫、韩愈和柳宗元。到高丽中、末叶则转向宗宋,主要是推举苏轼,直到李朝中期,与明代七子"诗必盛唐"相呼应,又转而宗尚杜甫[1]。韩愈是较早受到极力推崇的唐代诗人,当时的诗家给予韩愈诗歌很高的评价,如高句丽文人崔滋的《补闲集》云:

> 诗则《文选》、李、杜、韩、柳。[2]

认为唐诗之中韩、柳与李、杜并尊,代表了唐代诗歌的最高成就。又载:

> 古人云:"学诗者,对律句体子美,乐章体太白,古诗体韩苏。若文辞,则各体皆备于韩愈文章,熟读深思,可得其体。"[3]

虽然不知古人是谁,这种分类学习显然是学诗的传统,并且崔滋认可这种说法,认为韩愈的"古诗体"以及韩愈文章中的"各体"已经共同成为当时文人们学习和创作的典范。事实证明,不仅是其"古体诗",韩愈的律诗创作在当时也为文人争相仿作的对象。后来,哪怕在抑唐尊宋的朝鲜中期以前,仍有许多诗家力推韩愈诗歌,如沈守庆《遣闲杂录》载:"余少时,士子学习古诗者皆读韩愈诗歌东坡,其来古

---

[1] 任范松、金东勋编:《朝鲜古典诗话研究》,延边:延边大学出版社,1995年,第9页。
[2] 蔡美花、赵季编:《韩国诗话全编校注》(第1册),北京:人民文学出版社,2012年,第112页。
[3] 蔡美花、赵季编:《韩国诗话全编校注》(第1册),北京:人民文学出版社,2012年,第81页。

矣。"[1] 可见学韩的传统并未随着诗坛风尚的转变而消失，韩愈及其诗歌在韩国诗坛具有绝对的影响力。

"基韩范杜"的说法首见于李植的《学诗准的》，李植是朝鲜中期颇有名气的学者，精通汉文学。《学诗准的》篇幅很短，主要讨论学诗的根本，亦论及各种诗体的创作，推崇杜诗为最高，对于韩愈诗歌评价并不高。"基韩杜范"是其记载的车天辂、李安讷等诗人的学诗主张，其文曰：

> 近代学者学诗或以韩愈诗歌为基，杜诗为范，此五山、东岳所教也。

"五山"即车天辂，朝鲜王朝明宗（1545—1567）时期的文学家，其诗文皆负盛名，因为负责发往明朝的外交文书的撰写，有"东方文士"的美称。《芝峰类说》载："车五山之亡也，柳西坰根为《挽诗》，一联云'老庄马史偏多读，李杜韩愈诗歌最熟精'。"[2] 李晬光与其交往甚密，《挽诗》中称其博采李、杜、韩三家之长的观点也比较准确。今人研究车天辂的汉语诗歌，认为创作风格多变，主要学习了李白豪放浪漫的气质、杜甫律诗的手法以及韩愈"不平则鸣"的创作态度和诗风"怪"的一面[3]。车天辂所处的时代环境与生存环境都很复杂，想要施展抱负，一展才华，必定要用一种不同于常理的创作手法以引人注意，再加上其晚景凄凉，与韩愈的诗论及人格气质亲近也在常理之中。此外，《车天辂汉诗研究》中还梳理了大量其诗歌中化用韩愈诗歌的语句[4] 以及一些直接引用韩愈诗歌原句[5] 的例子，可见车天辂对韩愈诗歌

---

[1] 蔡美花、赵季编：《韩国诗话全编校注》（第1册），北京：人民文学出版社，2012年，第586页。
[2] 蔡美花、赵季编：《韩国诗话全编校注》（第2册），北京：人民文学出版社，2012年，第1329页。
[3] 详见王国彪：《车天辂汉诗研究》，中央民族大学博士学位论文，2010年，第160页。
[4] 详见王国彪：《车天辂汉诗研究》，中央民族大学博士学位论文，2010年，第168页。
[5] 详见王国彪：《车天辂汉诗研究》，中央民族大学博士学位论文，2010年，第162页。

的学习从精神气质到遣词造句，是比较彻底的。另外值得注意的是，李植、李晬光虽然均记载车天辂偏爱韩愈诗歌，但在其撰写诗话作品《五山说林》中并未发现探讨韩愈诗歌的文字，只有释义韩愈文章《徐偃王庙碑》的文字若干。笔者认为这不能作为反驳其对韩愈诗歌不够重视的论据，因为这与《五山说林》闲谈、稗说性的文体属性有关。韩国诗话中早期作品的成书、撰写深受欧阳修《六一诗话》影响[1]，往往表现为"闲谈"的随笔体式。《五山说林》虽成书稍晚，但其漫谈的风格也十分明显，其中杂论中韩愈诗歌文，或记事，或论人，或考辨词源，或赏析诗句，内容驳杂，无脉络可循。书中涉及李、杜诗歌的内容也多属词句释义、就事论事之语，很少表露其诗学主张。

李植提到的"东岳"即李安讷，时代稍晚于车天辂，是朝鲜中期的代表诗人，他精通道学，擅长文辞，尤善诗歌。李安讷直接提出了"基韩范杜"的诗法主张，认为自己的诗歌创作杜甫、韩愈是师承的关系，学诗应先学韩愈再至杜甫。他认为韩愈诗歌的气象是对杜甫诗歌气象的更新，但是韩愈诗过于奇异，所以应该先学习韩愈诗的气象，而不是学习其奇异，然后再学习杜甫的雄浑和沉郁，最后才能达到诗歌的最高境界。韩国学者具本铉指出："李安讷学习韩愈诗作的字法、句法和意境，呈现"以俗为雅"、"以文为诗"的特征。李安讷向韩愈学习，常常把较少用于诗歌的助词和俗语写进诗歌之中，也在诗歌中运用数字、干支和方位等。此外，李安讷常常使用意境优美的虚字作为诗眼，采用较为陌生的、创新性的比喻。"[2] 体现在其诗歌创作中，如《六月初二日戊辰，次碧蹄，翼日己巳，次坡州，戏赠追送诸君》：

---

[1] 任范松、金东勋编：《朝鲜古典诗话研究》，延边：延边大学出版社，1995年，第2页。
[2] 〔韩〕具本衒：《李安讷学习韩愈和杜甫诗的实相和意味》，《汉文古典研究》（第14卷），2007，第309-338页：이안눌이 한유를 배운 사실은 字法，句法，意境 등에 나타나는 "以俗爲雅"，"以文爲詩"의 특징에서 찾을 수 있다. 한유는 서어로 잘 쓰이지 않던 助詞와 俗語를 시어로 활용하는 면모를 보여주었다. 숫자, 干支, 방위 등을 시어로 쓴 것 역시 이와 유사하다. 의경에 있어서는 虛字를 단련하여 詩眼으로 삼는 방식이나 낯설면서도 참신한 비유 등이 특징이 된다.

> 六十二岁头如雪，正值三伏苦炎热。高卧深檐广厦里，病暍尚忧呀不起。驱驰况作朝天行，水陆七千三百里。七千三百里中间，水多蛟鳄陆蛇豕。去亦如此来如此，嗟嗟故人其何似。[1]

此诗有明显上文陈述的"以俗为雅"的特点，"水路七千三百里"和"七千三百里中间"等句十分口语化，平白浅显。而"高卧深檐广厦里，病暍尚忧呀不起"一联略有杜诗的沉郁之风，"水多蛟鳄陆蛇豕"则只是体现了韩愈"奇崛"诗风为其诗歌染上的一点"奇异"的色彩。

不难看出，虽然同是主张"基韩范杜"，车天辂与李安讷对韩愈的接受的侧重点却不相同，李安讷主要是从韩愈诗歌的"以俗为雅"方面来谈"基韩"的问题。盛唐以来，诗歌发展至韩孟诗派，气象为之一变，从"盛唐气象"的博大、雄浑、深远、超逸，转向雄奇、怪异，诗歌体裁内容也得到了一定程度上的扩充，李安讷选择了韩愈诗中比较平和的部分去学习，这说明其个人更倾向于杜甫的诗风。

除了韩愈诗歌的气象、风格，韩愈诗歌的格律也是文人竞相模仿学习的对象。李植的诗学主张以杜诗为最高，虽对韩愈诗歌评价不高，认为"惟晚学笔退者，抄读百余遍，则如敬字之补小学功，容可救急得力。若才学俱赡者，不必匍匐于下乘也"[2]，但在谈到律诗创作时，也称赞韩律值得学习。《学诗准的》载：

> 石洲虽终学唐律，初亦读韩。崔孤竹末年才涸气萎，亦读韩愈诗歌。吾虽学浅，殊不欲读韩。既被诸公劝诱，熟观一遍，其律觉固唐格也，不妨与杜诗并看。排律虽当以杜诗为主，然甚无次第，不可学。学短篇绝妙者且不易学，需参以韩、柳律，以为准的。[3]

---

[1] 林基中编：《燕行录全集》，首尔：韩国大学东国大学校出版部，2001年，第342页。
[2] 蔡美花、赵季编：《韩国诗话全编校注》（第2册），北京：人民文学出版社，2012年，第1544页。
[3] 蔡美花、赵季编：《韩国诗话全编校注》（第2册），北京：人民文学出版社，2012年，第1544页。

石洲即朝鲜李朝前半期最杰出的汉文诗人权鞸，崔孤竹即"三唐诗人"之一的崔庆昌，二人均以诗才闻名，尤其是崔庆昌，早年宗宋，后为诗坛转而宗唐起到了关键性作用，在其才气渐衰之时向韩愈诗歌寻求灵感出路，想必也是看中韩愈诗歌的奇异。李植虽认为杜律成就最高，但因无章法可循，不可学，若想有所进益，还要以韩、柳律为准的。

综上所述，古代韩国文人对韩愈诗歌的学习经历了从早期但学韩愈诗歌"古体"到后来的"基韩范杜"的变化过程。"基韩范杜"是一个相对宽泛的概念，并没有偏重韩愈诗歌某一方面的特征集中探讨，而是从韩愈的诗歌主张、风格、气象、格律等多方面论述韩愈诗歌作为范本的基础性作用。虽然在古代韩国文人在韩、杜之中更推崇杜甫，但认为杜诗诗法难以复制，需以韩愈诗歌为基，后而学杜，此即"基韩范杜"的真意，也可总结为"先出韩而后入杜"。这便与陈师道等中国诗家的观念有着极大的不同。然而笔者认为，中韩文人在这一观念上的差异与韩国文学发展的阶段性和诗坛对唐宋诗歌的接受状况有关。韩国诗话中多处将李、杜、韩并列，在诗歌格律方面的讨论中杜、韩对举的情况也很多，韩愈自己的诗学倾向又是兼推李、杜，所以韩国诗家认为韩愈延续了杜甫的诗歌传统，当代韩国学者也认可这种说法，认为"韩愈诗歌作法的起源可以追溯至杜甫。即杜甫集前代诗歌之大成，韩愈继承并发扬了杜甫诗歌的传统"[1]。由此"基韩范杜"的提出也是一种宗唐崇杜的表现，是诗坛风尚转变中的一个必然。

二、韩愈诗歌的用韵特点

押韵，又称作压韵，是指把相同韵部的字放在规定的位置上，在诗

---

[1] 〔韩〕具本术：《李安讷学习韩愈和杜甫诗的实相和意味》，《汉文古典研究》（第14卷），2007年，第309-338页：한유 시 작법의 연원은 두보의 시에서 찾을 수 있다. 즉 위의 작법들 모두 두보의 시에도 보이는 것으로 한유가 이를 더욱 강조하고 확대하였던 것이다.

歌创作中，一般都使用韵母相同的字在偶句结尾处，使朗诵或咏唱时产生铿锵和谐感。唐代以前的古诗，格律用韵都比较自由，没有硬性的规定，而唐以后的近体诗却有着比较严格的格律要求，如律诗二四六八句必须押韵，绝句是二四句押韵，所押之韵必须要隶属于同一韵部，不能中途换韵、转韵，且只能押平声韵。所谓韵部，即是把韵母相同的字归于同一部类。古人通常使用官方颁布的专门指导押韵的书，如《唐韵》《广韵》等，但官韵中所记载的韵部都依据古音而分类，今天看来读音相同的两个字如"东"和"冬"，在古音官韵中是被分在不同的韵部的。古人作诗大多按照格律用韵的要求行事，除科举考试之外，为求语句自然，允许一两句诗偶尔出韵。韵律的和谐与韵字的选择除与作品内容直接相关外，往往还与诗歌所表达的感情密切相关，对诗歌韵律规则的遵从或打破，也能体现一个作者独特的写作风格。

韩愈诗歌饱受争议，素来以"奇险"著称，但其形成并不一蹴而就，而是经历了从"古朴自然"到"雄豪奇崛"[1]的发展变化的过程。钱仲联先生在《韩昌黎诗系年集释》中多处列举了前人对韩愈诗歌创作的风格演变的看法，认为在韩愈早期的诗歌创作中多取法汉魏，追慕高古诗风。而古体诗的韵律也比较自由，并不一定要押同一韵部的韵字，韵母相近的韵部韵字也可作为韵脚。诗歌发展至唐代，诸体皆备，唐诗在经历了李白与杜甫两位伟大诗人的洗礼之后，似乎难以再有提升和突破，在李、杜优劣难以区分之时，韩愈并推李、杜，并开始独辟蹊径，探寻诗歌创作风格的另外一种可能性，用他自己的话来说就是"我愿生两翅，捕逐出八荒。精诚忽交通，百怪入我肠"。[2] 韩愈这种"奇崛"、"险怪"诗风的开拓是十分刻意的自觉行为，在其诗歌的炼字体现为使用大量生僻、佶屈聱牙的字眼，在其用韵上，往往表现为对押韵规则的轻视与打破。这种藐视权威的做法，自然会遭受不少批判，但也不乏热烈的

---

[1] 钱仲联：《韩昌黎诗系年集释》（上），上海：上海古籍出版社，1984年，第4页。
[2] 钱仲联：《韩昌黎诗系年集释》（下），上海：上海古籍出版社，1984年，第989页。

仰慕者，欧阳修在《六一诗话》中便对韩愈独特的押韵手法予以赞扬：

> 此在雄文大手，固不足论，而余独爱其工于用韵也。盖其得韵宽，则波澜横溢，泛入傍韵，乍还乍离，出入回合，殆不可拘以常格，如此日足可惜之类是也。得韵窄，则不复傍出，而因难见巧，愈险愈奇，如病中赠张十八之类是也。余尝与圣俞论此，以谓譬如善驭良马者，通衢广陌，纵横驰逐，惟意所之。至于水曲蚁封，疾徐中节，而不少蹉跌，乃天下之至工也。[1]

欧阳公认为韩愈押韵偏爱走极端，"韵宽"、"韵窄"均能驾驭自如，并认为这种看似惊险的用韵方式，其实是"工于用韵"的表现。这种说法有一定的道理，韩愈数次参加科举，25岁进士及第，必然精通诗韵，唯其不愿蹈袭前人，诗才甚高，才能剑走偏锋，开辟出一条新路。欧公提到的《此日足可惜》一篇，全名《此日足可惜赠张籍》，是一首赠别抒怀诗，洋洋洒洒140句，是韩愈诗歌创作中较早出现的"奇险"风格五言古体诗。这类五古作品既继承了汉魏"高古"风格的诗之正统，又一反六朝以来的文风，是对唐诗诗风革新的大胆尝试。而此诗的用韵情况也比较复杂，中韩文人对此也有不同角度的分析，集中体现了韩愈"奇险"类作品的用韵特点。徐居正在《东人诗话》直接引用了欧公的观点：

> 至如昌黎，则傍出六七韵，乍离乍合，纵横泛溢，如《此日足可惜》一篇是已。[2]

李晬光与欧阳公意见相和，认为此诗体现了韩愈诗歌"奇险"的特

---

[1] 何文焕辑：《历代诗话》（上），北京：中华书局，1981年，第283页。
[2] 蔡美花、赵季编：《韩国诗话全编校注》（第1册），北京：人民文学出版社，2012年，第192页。

点，如《芝峰类说》载：

> 韩昌黎诗多险韵，殆不遗一字，所以示奇也。唯《元和圣德诗》杂用语御、麋遇、寄箇、有宥韵，《此日足可惜》诗散押东冬、江阳、庚青韵。亦犹兵家用奇，奇正杂出，乃所以奇也。[1]

而关于韩愈诗歌多押"险韵"，中国文人也有论述，如清方回道：

> 昌黎，大才也，文轻六经相表里，史、汉并肩而驱者。其为大篇诗，险韵长句，一笔百千字。而所赋一小着题诗，如雪如笋如牡丹樱桃榴花葡萄，一句一字不轻下。[2]

历来诗歌用韵，有常用韵字和生僻韵字之分，而所谓的险韵，即是避开常用韵字而使用生僻的韵字。《此日足可惜》诗中所用的韵字为：尝光方章行肠房城堂望荒猖常亡长旁江明光当煌鸣庭名成伤丧双床徨将丁忘声更狭城停冈僵舫狂轰翔航黄详芒童龙茫昂鸣疆兄殇阳粮凉情经听更京江逢丛穷狂乡。其中"猖"、"煌"、"僵"、"舫"、"轰"、"殇"、"徨"等字均为不常见的韵字。这些生僻韵字的使用本身便为作品增加了"奇"与"险"的气质，在险韵的更迭交替之后，又重新归于平和，使整首诗纵横泛滥，气势磅礴。

另有韩国文人成涉从"旁韵相通"的角度探讨了《此日足可惜》的用韵情况，其《笔苑散语》载：

> 古人于古诗通押旁韵，而或于长篇大作中不杂旁韵者亦有之。试举韩文公一二诗论之。则《谢自然》一篇中通押真文寒删先等

---

[1] 蔡美花、赵季编：《韩国诗话全编校注》（第2册），北京：人民文学出版社，2012年，第1410页。

[2] 方回著，李庆甲集评校点：《瀛奎律髓彙评》，上海：上海古籍出版社，1986年，第859页。

韵。《此日足可惜》诗，通押阳更青韵，而东冬江韵若干字亦入其中，纵横无忌。至如《南山》诗及诸双押长篇，无一字杂入他韵。盖赋诗者或放心纵笔，不嫌错杂；或专力于押韵，示人不窘。此古人之用手也。[1]

所谓"旁韵"，也称"邻韵"，是指韵母相近但不属于同一韵部的韵字，唐以前的古体诗用韵比较自由，可混押临近韵部的韵字，而近体诗中只有诗歌的第一句才可押邻韵。上文已有提及，官韵依古音而定，今日读音相同的韵字在韵书中可能是不同的韵部，除了"东"与"冬"之外，"更"与"庚"、"鱼"与"虞"、"送"与"宋"、"遇"与"御"等均属不同的韵部。成涉谓此诗通押"阳更青东冬江"六韵，是以古诗为法，不能用近体诗的标准去批评韩愈，另举《南山诗》等长篇诗歌并无杂入他韵的情况，认为"通押旁韵"只是作者情感表达的需要。方世举更明确指出这种通押旁韵的手法来自《诗经》：

> 此篇用韵，全以三百篇为法。此诗用东、冬、阳、更、庚、青六韵，盖古韵本然耳。至于叠韵，亦非始于老杜。自老杜以前，焦仲卿诗叠用甚多，而亦本于三百篇。[2]

除了通押旁韵，方世举还指出此篇的"叠韵"之法也源于《诗经》。这里的"叠韵"不同于现代汉语中的"双声叠韵"中的叠韵，而是指在一首诗歌中重复押同一韵字的情况，也称重韵。以《此日足可惜》为例，诗中叠押的韵字有"光"、"城"、"江"、"更"、"狂"等，叠押在近体诗歌中属于大忌，而韩愈在一首诗中便叠押数字，可见其"雄豪"的气魄。而方世举也将此法归于《诗经》，并且不

---

[1] 蔡美花、赵季编：《韩国诗话全编校注》（第4册），北京：人民文学出版社，2012年，第3652页。
[2] 钱仲联：《韩昌黎诗系年集释》（上），上海：上海古籍出版社，1984年，第97页。

以为意。但是韩国文人却认为韩愈诗歌中的叠韵是其短处。如《芝峰类说》载：

> 诗用叠字，古人不以为嫌，最忌意叠。如苏子瞻律绝中叠使数字者多矣，至于杜、韩两诗叠押韵字，此则不为病，唯观作句工拙如何。然语其精，则恐不免小疵耳。[1]

梁庆遇《霁湖诗话》也指出的韩愈诗歌中这一习惯：

> 凡押韵，一字有二义，则叠押无妨。杜诗《园人送瓜》诗既曰"爱惜如芝草"，终句又曰"种此何草草"。韩诗则纵笔大篇，叠押甚多，亦不择字义同异，此则不可为法。[2]

当然，叠字的使用并不只出现在韩愈早期的五古诗歌创作中，而在韩愈一些长篇诗歌中也有出现，李晬光与梁庆遇似乎都不太欣赏韩愈此举，李晬光认为此法乃师法古人，并且杜甫、苏轼的诗歌也有此种情况出现，只要不做意义上的重复，从诗歌整体的艺术表达来看，这只是一点小的瑕疵而已。而梁庆遇则认为韩愈的叠押不似杜甫，杜诗叠押往往不重复字义，如"芝草"和"草草"，而韩愈叠押"不择字义异同"，破坏了诗歌创作的规范，此种做法不值得提倡与学习。的确，如果没有韩愈一般高超的诗才，寻常诗人很难驾驭这些特立独行的押韵方式。

总体来看，《此日足可惜》虽属于五古作品，用韵要求比律诗绝句宽松许多，但韩愈仍然在最大程度上挑战着权威的韵律规则，并成功开辟出一条异于常规的诗歌新路。韩国文人对韩愈"奇险"一类的诗歌也十分看重与欣赏，虽然部分文人偏于保守，对其叠押韵字的方法有非

---

[1] 蔡美花、赵季编：《韩国诗话全编校注》（第2册），北京：人民文学出版社，2012，第1060页。

[2] 蔡美花、赵季编：《韩国诗话全编校注》（第2册），北京：人民文学出版社，2012，第1412页。

议，但都不算原则上的问题，无碍于对韩愈诗歌的整体评价。朝鲜官方甚至把韩愈用韵的方法当作参考。朝鲜正祖20年（1796年）刊行的《奎章全韵》是官方颁布的最为精确的一本韵书，书中对四声用韵均有详细介绍，对于"旁韵相通"等手法，指明参考韩愈诗歌[1]，这也从另外一个角度证明韩国文人对韩愈诗歌用韵的重视。

三、"退之创始联句"说

所谓联句诗，也被称为连句诗，是一种由多人共同赋诗完成的特殊诗歌体制，每位诗人各作一句或几句，前后接连而成完整的篇章，齐梁之后改称为联句诗。联句诗要求符合声律，严格对偶，与普通的唱和诗不同，向来被认为是一种为游戏而作的诗体，内容多应景，其文学价值并不突出。《全唐诗》共收录韩愈联句诗共15首，孟郊参与创作的有13首，且其中11首是韩愈与孟郊两人单独联成。二人友谊深厚，交往甚密，韩愈深受孟郊奇崛的诗歌趣味影响，二人创作皆避熟就生，标新立异，频繁的联句活动也促进了韩孟诗派的形成。韩孟的联句诗也超越了游戏娱乐的范畴，二人不仅在联句活动中孕育和实践了其诗歌理想，并且扩大了联句诗的范畴和影响，将联句诗创作推向了空前绝后的顶峰。

韩国诗家对韩愈的联句诗也青睐有加，韩国诗话中讨论较多的联句诗为《斗鸡联句》、《城南联句》、《会合联句》和《石鼎联句》。权跸等不少优秀的韩国诗人都擅长作联句诗，并取得很高的艺术水准，文人集会也多作联句诗以为风雅。韩国文人把韩孟诗风的"奇崛"作为联句之法，经常沿用韩孟诗韵，足可见其对联句诗的喜爱。以《斗鸡联句》为例，李景圭《诗家点灯》中收录了《斗鸡联句》全文，并逐字逐句分析考辨，注解辨音，内容十分详尽。

---

[1] 蔡美花、赵季编：《韩国诗话全编校注》（第6册），北京：人民文学出版社，2012，第4773页。

关于联句诗的起源，《文心雕龙·明诗》指出："联句共韵，则《柏梁》余制。"[1] 所以中国学界往往将联句诗的开端追溯至汉代的《柏梁诗》，刘勰认为汉以后的联句诗都是继承《柏梁诗》而来。清代诗论家赵翼对此问题进行了比较详尽的论述：

> 联句诗，王伯大以为古无此体，实创自昌黎。沈括则谓："虞廷《赓歌》，汉武《柏梁》，已肇其端。晋贾充与妻李氏遂有连句（六朝以前谓之"连句"，见《梁书》及《南史》）。其后陶、谢诸公，亦偶一为之。何逊集中最多，然皆寥寥短篇，且文义不相连属，仍是各人之制而已。"是古来原有此体，特长篇则始自昌黎耳。[2]

赵翼文中提到，沈括将联句诗的源头追溯至帝舜和其臣子联缀而成的《庚歌》，魏晋南北朝时期诸多诗人如陶渊明、谢灵运、何逊等诗人均作过联句诗。但因篇幅短小，文意不甚连贯，更像是诗人独自完成的创作。赵翼认为，联句诗的体制是古已有之的，而长篇的联句诗则发端于韩愈。今人学者寇养厚也认为，《庚歌》与《柏梁诗》只是联句诗的发端，而真正成熟的联句诗，则产生于齐梁之后，且必须满足三个基本特点："第一，它的作者起码不能少于二人，它是两个或两个以上的赋诗者人各一句或数句，多人联缀而成的一种联合体式。第二，讲究字句的对偶。第三，讲究语言的声律；在以上三个特点中，前一点是联句诗所独具的，而后两点则是一般格律诗所共有的。所以，联句诗实际上是由两人或两人以上联缀而成的律诗或排律。"[3] 寇是从形式上给联句诗下了一个比较明确的定义。按照寇的说法，韩、孟的联句诗是比较成熟且符合形式要求的，与其他联句诗相比，艺术水平也很高。总结来看，

---

[1] 〔汉〕刘勰著，范文澜注：《文心雕龙注》，北京：人民文学出版社，1958年，第68页。
[2] 郭绍虞：《清诗话续编》，上海：上海古籍出版社，1983年，第1167页。
[3] 寇养厚：《中国古代的联句诗》，《山东大学学报》（哲学社会科学版），1989年（2），第79页。

中国诗家认为，联句诗从发端到发展、成熟，经历了一个漫长的过程，韩、孟联句诗并不是联句诗的创始，而是韩、孟联句诗的出现，使联句诗成为一种成熟、富于文学价值的诗歌形式，代表了联句诗创作的最高成就。

中国诗家是从联句诗的形式与规则方面探讨联句诗的创始问题，韩国诗家在看待这个问题的时候，是从另一个角度切入，如李瀷《星湖僿说》云：

> 人谓联句古无此体，退之斩新开辟。或曰陶谢有是矣，李杜有是矣，又推而上之，则汉柏梁台诗是也。余谓《柏梁诗》未有联句之名，至宋孝武《华林都亭水曲联句》效《柏梁》，梁武帝《清晨殿联句》亦云"柏梁体"，则后人已指之谓联句也。且退之所作诗令多端，或多或寡，随得辄录，则优劣判矣。《会合联句》是也，彻止于二联，籍止于五联。又或先占一句，他人属对，则巧拙见矣。《城南联句》是也。此实退之创始。[1]

李瀷是李朝时期的哲学家，实学派的代表人物，《星湖僿说》是其诗文集，共30卷，内容比较庞杂，其中有诗文门3卷，包含了诗论、诗评、诗歌创作等方面的内容，其中提出了很多独创性的见解，是朝鲜朝颇具影响力的诗话集。书中多处论及韩愈，内容涉及韩愈的诗学观、诗风、创作手法等多个方面。

上述材料中，李瀷给予韩愈联句诗的评价很高，认为联句诗为韩愈首创，鉴于李瀷在文坛的影响力，加之韩国诗家对韩愈联句诗的推崇，其观点可能代表了相当一部分韩国文人。首先，李瀷认为《柏梁诗》并不是联句诗，因为其并没有以"联句"作为诗名，只是《华林都亭水曲联

---

[1] 蔡美花、赵季编：《韩国诗话全编校注》（第5册），人民文学出版社，2012年，第3824页。

句》、《清晨殿联句》等诗自称"柏梁体",所以后人才称《柏梁诗》为联句诗。其次,李瀷指出,陶、谢、李、杜虽也写过类似的诗体,但韩愈的联句诗创作的艺术水准甚高,其诗变化多端,信手拈来,并举例与韩愈同作《会合联句》的张籍与张彻,都只写了三五联,诗才的高下立见,诗歌水平优劣立见。最后,李瀷认为联句诗是有韩愈创始的。

由此,我们可以总结出李瀷在判断联句诗的创始问题时是以什么标准进行的。首先,李瀷认为联句诗必须冠以"联句"之名,即在题目的格式需是"XX联句"。其次,李瀷认为诗歌的艺术水平和文学价值是判断联句诗体的重要标准,也就是说,虽然题目表明了此诗是联句诗,但如果诗人资质平庸,作品水平不高,也不能算作真正的联句诗。其实,李瀷的观念与赵翼相似,李瀷心目中的联句诗就是韩愈、孟郊等创作的长篇作品,其诗用韵大胆,风格偏于凌厉与奇险。而韩、孟之前的联句诗创作即是有联句之名,但也并无联句之实,这是韩国诗家对韩、孟联句诗十分喜爱与极力推崇的结果。

四、结论

综上所述,韩国文人最初在韩愈的诗文作品相遇时,是将其作为写诗作文的"范本"来接受的。由朝鲜诗人李安讷提出的"基韩范杜"的学诗主张就有力地强调了学习韩愈诗歌的重要性。通过对车天辂、李安讷、权跸等人的诗歌创作的分析,发现了韩国文人对韩愈诗歌的学习贯穿了体例、词语表达、风格、格律等多个方面。相对于中国文人而言,韩国诗家更关注韩愈诗歌创作的可操作性和指导性意义。在中国为人诟病的"险怪"诗风,也颇为韩国诗家称赞,并将韩愈推为"联句之祖",这都体现了韩国诗家对韩愈诗歌的喜爱和肯定。

(作者单位:北京外国语大学中国语言文学学院)

作为宗教的儒学在印度尼西亚小学中的教学目标简述

〔印度尼西亚〕Hendy Yuniarto 著　暴华英 译

摘要：作为中国的一种社会伦理哲学，儒学伴随着中国人向东南亚的移民逐渐传入印度尼西亚。本文探讨在中国人向印度尼西亚的移民史中，儒学在印度尼西亚向宗教的转变过程（Konghucu），以及儒学作为宗教学科在印度尼西亚小学教育阶段的教学目标，包括学习信仰、经文、礼仪、（孔孟成长）历史以及君子之德。

关键词：儒学　宗教　印度尼西亚　教学目标

一、儒学在印度尼西亚的独特转变

超过3%的印度尼西亚人口为华裔或印度尼西亚籍华人。这个比例超过了只占印度尼西亚总人口1.67%的巴厘人。印度尼西亚华人大多数为混血人种（Peranakan），不讲普通话或任何一种中国方言。他们从苏哈托执政时代（1966—1998年）起就拥有了印度尼西亚姓氏，并且通过与印度尼西亚当地人的通婚形成了自己独特的风俗。相比而言，纯华裔血统的人应该说是一个更小的群体，他们仍旧完好保留着他们的语言、宗教和生活习俗。2018年，印度尼西亚约有26679万人，是一个拥有约300个原住民族的多民族国家。

华人和印度尼西亚人的交往可以追溯到公元7世纪时与位于苏门答腊岛的佛教王国Srivijaya的香料贸易。Srivijaya是一个地跨印度尼西亚群岛中西部的政治经济实体，控制着所有中国海与西海的交界海域和马六甲海峡。直到13世纪，爪哇岛的北部才开始出现居民定居建城的最早记录。这些早期的定居地主要由讲闽南语的居民组成。1292年，忽必烈汗的远征军（2000人）被东爪哇的Kertanegara王朝击败，军队的残留人员即在爪哇岛永久定居下来，汇入到那些早期的居民定居点。从13世纪开始，福建省和爪哇之间一直有着频繁的接触，这使得苏腊巴亚（注：印尼泗水市）在1411年之前逐渐发展成为华人聚居地。

贯穿整个15世纪，中国和东南亚之间也有大量的私人海上贸易，并且有关于在苏门答腊和东爪哇大规模华人定居的报道。这些华人来自中国的东南部，包括广东、福建、广西和江西。他们中的很多人与当地人通婚，但还保留了他们的文化。他们的后代则作为印度尼西亚的华裔儿童逐渐被当地同化。华人身份认同的本土化是一个必然的趋势，尤其对于华人和印度尼西亚当地人通婚的后代。渐渐地，很多华裔后代开始摆脱"无家可归"的无根状态，或者被同化的被动境地，开始有意识或无意识地发展出他们自己的边缘文化。[1]

印度尼西亚华人移民的数量和构成在1860年之后开始有了显著变化，而1900年以后的变化尤为剧烈。与之前的时代相比，1860年之后的移民在几个方面发生了变化：一是数量急剧增加；二是女性开始从中国向外移民；三是语种开始多元化，与之前早期移民以闽南话为主不同，这个时期开始出现客家话和广东话[2]。在18世纪末由Bataviaasch Genootschap van Kunsten en Wetengschappenat Hooyman（一家荷兰出版

---

[1] Skinner, G.（1959）: "Overseas Chinese in Southeast Asia", *The Annals of the American Academy of Political and Social Science*, pp. 321, 136-147. Retrieved from http://www.jstor.org/stable/1030987.

[2] Rafferty, E.（1984）: "Languages of the Chinese of Java—An Historical Review", *The Journal of Asian Studies*, 43（2）, pp. 247-272. doi:10.2307/2055313.

社）出版的报告中，Jan Hooyman提到，在1200—1300年期间，每年有大批华人通过舢板运送至巴达维亚（印度尼西亚首都和最大商港雅加达的旧名）。这些华人吃苦耐劳，精力旺盛，他们的到来恰好满足了荷兰人在当地开垦农业用地之需。

　　印度尼西亚华人信仰佛教、儒教、基督教等不同宗教。儒家思想在印尼是一种宗教，同时也是一种从古代流传下来的华人生活方式。作为一种流传最为广泛却最难以被世界理解的宗教，儒教包含了对道、佛两教神明、自然神灵以及祖先的崇拜[1]。与作为一种哲学思想的中国儒学所不同的是，印度尼西亚儒教由于被印度尼西亚定为六种正式宗教中的一种（被印度尼西亚人称作"Konghucu"）而倍显独特。根据2016年印度尼西亚外交部的统计，在印度尼西亚信仰儒教的人口有117091人[2]。

　　今天，儒学成为一种在MATAKIN（印度尼西亚语全称为Majelis Tinggi Agama Konghucu Indonesi，意为"印度尼西亚儒教高级委员会"）管理下的有组织的宗教。这种独特的转变开始于19世纪晚期印度尼西亚复兴运动的兴起，直到1923年儒教社团联合会（the Khong Kauw Tjong Hwee）在西爪哇的万隆市成立。据查尔斯描述（1981，179-196），儒教社团联合会的形成实际上是爪哇第二波儒教运动。第一波运动随着巴达维亚中国协会（the Tiong Hoa Hwe Koan-Batavia）的形成而正式开始。印度尼西亚儒教组织在历史发展过程中遭遇中断。位于万隆的儒教社团联合会寿命很短，在1926年前期逐渐走向衰亡。尽管印度尼西亚独立后（1945年），儒教社团联合会的成员恢复了活动，但印度尼西亚一直没有儒教社团联合体再出现，直到1955年现在的MATAKIN（印度尼西亚语全称为Majelis Tinggi Agama Konghucu Indonesi，意为"印度尼西亚儒教

---

[1] Tan，C.（1983）.："Chinese Religion in Malaysia：A General View"，*Asian Folklore Studies*，42（2），pp. 217-252. doi:10. 2307/1178483.
[2] 2016. Ministry of Religious Affairs in Figures 2016. Public Relations，Data and Information Bureau Year 2017. Retreived from https://kemenag. go. id/.

高级委员会")成立[1]。

儒学成为一种宗教是印度尼西亚政治环境所带来的特定产物。而且,作为宗教的儒学通常与作为哲学和教育学的儒学,在内涵与本质上难以区分。因此,在印度尼西亚的正式学校会把儒教作为一门课程来教。华人社团在印度尼西亚制定了儒教教学、形式规范、传统习俗、信仰等一系列规范,促成儒教的产生。然而,在印度尼西亚华人中,儒学作为一种宗教的存在定位仍旧模糊不清,原因是儒学对于华人来讲是一种传统信仰和生活方式,而不像印度尼西亚那样把它认定为一种宗教。然而,经过长期发展,儒教拥有了政治力量并得到了印度尼西亚政府的认可。在1965年宪法第五条通过的1965年总统令第一条中可以查到对儒教的宗教认定。这条法令确立伊斯兰教、基督教、天主教、印度教、佛教和儒教为印度尼西亚官方认可的宗教。

在新法期间(1966—1998年),所有儒教的活动都被1967年总统指令第14条禁止。这是一条有关中国宗教、信仰和习俗的法令。当逐渐成为无神论者的共产主义者在1965年发动反政府政变后,华人开始被认定为等同于共产主义者。结果,所有的教育机构甚至汉语书籍都被摧毁。在新法令执行期间,信仰儒教的人数及活动急剧减少。随后,在1998年开始的改革期,儒教的身份又开始被得到认可,原因是当时的政府积极满足人民信仰宗教的权益。

儒教在印度尼西亚的产生可以追溯到17世纪,当时在西加里曼丹(印度尼西亚在婆罗洲岛南部的属地)的坤甸市有一所用来为信奉儒教的人进行祭拜的老建筑。在印度尼西亚儒教祭拜场所通常被叫作Klenteng或者"Bio"(闽南语对"庙"的叫法)。儒教是一神论的宗教,相信只有一个神存在。儒教把神称作"天"。儒教同时信奉先知的

---

[1] Coppel, C.(1981): "The Origins of Confucianism as an Organized Religion in Java, 1900—1923", *Journal of Southeast Asian Studies*, 12(1), pp. 179-196. Retrieved from http://www.jstor.org/stable/20070420.

存在。孔子是最后一位先知。儒教的文字教义是"五经"和"四书。"儒教徒通过在家或者附近的寺庙祭拜或者祷告（在印度尼西亚被叫作"天香"（Tian Hio））来表达对天的感谢。祷告要举三次香。在儒教徒上香时要同时在心里默念：一敬上天；二敬先知；三敬祖先。在三次举香之后，第一支香要插在圣坛中间，第二支香插在左边，第三只香插在右边。

二、儒教在印度尼西亚小学的教学目标

在2007年末，关于宗教教育的2007年版政府条例出版。其中一条规定正规教育应开展儒教课程。在被认可为印度尼西亚官方宗教后，儒教随即得到公众认可，包括在教育领域[1]。这条规定受到印度尼西亚儒教徒的欢迎。实际上，这条规定并不是一个新的规定。在过去的苏卡诺（印度尼西亚第一任总统）时代，就已经开展儒教教育。但是到苏哈托的新政时代，儒教徒的权利遭到了破坏。儒教开始受到各种歧视待遇，甚至不被认可为宗教。建立儒教课程成为当务之急，印度尼西亚教育部及宗教事务部编写了一套儒教课程，并配备了教科书与师资。

儒教在小学中的学习情况可以通过基于和谐生活理念而设计的儒教教学目标而得到了解。2013年制定的最新课程设置不只是对教义书面或口头的死记硬背，更是令学生们掌握知识、技能、态度和行为的乐园。这样设置的目标是要学生适应21世纪迅速发展的科技、丰富的信息和日益增长的互动连接。人们需要用智慧的态度来应对文化与意识形态的冲突。学生们需要在保留本性的同时，能够与天保持和谐、智慧的运用资源并且秉持多元化认同、包容性；能够兼具智商、情商及精神性。学习儒教的目标，就是要使人获取内在精神、社会价值、知识及技能。

---

[1] Rizalino, Rio.（2008）："Agama Konghucu Masuk Kurikulum Nasional"，www.kabarindonesia.com. 6 Februari.

儒教小学的教学目标从一年级到六年级可以分为五个方面，包括信仰、读经、礼仪、历史和君子之道[1]。具体描述如下：

1. 信仰

在信仰方面，接受以阴阳思维以天的法则，用以指导思考个体与周围环境的关系。接受并感恩天、地、人在人生命中的存在，认为父母为天在世上之代表，孔子是神的选民；先哲和伟人是人类的榜样。在现世生活中讲求"中和"（中庸和谐），相信因果报应，认为大自然可以显现"天"的伟大神迹，相信自然法则以及祖先的存在。认为人可以决定自己的命运。

2. 读经

了解"四书"、"五经"与"孝经"的经文，尤其是对人有益的三乐与对人有害的三乐（译者注：孔子曰："益者三乐，损者三乐。乐节礼乐，乐道人之善，乐多贤友，益矣；乐骄乐，乐佚游，乐宴乐，损矣。"），以及孝经中奉献的三个层次。

3. 礼仪

了解如何祭拜天、先哲与祖先。作简单祷告，每日清晨向天祷告；联系5分钟静坐；吟唱"安身之处"。

4. 历史

了解孔子和孟子的童年经历。重点是学习如何做一个孝顺的孩子。

5. 君子之道

介绍积极的品行，包括（对父母和自然）的奉献、自律、责任心、爱心、感恩、节欲、礼节（言谈与进餐时）、诚实（举止行为和祷告时）、关怀心、诚信、尊重他人、谦虚与独立。

---

[1] （2016）. Silabus Mata Pelajaran Sekolah Dasar （SD） Mata Pelajaran Pendidikan Agama Konghucu dan Budi Pekerti. Jakarta. Kementerian Pendidikan dan Kebudayaan.

三、结论

　　几百年来，华人移民逐渐来到印度尼西亚群岛，他们带来的文化逐渐被当地文化所吸收。其中一个代表就是作为社会体系和正式宗教的儒教的不断发展与继承。儒学在印度尼西亚发展成被政府认可的正式宗教，使得印度尼西亚儒教成为一门非常独特的宗教。印度尼西亚独立后，儒教（Kongfucu）被认可为正式宗教的历史并不长，即便印度尼西亚华裔在很早之前就建立了儒教组织。儒教在印度尼西亚的发展也并不总是一帆风顺，因为在共产党反抗失败后，印度尼西亚开始对华人施行诸多限制，包括信仰儒教的华人。在苏哈托政权倒台后，儒教迎来了新鲜的空气，它作为一门完整的学科在正规教育中占有一席之地。

（作者单位：北京外国语大学亚非学院；

译者单位：北京外国语大学国际交流与合作处）

国际儒学研究概览

当代欧洲儒学研究与传播（1990—1999）*

张西平　孙　健

▲ 1990年，意大利汉学家 Claudio Lamparelli翻译编注的《孔子·〈论语〉》在米兰出版。

▲ 1990年，波兰汉学家 Zysk T.（塔杜施·Z.）和Kryg J.（雅采克·K.）合作编译的《易经：中国古代占卜经典》（*I Ching, Księga wróżb*）在比得哥什出版。

▲ 1990年，德国卡尔斯鲁厄大学保罗（Gregor Paul）教授的新书《儒家看问题的角度》（*Aspects of Confucianism*）出版。

▲ 1990年，奥地利汉学家许赖和（Hubert Schleichert）新书《中国古典哲学》（*Klassische chinesische Philosophie：Eine Einführung*）出版。

许赖和在书中指出，无论是孔子的自我评价，还是在其弟子眼中，孔子既不是超人、圣人，也不是预言家。中国哲学的开端有一个不同寻常的现象，那就是第一位重要的思想家宣称自己不是"第一人"。"述而不作，信而好古"，孔子宣称他的学说全部源于他对传统的看法。许赖和指出，所谓守旧主义的最深层原因在于，孔子坚信没有人、没有社会能够或必须从零开始，所有人都是历史长河中的一员，可以利用前辈

---

* 本部分的编写，参考了张西平教授主持的教育部人文社会科学研究重大课题攻关项目"20世纪中国古代文化经典在域外的传播与影响"的最终成果，在此谨向项目成果各卷主编，丁超教授、柳若梅教授、李雪涛教授、李真教授、安必诺（Angel PINO）教授、何碧玉（Isabelle RABUT）教授、王苏娜教授，表示衷心感谢！此外，王弥顺心就儒学在意大利的研究和传播补充了部分资料，在此一并表示感谢。

积累的经验，并且应该保护这笔财富，从中产生出对于本民族历史与文化的积极的基本态度。因此《论语》最后一句话便是"不知礼，无以立也"，即"没有知识和传统，人就无法立足"。但是，他进一步指出，人们需要某种标准对历史做出批判性的评价，以此判断何为利，何为弊。这样一种相对永恒、相对超越历史的实践哲学在中国是从孔子开始。"对传统的忠诚和与传统的距离构成儒家的两个基本要素。"许赖和认为这是一种思考型的传统主义，它欢迎新生事物，并且包含开明、理性的道德元素。孔子的政治思想表明，他的保守与开明更多的是互相补充，而不是互相矛盾。

▲ 1990年，德国汉学家鲍吾刚（Wolfgang Bauer）的新作《中国人的自我画像——古今中国自传体文学、文献综述》出版。

本书是德国汉学家从宗教、人际关系和物质生活的角度研究中国哲学的一个集中体现。在以往的汉学研究中，国外汉学家以中国人"群体"观为出发点，阐述中国人的文化特性，但鲍吾刚在对中国文化研究中，致力于挖掘中国文化的新东西，并对"中国文化中似乎是非中国的文化现象，即中国的另一面持有浓厚的兴趣"，寻找中国文化中迄今为止尚未挖掘的文化深层，这便构成鲍吾刚"中国人的自我画像"的认识出发点。他广泛搜集从先秦至当代、从孔夫子至孙中山一系列杰出中国人的自传，按历史时代和人物分为九章：自我和孤独、历史学家和哲学家、英雄和隐士、僧侣和诗人、旁观者与忠臣和贬逐者、清心寡欲者和自嘲者、现实主义者和浪漫主义者、作家和鼓吹者、信仰者和批判者，以"个案"形式考察中国人的"自我"（儒学"文学化"）人格特征发展，并且同欧洲相比较，其研究独树一帜。海德堡大学教授瓦格纳在《法兰克福汇报》发表书评，称此书是"对中国自述文学的开拓性研究"，是作者30多年来研究成果的结晶。

▲ 1990年，德国汉学家莫利茨（Ralf Moritz）出版《中国古代哲学》。

莫利茨对"中国哲学"是否存在的问题进行了回应，认为中国古代哲学当然属于哲学的范畴，有其前后相续的发展的历史，只是它们是不同于西方的另一种哲学和哲学史。中西哲学的区别主要表现在西方重客体，中国重主体，中国哲学的基本理论是体现在伦理观之中的，伦理道德是中国哲学的最重要特色。

在新儒学或宋明理学方面，莫利茨通过对周敦颐的研究，重点论证了新儒学的产生及其"重建儒家道德社会"的目标。这一目标通过11世纪的改革理念为自己争取到存有论意义上的建构基础，其渊源在宋代社会特有的生活世界之变化和所产生的反映统一性的要求，它们形成了新精英上层的自我认识，并进而创造出一个新的整合形象。宋代现实的分裂反映为意识中主体与客体的分裂，二者协调便成为一项特殊的任务。由此产生出一种思想动机——使儒家规范脱离其载体而纳入到世界的客观性中，变形为世界的本然状态。

新儒学的特征，不是像汉代那样表现在道德的宇宙论化，而是在存有论范围内，有意识地使最高原则与自己合而为一。只有在此意义上，才能理解周敦颐的"太极"概念。即利用存有论的概念来建构一套伦理学，存有论成为伦理学的组成部分。儒家规范在这里已取得了与道家之"道"相似的性质，其行为方式亦成为存有的原则。

同时，在已改变的世界模式中，自汉以来作为儒学特征的天人合一、特别是将天理解为帝王或圣人意义上的合一，已经不够了。天与圣人作为道德实体两种表现方式而出现。这个实体就是周敦颐的"诚"。莫利茨认为，通过如此的儒学史的回顾，说明透过存有论的方式和概念的建构，世界比以前更加鲜明地呈现为与主体相异之物，儒学比过去更有力地论证了个体已统合到了整体之中。

▲ 1990年9月，在荷兰莱顿召开了第八届欧洲汉学大会。

▲ 1991年，意大利汉学家托马西尼翻译的《孟子》在米兰出版发行，托马西尼之前翻译过《论语》、《大学》、《中庸》等多部儒家经

典,这部《孟子》也是意大利译本中的精品之作,意大利著名汉学家兰乔蒂教授为该译本写作了序言。

▲1991年,由布鲁诺·韦内齐亚诺(Bruno Veneziani)和费拉拉(A. G. Ferrara)合作翻译的《易经》意大利文译本被收录于Biblioteca Adelphi丛书,并在米兰出版发行。

韦内齐亚尼与费拉拉二人翻译的《易经》译自德国著名汉学家卫礼贤(Richard Wilhelm)的德文译本,卫礼贤译本于1924年在德国出版。《易经》的这部意大利文译本,其封面设计非常有特色,编者引用了殷商时期铜器上一个表示神性的铭文,铭文上画着一个戴着面具的人,貌似求神问卜。编者选择这个铭文作为封面或许是想表达其对《易经》与中国巫史文化关系的一些思考。

▲1991年,意大利汉学家Maurizio Scarpari的新作《孔子和孟子关于人性的观念》(La concezione della natura umana in Confucio e Mencio)在威尼斯出版。

▲1991年,法国汉学家马克(Marc Kalinowski)在巴黎出版了《五行大义》译注本【Cosmologie et diwination dans la Chine ancienne. Le Compendium des cinq agents(Wuxing dayi,VIe siècle)】。

马克生于1946年,1978年获得巴黎七大第三阶段博士学位,1979年进入远东学院,1991年在巴黎七大获得博导资格,1993年离开远东学院担任巴黎高等实验科学院教授。马克的汉学研究主要涉及传统宇宙论、历法、占卜以及中国宗教、思想中的象征系统,其研究具有扎实的文字学与语言学功底。他曾研究汉代儒学的形成,以《吕氏春秋》为依据反对认为秦帝国受法家思想支配的观点。

▲1991年,意大利汉学家史华罗在巴里出版了其新著《中国之"罪":14、15世纪以来的儒家独尊》。

▲1992年,英国学者葛瑞汉Angus Graham《二程兄弟的新儒学》(Two Chinese Philosophers:Ch'eng Ming-tao and Ch'eng Yi-ch'uan)由

Open Court出版社再版。

本书是西方学者研究二程兄弟哲学最有深度最具权威性的著作之一，葛瑞汉从文字语言的解读和翻译这个最基本的环节入手，抛弃了广为流行的中西比附的简单做法，着眼于中国哲学的固有特质，深入到二程哲学的内部，对许多重要的哲学"概念"（葛瑞汉认为中国哲学没有西方哲学意义上的概念，而只有词汇，所以使用"概念"一词时应慎重）进行了深入剖析，提出了许多十分有意义的精辟见解。这些见解透过西方哲学的背景，揭示了二程哲学乃至中国哲学理论思维的重要特征，值得中国学者思考。葛瑞汉最关心的问题是，二程如何解决中国哲学中"两个截然不同却又经常被混淆的问题"，一是人与万物的源泉是什么，二是人与万物的常则在哪里，二者的关系究竟如何。与此相联系的则是理即理性本身的问题，即"事实"与"祈使"或"描述"与"命令"的关系问题，用新儒家的话说就是"所以然"与"所当然"的关系问题。

▲ 1992年，意大利汉学家史华罗在巴里出版了其新书《中国的"情"与"欲"：从14世纪至19世纪中叶新儒家的反思》（*Emozioni e desideri in Cina. La riflessione neoconfuciana dalla metà del XIV alla metà del XIX secolo*）。

▲ 1992年，德国学者罗哲海（Heiner Roetz）《轴心时期的儒家伦理——基于突破观点之上的、面向后习俗性思维的重构》（*Die chinesische Ethik der Achsenzeit：eine Rekonstruktion unter dem Aspekt des Durchbruchs zu postkonventionellem Denken*）在法兰克福出版。

罗哲海将中国思想置于世界思想史的范围内加以考察，从而得出了比中国学术界在传统研究方法中更有启发性的结论。他在书中使用了两套分析系统，一是德国哲学家雅斯贝尔斯（K. Jaspers）的"轴心时期"理论，二是美国道德心理学家劳伦斯·科尔伯格（L. Kohlberg）的道德认知发展理论——"认知演进论"（Cognitive-Developmental Theory）。而所谓的"重构"（Rekonstruktion）显然得益于阿佩尔（Karl Otto Apel）与哈贝马斯（J. Habermas）"对话伦理学"，意味着以一种与古人之真实意图相应的方式对其思想加以重新整合，并且要根据我们今日所面临的伦理学问题而加以充分利用。

罗哲海套用西方哲学理论来诠释儒家伦理，在汉学界难免引发西方中心主义的批评，不过罗哲海指出，他并不是要把一套西方现有的价值体系，强加在中国人的道德意识发展上，而是首先想为跨文化研究的可能性，找到超越文化脉络限制之经典诠释的方法论基础。他以道德认知发展理论诠释儒家伦理学，是主张道德理论的跨文化研究必须以双方共同肯定伦理学普遍主义的可能性为基础。

罗哲海在书中，站在道德认知发展理论所主张的道德意识之跨文化普遍性的立场，重构了原始儒家伦理学发展的内在逻辑。他进一步肯定儒家伦理学的普遍主义形态，已经不仅仅局限于以形式主义自律伦理学的形态为满足，而是一种在"克己复礼"的过程中，重新结合道德存心与社会责任的"后习俗伦理学"。

▲ 1992年，在巴黎召开第九届欧洲汉学大会。

▲ 1993年12月，山东省和意大利马尔盖大区在意大利中部城市乌尔比诺联合举办了以"孔子：人生正道"（*Confucius, la via dell'uomo*）为题的儒家文化大型展览。乌尔比诺是意大利传教士利玛窦的故乡，16世纪晚期，正是利玛窦率先将儒家典籍"四书"翻译成拉丁文，从而开启了儒家文化西传的历史新篇章。

展览在古公爵府、圣多梅尼科教堂和拉斐尔剧院分三处举行，共设七个展厅。一尊由古木雕成的3米高孔子雕像耸立在展览序厅。第一展厅悬挂着由意方设计的巨大横幅，上书"孔夫子：人生正道"，四面墙壁上是《为季孙管粮》、《出使齐国》、《鲁国司寇》、《孔子讲学图》、《三圣图》等多幅明清画作，概略地介绍孔子的生平。厅内展台陈列着从新石器时代晚期至春秋时期的各种彩陶、青铜鼎、兽形酒器、铜车部件、铜戟、玉器等出土于山东并多为孔府收藏的珍贵文物。大厅的圆形天顶上不断地幻出中国的山川景色和各类史料，扬声器解说着"仁者爱人"、"德治教化"、"礼制与和谐"、"恭、宽、信、敏、惠"等儒家学说。这是罗马电影城专门为本次展览制作的"序言"。

第二到第六展厅依次介绍了孔子从教、孔庙、孔府、儒家与诸子百家、儒学与中国社会发展等主题。在"孔子从教"展厅里，布置了他"杏坛讲学"的学堂，陈列有各种礼器，成套的钟、磬、古琴、弓箭、马车、竹简、六博盘等，分别表现出孔子以其"学而不厌、诲人不倦"的精神，向弟子讲授礼、乐、射、御、书、数等"六艺"。

在其他几个展厅内，可以看到由鲁哀公于公元前478年开始兴建的世界上最古老的建筑群——曲阜孔庙的巨大模型、历代衍圣公府第的陈设，以及孔府收藏的大量文物、实物和典籍。展厅里低徊着深沉的祭孔古乐，墙壁上交替映出中文和意大利文的《论语》全文。正如乌尔比诺市长加鲁兹所言："展览弥漫着几千年文化的氛围、感觉和精神，促使人们对过去、现在和未来进行思考。"

乌尔比诺后，"孔子文化展"又移师佛罗伦萨、米兰等地，均引起当地民众的热烈反响。

▲ 1993年，侨居意大利的华裔学者袁华清在米兰出版了《易经》意大利文译本（*I Ching. Il Libro della mutazione*）。

▲ 1993年，法国汉学家于连（François Jullien）在巴黎出版了《中庸》法译本（*Zhong Yong ou La régulation à usage ordinaire*）。

▲ 1993年，于连的《内在之象：〈易经〉的哲学解读》在巴黎Grasset出版社出版。

于连在《内在之象：〈易经〉的哲学解读》一书序言中说明为什么对此书的解释不可以停留在孔子时期，他认为，"在两千多年以来的不同时期，这一经典成为巨大的诠释对象。因为中国人不断依据其特殊的关怀重新思考《易经》，同时将它视作主要的思考工具。从这个角度看，我们甚至可以说通过《易经》的阅读或者更准确地说以这种阅读为起点，中国的思想得到了周期性的更新。3世纪的王弼以及11世纪开始乃至后几个世纪反对佛教影响的理学家都是如此"。于连预设将《易经》与代表某一时代所有症结的决定性问题相对照，在最明确、最连贯的概念环境中考察这一经典，并在此基础上设问："我们是否应该更有能力觉察这一文本究竟有什么用？有什么样的意义？"正是上述构想使得他选取王夫之作为立足点。不仅是因为《易经》使得处在动荡时代的王夫之找到对未来的信心，"《易经》的阅读位于他的思想的中心，他正是建筑于此来发现属于自然或者历史的过程的理性"。于连选择王夫之的第二个理由是通过他的论理的细腻、大胆、精确、严格来说明中国人并不总是依赖知觉，不重逻辑。

于连接着卫德明（Helmut Wilhelm）将《易经》的卦的表征与神话模式作对照，两者的相同点在于都旨在显露超过抽象语言理解能力的某种东西，因而求助于一种形象图示，并且，两者都是以序列方式组织的。但是，两者的不同才是关键。神话如历史，将一出出戏搬上舞台，而《易经》的图式表征一种沿革（通过变化）；前者需要表演者，后者则让一些组织因素（如阴阳）参与；前者是解释性的，对应某一原因，而后者则是某一倾向的指示；前者有创意，利用虚构，后者则起"侦探"式的作用（这跟它的第一功能，即占卜功能相吻合）。

于连将这种区别提升到更高的层面，得出如下结论：神话跟超越有关，而《易经》的卦的模式则是内在性的显露。于连还进一步探讨这两种不同思维模式的实质："一种关注超越性的思想的特性试图探究他者的他性（即他者何以真正地为他者并得以组成外在性）。与这种对彼岸的开放相反，内在性思想的特性是试图凸现他者内的所有能关联起来的同一性的价值，让它们运作起来。"于连认为，统摄《易经》的思想是两极运作的组合逻辑，从这种逻辑自然可以引出连续的互动性。"因此《易经》这本书的唯一的目的是向我们显示内在于过程的连贯性。"

▲ 1993年，威尼斯大学主办"中国思想史"讨论会。

▲ 1994年，法国汉学家雷威安（André LÉVY）的《论语》法译本在巴黎出版。

▲ 1994年，法国汉学家汪德迈的儒学研究论文集《汉学研究》出版。

▲ 1994年，波兰汉学家尤什维亚克·W.（JÓŹWIAK W.）、巴兰凯维奇·M.（BARANKIEWICZ M.）和奥斯塔斯·K.（OSTAS K.）合作，将卫礼贤（Richard Wilhelm）《易经》德文译本翻译成波兰文，在华沙出版。

▲ 1994年，罗马尼亚汉学家弗拉德·科若卡鲁将法国人让·皮埃尔·纪尧姆·波蒂埃的《孔子学说或中国"四说"》（*Doctrina lui Confucius sau Cele Patru cărţi clasice ale Chinei*）翻译成罗马尼亚语，在雅西出版。

▲ 1994年，谢和耐出版新书《中国人的智慧：社会与心理》。

这是一部论文集，收入作者从1955—1992年的一些汉学论文，由法国巴黎加里玛尔出版社1994年出版，是谢氏研究中国史的结晶。该书内容很广，包括"导论"、"政治与社会"、"人类学与宗教"、"思想方式"、"文字"等五部分。其中"政治与社会"部分收有"中国城市考"、"论国家"、"历史与农业"、"文人空论"、"论责任观"、"儒教的改良"、"16与17世纪的宴集、会社与交际"、"教育"等论文；"人类学与宗教"部分收有"论蛮夷的道德"、"化外人的形象"、"裸葬"、"5至10世纪的中国佛教徒的火殉"、"基督教在中国的同化问题"、"耶稣会士和中国人最初接触时的政治和宗教"等论文；"思想方式"部分收有"社会与思想的历史"、"论肉体和灵魂"、"静思法、宗教和哲学"、"王夫之的哲学思想"、"读史法"、"论变的观念"、"中国与欧洲接触时的时间、空间、科学和宗教（17—18世纪）"等论文；"文字"部分收有"文字与历史"、"文字的心理作用及其特征"、"灵事占语录"、"《近海集》"等论文。

▲ 1994年，威尼斯举行关于理学中"恶"这一概念的讨论会。

▲ 1994年8月29日至9月1日在捷克首都布拉格（Prague）召开了欧洲汉学学会第十届汉学大会，这次大会的总议题是"区域精神：地位、区域和中国的区域主义"（Genius Loci：Place，Region and Chinese Regionalism）。大会由捷克共和国首都查理斯大学远东研究院（Inistute of Far Eastern Studies of Charles Univeresity）主办，来自欧洲的约200位汉学家与会。

会议围绕着与中国文明研究中的区域和区域性思想相联系中心题目展开了广泛的讨论，有区域主义、20世纪中国史、经济、现代文学、文本及其评注、考古学、中国短篇小说、语言学（关于文本和语法的单独分组）、文化和艺术研究、古典诗歌、宗教教派、中国与其近邻的关系、哲学和佛教哲学、汉语的历史与史学和教学等分组讨论。

在哲学问题小组会上，安乐哲（Roger Ames）就中国哲学中宇宙概念的本体论问题做了报告。钟鸣旦（N. Standaert）（比利时鲁汶天主教大学）的报告对冯友兰的《中国哲学史》在20世纪30、50和80年代的不同版本进行了详尽研究，对这些版本的理论结构进行了比较。分析的目的在于显示对"历史"不同说法之间的继承性和革新，弄明白冯友兰哲学观点发展的复杂道路。

А．В．洛曼诺夫（俄罗斯科学院远东研究所）的报告分析研究了中国哲学传统发展过程中的区域性问题，评定了儒学在现实中发展的基本趋势，认为其中心离中国越来越远，并已超出东亚范围。芬兰汉学家尼基利亚（P. Nikkilja）在《论语》研究方面有很深的造诣，他发言讨论了《论语》中的道德问题，提出了关于"义"和"仁"范畴所描述的君子与人类周围环境相互作用的范围问题。瓦凯尔贝尔根（G. Vankeerbergen，比利时研究者，美国普林斯顿大学）提交了题为"心应该不安吗？"的报告，其中谈到关于人身自由——摆脱政治集中和个人情绪奴役的思想，基于《淮南子》和《孟子》，论证贤者的个人独立性受制于其控制自己心愿和情绪的能力。

▲ 1995年，于连（François Jullien）在巴黎 Grasset 出版社出版新书《建立道德：孟子与一位启蒙时代哲人的对话》。

▲ 1995年，于连在巴黎出版新书《迂回与切入：中国、希腊的意义策略》（*Le détour et l'accès. Stratégie du sens en Chine, en Gréce*）。

于连的目的除了对中国哲学思想本身的思考以外，更主要的还是想通过这一外来思想重新思考西方，思考内在性，寻找西方思想的某种出路，因此王夫之乃至整个中国对他来说都是一种"迂回"。

▲ 1995年，德国汉学家罗哲海（Heiner Roetz）出版新书《孔子》（*Konfuzius*）。

在本书中，罗哲海引用西汉经学家刘向的"孔子生于乱世，莫之能容也"，指出孔子生活的春秋时期是一个必须在新旧之间做出抉择的时代，孔子的一生与他的思想体现出这个时代的矛盾与动荡。关于孔子的政治生涯，罗哲海注意到《论语》与其他周代文献记载的差异。根据《论语》的记载，孔子从未担任过较高的职务，但是在《左传》、《荀子》等文献中，孔子的官却越做越大。罗哲海认为孔子的飞黄腾达是后世人们的添枝加叶，他的政治生涯实际上完全谈不上成功。孔子对后世的巨大影响力并非因为他担任过重要职务，而是出于其思想学说的巨大吸引力。

罗哲海对孔子"教育家"的身份进行剖析后指出，教育活动几乎贯穿孔子的一生，从"有教无类"四个字中流露出的是孔子对教育之力量的信仰。除了教育方法、教育内容和教育对象，他注意到，在孔子学派中弥漫着一种非传统氛围。很显然，《论语》并没有把孔子塑造成一位高高在上、不可侵犯的告知，反而记录了弟子们对老师孔子的批评。孔子本人也极为重视这一点，他曾说："丘也幸，苟有过，人必知之。"因此，罗哲海认为孔子的教学风格比苏格拉底在对话过程中使用的"助产术"更为坦率、真诚。

罗哲海进一步指出，孔子的教育事业从属于另一个更高目标，那就是感受到"天"的召唤，拯救周代衰败的文化，终结时人的苦难，恢复天下之"道"。"天下有道，丘不与易也"就是孔子超越教育家身份的动力。拯救世界的使命和愿望促使孔子不断地思考，同时赋予孔子学说深刻的哲学内涵。而对社会危机，除了通过"多学"积累知识，孔子还需要一条道德准绳，也就是"一以贯之"的"一"。不过，罗哲海强调，"一"在这里是实践哲学的准则，而不是在《论语》中缺席的形而上学的准则。

▲ 1995年，华裔学者袁华清将《四书》、《五经》全部翻译成意大利文，集结成册，名为《儒家经典》（*I classici confuciani*），在米兰出版发行。

▲ 1995年，捷克汉学家克拉尔（Král, Oldřich）从中文将《易经》（*I-ťing= Kniha proměn*）翻译成捷克语，并加入注释和评论，在布拉格出版。

▲ 1995年，捷克汉学家马拉达斯（K. B. Maradas）以德语译本为底本，将《易经》翻译成捷克语，题为《〈易经〉：中国古代占卜、转化、精神、阴阳之书》（*Iging：Staročínská kniha o věštění, přeměnách, projevu ducha, jang-jin*），在布尔诺出版。

▲ 1995年，捷克学者白利德将著名学者 Vincenc Lesný 和普什克（Jaroslav Průšek）翻译的《论语》（*Rozpravy：hovory a komentáře*）重新整理，在布拉格出版。该书从汉语翻译，书中有普什克写原序言和说明，白利德加入评论和附页。白利德是普什克的学生。

▲ 1995年，匈牙利汉学家杜克义（Tőkei Ferenc）将《论语》（*Konfuciusz：Beszélgetések és mondások*）翻译成匈牙利语，在塞格德市苏科奇出版社出版。

▲ 1995年，罗马尼亚学者 Florentina Vişan 将《论语》（*Confucius, Analecte*）翻译成罗马尼亚语，并撰写序言，加入年表、注释和评论，在

布加勒斯特人文出版社出版。

▲ 1995年，罗马图书馆协会组织儒学研讨会。

▲ 1996年，三位德国汉学家，傅敏怡（Michael Friedrich）、朗宓榭（Michael Lackner）和 Friedrich Reimann 合作编译了张载的《正蒙》（*Chang Tsai: Cheng-meng, Rechtes Auflichten*），在汉堡出版。

这是张载《正蒙》的首个德译全本。由于说明中国儒学与当代哲学呼应关系仍极为困难，《正蒙》的译者有意识地避免使用"中国哲学"的说法，译者在导论中回顾张载在中国的接受史，仅仅模糊地指出，牟宗三曾经提出现代中国哲学的可能性问题。由此可知，《正蒙》译本并非是因为注意到张载对当代（跨文化）哲学的重要性而书写，反而以避免将西方哲学的范畴强加在此一中国思想家的身上为基本主张，避免任何与西方哲学可产生联想的词汇。这当然是一种具有学术正当性的做法，译本的确为德语读者进行了一种复杂且细腻的整理和解说工作，但译者终究无法说明这种研究除了能够弥补在中国思想史方面的欠缺外，还具有何种意义，也无法对正在发展的当代哲学，以及其所面对的问题产生积极的作用。

▲ 1996年，德国汉学家欧阳师（Wolfgang Ommerborn）在阿姆斯特丹出版新书《天下大一统——张载的"气"论》（*Die Einheit der Welt. Die Qi-Theorie des Neo-Konfuzianers Zhang Zai*（1020—1077））。

欧阳师在导论中指出，张载为宋代新儒家最重要的代表之一，但在西方的研究中不甚受重视，相关的著作在西方学界不多，更何况相关的研究经常只是介绍性的，而缺乏明确的问题意识，以及跨文化哲学的动力。同《正蒙》的译者一样，欧阳师在书中也避免使用"中国哲学"一词，他在书中经常提及"中国思想"与"西方哲学"的对比，但强调这并非因为怀疑中国学者曾经提出哲学性的问题，而是因为"哲学"的概念起源于西方的文化圈。有学者指出，欧阳师对张载的研究没有进入跨文化哲学的动态，因而缺乏哲学的魄力和强度，相关讨论显得模糊而不深入。在欧阳师的讨论中，汉学与哲学及其当代动脉的关系相当疏离，此情形无疑与德语哲学自从1945年以来的保守倾向有关，因为历史的震撼和创伤，德语哲学失去了运用"自己"历史资源的能力和勇气。

▲ 1996年9月4—7日在西班牙加泰罗尼亚省首府巴塞罗那召开了第十一届欧洲汉学大会，来自欧洲各国的300位汉学家参加了会议。大会中心议题是"中国与外部世界"（China and the Outer World），共分12个组：1. 中国的未来；2. 清代的中国沿海与南方；3. 近代前夕的中国与世界；4. 经济改革对中国的影响；5. 思想与宗教；6. 近代文学与当代文学；7. 汉学与新信息技术；8. 中国语言；9. 中国社会；10. 中国艺术；11. 中国古典文学；12. 现代中国史。每一个分组会又分成服从大会总题目和混合题目的小会，这样就能涵盖欧洲汉学最多样的范围——从古代中国的玄学到汉学中最新的信息技术。

"思想与宗教"分组涵盖古典哲学、佛教的影响；宗教复兴在当代中国；评论文学、思想在当代中国等小组。意大利汉学家科拉迪尼（P. Corraadini）的报告"现实和传说之间的古代中国明堂"，提出了否认明堂存在的历史现实的假设，对欧洲汉学家们关于明堂存在性和功能的论述提出了质疑。在这个分组会上俄罗斯亚非国家学院 M. B. 卡尔波夫的报告"民主变革的比较：东欧、俄罗斯、中国"引起与会者的兴趣，他特别指出，中国知识界上层在贯彻民主思想上做出的努力不够。在这个分组中，德国海德堡大学学者的报告占优势，专门论述了结构分析中国史料的方法，并对未来的研究进行了展望。比如，根茨（J. Gentz）的报告"用孔子的眼光阅读"在研究《春秋公羊传》时涉及新的方法论。

▲ 1997年，程艾兰（Anne Cheng）的巨著《中国思想史》（*Histoire de la pens e chinoise*）在巴黎出版。

程艾兰的《中国思想史》一书是继冯友兰的《中国哲学史》英文版之后西文中最重要的中国思想通史著作，在法国甚至整个西方汉学界都具有划时代的意义。历史学家鲁林（Alain Roux）在《中国在二十世纪》(*La Chine au 20e siècle*)里称，《中国思想史》与谢和耐的《中华世界》(*Le monde chinois*)一样，是当代法国汉学的集大成。程艾兰从文献、历史的角度阐述中国儒释道三家思想的形成与发展，并直接翻译了多数哲学大家的著名言论，无论对研究人员还是对普通学生都具有很高的参考价值。1998年，该书获西方汉学最高奖儒莲奖。完成这一巨著之后，程艾兰转而把精力放在中国当代哲学史的研究上。

▲ 1997年，德国莱比锡召开了"儒学的源流、发展和展望"的学术讨论会。

▲ 1998年，德国学者莫利茨（Ralf Moritz）和中国台湾学者李明辉（Lee, Ming-huei）合作编著的《论儒家》(*Der Konfuzianismus. Ursprünge, Entwicklungen, Perspektiven*) 在莱比锡出版。

▲ 1998年9月9—13日，在英国爱丁堡举行了第十二届欧洲汉学大会。大会由欧洲汉学学会主席团与爱丁堡大学东亚系联合组织，来自欧洲的200余位学者参加了会议。大会主题是"节庆——中国人的工作与休闲"（Festivals—the Chinese at Work and at Play）。这个主题由3个分组会（1. 旧中国的竞技和戏剧表演；2. 古代中国：音乐与乐曲词；3. 传统歌剧的社会背景）专门来阐述。大会分为8个小组：1. 当代中国文学与电影学；2. 传统文学；3. 近代史；4. 宗教与哲学；5. 中国的现代史、政治与经济；6. 人类学与社会学；7. 视觉艺术与考古学；8. 语言与语言学。同样，这些分组会再分成小会。

大会的开幕式全体会议上，北京大学教授王铭铭做了题为"中国农村中神的诞生或地方崇拜的复兴（以福建省美法村为例）"的报告。大会进行了两个辩论性的圆桌会议，分别是"自唐到宋的历史：中国文明过程中的变化"和"当代文学"。

"宗教与哲学"分组会由德国海德堡大学教授、欧洲汉学学会会长瓦格纳（R. Wagner）主持。他成功地集合了提供给分组会的各种报告，从而作了内容丰富的发言。在分组会上听取了来自德国、比利时、斯洛文尼亚、西班牙和俄罗斯的汉学家的报告。

比利时根特大学年轻的女研究者安海曼（Ann Heirman）就佛教专题了内容丰富的报告"中国佛教僧侣条例中的波罗夷"，报告考察了被中国佛教研究解释为佛教僧侣条例波罗提木叉的一部分，这些条例称之为波罗夷，包括在男女僧人的戒律之中，违反者要被清除出僧籍。

俄罗斯远东研究所的老研究员С.А.戈尔布诺娃作了同题的报告"过去和现在加入僧伽的仪式"，显示了受戒条例在变化，其中强调对中国佛教传统的生命力的分析。德国杜宾根大学霍夫曼（P. Hofman）博士的报告"感受鱼的快乐和遣词造句"探讨了《庄子》著作中的文学解释。西班牙马德里独立大学戈梅斯（D. Gomes）博士的报告"圣山在中国文化中的意义"，描述了一直延续到今天的敬拜圣山及其发源地的古代中国传统。

▲ 1999年，Hae-suk Choi在法兰克福出版比较哲学领域的研究专著《斯宾诺莎与朱熹：斯宾诺莎伦理学与朱熹新儒家学说中的作为人之存在根据的绝对自然》。

（编者单位：北京外国语大学国际中国文化研究院）

学人评述

"角色伦理"：让中国哲学讲中国话[*]

田辰山

摘要：安乐哲先生不尽然是汉学家，更重要的，他是一位比较中西哲学家。他赋予自己担负的事业与角色，是在普遍使用西方概念不对称地误读中国哲学文化情势下，创立了用比较文化语义环境的阐释（Interpretive Contexts）方法，实现使中国哲学文化可在"一多不分"自然宇宙论语境用自己的话讲述自己。他的《儒学角色伦理学》提供了"让中国哲学讲中国话"的典范。安乐哲学术事业体现着儒家思想及中国哲学文化对于当代、世界文化的意义，构成中国哲学文化与世界哲学文化前沿性问题研究的高端学术。以从事儒学国际化作为进行比较中西哲学文化跨文化的阐释者角色，定位安乐哲的工作和意义，该是当之无愧的。

关键词：儒家角色伦理　比较哲学阐释　阐释域境　一多二元　一多不分

一、安乐哲是让中国哲学讲中国话的比较哲学阐释者

本人借这个机会、通过这篇论文，想说明：美国比较中西哲学家安乐哲先生通过论述"儒家角色伦理"所实践的自己的角色，是一个让中

---

[*] 本文曾于2015年9月27日在"第七届世界儒学大会"上发表，收入时字句略有变动。

国哲学讲中国话的阐释者。安先生在中国已是很驰名的学者，但他数十年学术生涯所起的作用，他今天达到的学术高峰究竟对中国人意味着什么，从笔者接触中国学术界的体会而言，其实有很多人不很清楚。在这个节点上，我觉得有必要谈谈我的体会。作为论文开题，我想说的几句话是：1."角色伦理"为我们提供一个"让中国哲学讲中国话"的典范；2. 安乐哲对中国哲学的意义浸透在他对"儒家角色伦理"的论述之中；3. 安乐哲事业体现着儒家思想、中华文化对于当代、国际文化的意义，因而也构成儒学前沿问题高端学术意义。为反衬这个论点的重要，需多讲些安乐哲对中华哲学与文化与西方的比较阐释者的角色方面的内容。

早在2009年6月，尼山圣源书院以《安乐哲师生论道》作为"儒学名家论道"开坛首讲的时候，就碰到一个逻辑问题，那就是：尼山是孔夫子出生地，他传给世人的儒学是纯粹中国传统思想遗产，"儒学名家论道"开坛，为什么不由中国人讲，而是请来安乐哲这个老外？难道现今没有够资格的中国人，而需要一个洋人来给中国人布道？当时，许嘉璐先生兴奋地说："给安乐哲先生站台！"许先生做了演讲，说得很清楚，他要给一个洋人儒家学者站台，因为他赞成安先生的比较中西哲学阐释。今天需要的不是洋人对中国人讲儒学，而需要的是安先生独到的比较哲学阐释；因为他能帮助中国建立起使得中国哲学讲中国话的比较东西方文化阐释学。必须明白，这绝不是赞成用西方哲学理念来胡讲儒学，而是赞成以比较中西哲学的视野，说明中国儒学和文化为什么必须且如何去用中国自己的观念去讲述。安先生是这样一位洋人，他主张"让中国文化讲述自己"；孔子不仅是山东的、中国的，要让他走出去，他是世界的。国际儒联"儒学普及委员会"原副主任王殿卿教授切中安乐哲的意义，他说："这样一个洋人开坛论道，标志着儒学未来发展的重要方向，标志着孔子开源的儒学是世界的。"

2013年9月27日在曲阜举行的第六届世界儒学大会上，安先生获得

2013"孔子文化奖"。同一个逻辑问题又冒出来：为什么要把"孔子文化奖"颁给一个洋人，意义是什么？这对中国、对世界意味着什么？其实，回答还应该是：洋人与中国人并肩获得"孔子文化奖"，标志着儒学和中华文化未来发展的重要方向；中国需要安先生独到的比较中西哲学阐释，让儒家思想、中华哲学与文化用中国话讲述自己，具有当代国际文化意义，具有儒学前沿的高端学术意义。如果对这个意义不很理解，自然感觉不出与中国哲学工作者有何种相干；有人可能会说："比较哲学跟我的研究有什么关系？谁要比较去比较好了。"有学者质疑："其实安乐哲水平是不怎么高的。"我想，这是因为人们不很清楚安先生到底做的是什么学术。一个外国人理解的中国思想能够比中国人还明白、还深刻么？似乎不太可能。如果不了解实情，有简单判断是自然的。而一旦了解了，问题就没有了。在这个问题上，安先生从来没有半点自以为是。在一次记者采访时他说："要真正了解另一个文化传统很难，因为我们不可能完全撇开自己的文化底蕴和文化背景。我不是一个中国人，所以我不可能完全按中国的范畴、中国的语言来了解中国文化，我必须依靠我自己的文化传统。"[1] 这再自然不过。我自己的感觉是，按照中国人理解自己文化的能力去判断安乐哲水平高不高，不如弄清楚安乐哲到底搞的什么学术。

安乐哲搞的是什么学术？他整个学术的独特价值就在于——没有他，中国人很难晓得，在外国人当中，他是极少数中的一个——他的比较中西哲学研究发现了西方与中国思想传统的确切区别，也即：有还是没有超然绝对主义和二元主义；结论是：西方有，中国没有。安先生说："最重要的区别是西方本体论与（中国）过程性宇宙论的差别。在西方哲学系统里，世界是由个体组成的，世界之上有一个超越的本体存在；而在中国哲学里，整个宇宙都是一个整全的有机联系体。"[2] 这

---

[1] 陈晨捷访谈。
[2] 陈晨捷访谈。

个发现有多大重要性？是不是没什么了不起的，不值得大惊小怪？回答恰恰是：这个似乎毫厘之差，确实导致了千里或天壤颠覆性后果。安先生说："比如中西哲学谈'人'，其差别在于注重个体性的人与中国以关系为场域的思想差别"；"西方本体论含有二元论前提，而中国《易经》发展出的宇宙论则有阴阳互生思想，这与二元论是极大的不同"。[1] 在如何对待西方与中国哲学与文化体系问题上，如果对这样的差别真正加以考虑，打通彼此之间的理解，就会意识到在二者之间一味谈相似、相近、融合等是不可奏效的；而恰恰必须要对比、对照。而一旦进行对比，就又发现迄今为止一直存在的一个最大问题，即：其实一直沿袭至今的对待西方与中国哲学传统的方法，是通过套用西方概念和理论来解释、判断中国，等于是用了一个"鞋拔子"，把中国哲学与文化体系的大脚，塞进到西方文化体系概念的小鞋中去。[2]

反映在这一沿袭方法中的，首当其冲的是欧洲中心主义的文化误读。安乐哲说，在"整个西方世界找不到教授中国哲学的地方"；"即使在今天，西方大多数哲学系也根本不教中国哲学"；"西方哲学至今仍旧坚持哲学不过是盎格鲁—欧洲大陆哲学而已"；它是假设的一种潜共识，即"盎格鲁—欧洲系统以外的其他文化对追寻智慧没有兴趣"。安乐哲认为，这个假设是"心胸狭隘和微不足道的"，是"世界哲学界令人心惊的状况"。[3] 这是很大的发现，任何人对这个发现如果加以严肃考虑，都不会认为它"没什么了不起"和"不值得大惊小怪"。这是摆在每个人面前的问题；如果你选择接受它，就如同接受学术上的不对称文化意识，如果你不接受它，它就从今天起与你应该怎么办有直接关系。安乐哲告诉我们：

---

[1] 陈晨捷访谈。
[2] 陈晨捷访谈。
[3] ［美］郝大维等著，何刚强译：《先贤的民主》，南京：江苏人民出版社，2010年，前言。

今天在高等教育领域依然是西方哲学或者说几乎就是欧洲哲学一统天下。无论在台北、东京、首尔、北京、德里，还是波士顿、牛津、法兰克福和巴黎，这似乎都被视为当然。土生土长的亚洲哲学和美国哲学不但在国外为人忽视，而且在各自的本国文化中也被严重地边缘化。威廉·詹姆士在吉福德讲座的开场白中坦承"对我们美国人来说，聆听欧洲人的训导似乎已习以为常"，除了没提到亚洲人跟美国人一起，当然还有欧洲哲学界听众，他基本正确。自1907年至今，这种情形一个世纪里鲜有改变。[1]

这意味着：把中华文化的脚放到西方传统的概念和理论小鞋中去解读、去宣传的现象相当普遍。种族中心主义导致了西方对中华文化的误读。按照沿袭方法，只要一将中国哲学解释给西方听众，就必然要付出被误读的代价。每当西方人试图去理解中国古典哲学的什么思想时，这些古典文本就要用西方话语叙述，而一旦如此，就已经无形地被强加许多西方式的假设，就已经配以以西方理解为方式的一套概念。这虽然是事实，但是已为人习以为常，成为下意识、成为心照不宣。西方读者所熟知的中国文化，一开始是中国哲学与文化的被"基督教化"；后来，则是被套进诗化、神秘化及超自然化等的世界观框架中。即使到今天仍然是这样，已进入西方哲学研究视野的关于中国哲学探讨，往往不过是将中国哲学置入与其自身毫不相干的哲学范畴和问题框架中加以讨论而已。[2]

对这种西方学术界对中国哲学了解方式存在致命缺陷有了发现后，安乐哲比较中西阐释学术要做什么，就有了明确内容，那就是摆脱西方中心主义话语，让中国哲学说中国话——用自己观念来说明、讲述自己，也是把已经强塞进西方概念话语里的中国哲学再拔出来。这里的关

---

[1] ［美］郝大维等著，何刚强译：《先贤的民主》，南京：江苏人民出版社，2010年，前言。
[2] ［美］郝大维等著，何刚强译：《先贤的民主》，南京：江苏人民出版社，2010年，前言。

键,是怎样在中西文化之间建起一座桥,解决如何做到了解另一种文化,或者如何使一种文化为别的文化所了解的问题。这座桥就是在中西哲学与文化之间进行整体性比照阐释——找到彼此叙述自己的基本结构(或者特质)。这种比照既是颠覆性的也是充满建设性的。它挑战以往的对中国哲学的讲述,是因为中国哲学文化语义以往被阐释或翻译,是在根本上忽略西方世界观和常识理念与早期中华思想文化发生时生活与思考之间存在的很大距离的。因为译者(或阐释者)在翻译中华哲学与文化术语时,首先跃入自己脑际的西方语言,成了自己认为最贴切、最恰当的译法,而恰是这样所选择译法的对象,其实是译者所不熟悉的。比如"道"的传统译法是"the Way"、"天"是"Heaven"、"德"是"virtue"。这些译法的英文用词,其意义都有西方语言特殊的文化假设,原本都与汉语语义无关,却被"走私"到译文里去。

所以,安乐哲比照哲学阐释首先做的是厘清早期中国经典英译过程发生的概念对号入座造成的意义不对称;接着是在中国传统社会背景和思想语境中更准确理解中国哲学与文化,以期做到深入了解中国哲学与文化的真面目及其观念的原始含义。在与西方哲学比照中,安乐哲看到中国传统闪耀着不亚于西方哲学的智慧光芒,只是中华经典哲学性未被西方哲学认识而已。最初翻译中华经典的是传教士,近代是汉学家翻译并解释。西方哲学界对中国经典做的研究,不过是偶尔附带性地研究了一点而已。这样说不是苛责那些传教士和汉学家,而是应归咎于整个西方哲学体系,因为它宣称哲学是盎格鲁—欧洲哲学体系的一统天下。

不了解安乐哲学术的人,以为他是汉学家。把比较哲学家的安乐哲混同于汉学家,是由于不明白二者的学科差别。汉学家与哲学家角度是不一样的,作为哲学家,安乐哲认可中国传统思想的核心是哲学。在哲学的"形而上实在论"(metaphysical realism)或者"超越"(transcendence)等问题上,汉学家是不知道柏拉图与怀德海哲学的区别在哪里的。汉学家往往在西方思想文化框架中解读中华经典,而安乐哲是从比较哲学高度，从中国哲学与文化本身的语义环境去阐释。有汉学家批评安乐哲颠覆汉学传统，是激进（radical）；而他不知道，安先生主张让中国哲学与文化说中国话，自己阐述自己，这在西方哲学传统标准上看，恰恰是保守。如安先生所说："西方汉学家把中国文化连根拔起，移植到另一种文化，这才是激进。"汉学家与比较哲学家安乐哲发生这种根本性质的学术冲突，是在所难免的，因为汉学家并不知道比较哲学在研究什么，也不知道比较哲学研究的重要性。[1]

为使中华经典的深刻含义越来越能让西方人理解，安乐哲与郝大维制定中华哲学经典的新译策略，建立了中西两个语义环境，每对一部中华哲学经典进行新译，都包括在两个语义环境之间比照之下对中华哲学与文化体系做出整体性概括阐释介绍的章节，还包括一份比较哲学视角的中国哲学术语词表，最后才是基于比较哲学理解、力求西方读者可更原汁原味读懂的新译文，而且译文配有该中华经典的汉语原文。列出中国哲学术语词表的目的，是让读者在译文部分看到关键哲学术语的英语译法时，从了解具有提示性的符号意义，再去加深对该哲学术语本身意义的理解。它方便读者查找，也为读者适当地运用提供便利。

安先生提到的对中国哲学文化的西方中心主义误读；提到的西方有而中国没有的超然绝对主义和二元主义；提到的用西方概念和理论的"鞋拔子"把中国哲学与文化体系塞进去解释和判断；提到的中国哲学文化经典文本只要用西方文字叙述，就贻误性地被强加上西方的假设；提到的如何让一种文化为别的文化所了解，要在二个语义环境之间进行整体阐释，要找到各自叙述自己的基本结构；提到的要警惕中国哲学文

---

[1] 本人曾于2010年在北京外国语大学中国海外汉学中心举办的一个"当代欧美汉学对中国哲学的诠释"学术会上遭遇德国汉学家对郝大维、安乐哲二人的批评。罗哲海把新实用主义或"情境论"（contextualism）判定为"只顾陷溺于传统之因袭和情ماهای的影响"和"对历史事实视若无睹"，"是依靠种种情境与传统"使"罪虐""行径""正当化"。罗又进一步演伸，说这是提倡"以习俗性伦理（conventional morality）"的"不计后果为何、不借外物而成的权威"来取代有意识地"省察"（Fingarette 1991，218—219），是罪虐行径的"共犯"。我当时提出罗哲海是对郝、安二人误解，把不是郝、安二人的东西安到了他们身上。

化与西方体系之间搞概念对号入座给人的不对称认知误导；其归根结底的原因，都无不与中西语言的不同结构密切相关。可以说，汉语把我们带入中华哲学文化世界，英语将我们带入西方哲学文化世界，这两个世界是很不同的，一个是超然绝对主义和二元主义的，另一个是没有这两个东西的。两种语言是各自表述自己一个不同世界的，所以两种语言被人们表面看为意义对等、可以对号入座的概念与话语，其实深层是风马牛不相及的意义。

  我自己得出的判断是，使用汉语和使用英语实际上在精神上是活在两个不同世界的。使用其中一种语言的人，如果试图理解使用另外一种语言的人们精神里的那个世界是什么样的、他们是怎么想问题的，就需要学习另一种语言，而且要了解那种语言所承载的哲学与文化。否则想当然地对号入座学习外国语言是不够的甚至会导致误解的。这就是安乐哲先生引述维特根斯坦"语言之界限即世界之界限"著名理论所要表达的意思。他说，只有用英语人们像理解古希腊哲学的"*kosmos*"，"*logos*"，及"*nous*"概念一样，也在中国语义环境中去理解中国哲学的"道"、"天"和"德"本身的丰富内涵时，才可以宣称是开始让中国哲学讲中国话，从它本身理解它。反其道而言之，也是一样，只有使用汉语的人们像理解中华哲学与文化"道"、"天"和"德"等概念一样，充分理解古希腊哲学的"*kosmos*"，"*logos*"，及"*nous*"在其本身语义环境的内涵时，才可以宣称是开始从西方本身来理解它，也才能意识到，近代以来我们大量使用从西方舶来概念讲述中华文化和文化，其中存在的严重问题。

  安乐哲在西方与中华哲学与文化之间所作比较阐释，着眼于分清用来表述精神上活在两个不同世界，人们使用的英语和汉语所处于的是两个大相径庭语义环境、承载的是不同世界的叙事结构，从而告诫人们，这两种语言是不可以不顾及它们所表述的不同精神世界而想当然地对号入座的；这种随意性对号入座带来的只能是一种结果，即误导，继而造成相互之间误读、误判。安乐哲对中国哲学在比照哲学视野下的理解和翻译方法,改变了一代西方人对中国哲学的看法,使中国经典的深刻含义越来越为西方人理解,在很大意义上纠正了西方人对中国思想传统几百年来的误会,解析了西方学界"中国没有哲学"的成见,开辟了中西哲学与文化深层对话的新路。

在这个意义上,安乐哲先生指出,具备西方哲学背景的学生学习非西方哲学,比单纯学习非西方哲学的学生更有优势。因为受过西方哲学训练的学生能够运用新的分析方法、手段和崭新视角,来理解和拓展中国传统。这种训练的优势,并不在于西方哲学有着中国传统所缺乏的、从事良好哲学探讨所"必需"或"重要"的"严谨性",而在于它能提供一个更有利的观察点,因为"不识庐山真面目,只缘身在此山中"。[1] 我以为,对西方学生是如此,对近现代以来的中国学者更是如此。作为中国的中华哲学与文化学者,如果具备一些西方哲学背景(这个背景不是迄今现有的用汉语学习的西方哲学)会更有优势,因为只有你运用英语或其他西语,运用西方人自身的术语来理解和获得的西方哲学训练,你才能透彻了解他的语言、概念和话语所在本身语义环境的内涵与其承载的西方人特有那个精神世界,你才能反观到中华哲学和文化,意识到中国人自身语言、术语和话语的内涵和中国人特有精神世界与西方舶来的语言、概念和话语有多大的差异,使用西方舶来语言、概念和话语,是如何扭曲中国自己原汁原味哲学、文化的。也只是在这个时候,你才发现你对中华哲学和文化,有了在自己文化之中所看不到视角的更深度理解。这也是说,对西方哲学的研究,在与思考非西方传统的不同语言和不同范畴体系众多问题相联系的时候,得到很大提高。可是,今天中西方哲学家们对此的认识,才仅仅开始。

比如,西方已经有两百多个《道德经》译本。最流行的是刘殿爵

---

[1] [美]郝大维等著,何刚强译:《先贤的民主》,南京:江苏人民出版社,2010年,前言。

（D. C. Lau）和阿瑟·韦利（Arthur Waley）的译本。阿瑟·韦利把《道德经》译成"The Way and its Power"（《道路及其力量》），就因为他不是哲学家，不是比较哲学家，不懂"形而上实在论"（metaphysical realism）或者"超越"（transcendence）是什么，而只是在西方思想语义环境中解读中华经典，所以这是他的一个非常大的错误，把"道"上帝化了、超然绝对化了。而在中华哲学与文化之中，"道"不是超然绝对于世界万物的，它不是像西方上帝那样、用它的无限力量来创造世界。还有英文"Ontology"和汉语"本体"、"天"和"Heaven"、"义"和"righteousness"、"礼"和"ritual"、"孝"和"filial piety"、"仁"和"benevolence"、"理"和"principle"等，都成了流行的、被认为可以互译的很多对英汉概念。中国哲学家如果没有接受过运用西方人自身的术语来理解和获得的西方哲学训练，是无法理解到，这些被认为是与中国哲学术语相应的英语术语，原来内涵表达都是西方特有的那个精神世界。"天"是"Heaven"，变成"上帝所在的天堂"；"义"是"righteousness"，变成"听上帝的话"；"道"是"the Way"，变成"上帝之路"；"礼"是"ritual"，变成"教会礼仪"；"孝"是"filial piety"，变成"对上帝虔诚"；"仁"是"benevolence"，变成"慈善"；"理"是"principle"，变成"从上帝来的原则"。中国人已变得很习惯用"本体"来表达中国哲学的不少重要观念，却不曾想，"本体"原是西方哲学术语"ontology"的专有汉语翻译，其英语含义专指上帝或别的类似称谓的超然绝对物。

近现代以来，不管是西方还是中国学术界本身，用西方语义语境解读中华经典成为主流。比如，有的学者基于"四端"之说将孟子理解为"民主"思想家，将其"性善说"当成可与西方"天生平等"（equality）理念等同的东西。而用安乐哲比较阐释学分析，孟子思想与西方哲学无法同日而语。因为孟子以为的人性"四端"，是人与生俱来的特质性潜在条件（与"命"相连），是进入一种过程性变化的初始；

它不是西方哲学体系术语的"人性"（human nature），作为本质性、一成不变的本体。而且，孟子讲"四端"，着眼点是"修身"，修身保性，"性自命出"，才是人生。另外，在中华哲学与文化本语义环境之中，孟子"性善论"与荀子"性恶论"曾被认为是很大的分歧而争论不已。但是如果具备西方哲学背景，在这个问题上比单纯学习中国哲学具有的优势是，你运用西方人自身的术语理解的人性，是本质性、一成不变的本体，你就明白，原来荀子和孟子在人性上差别不大，都是属于中华哲学的过程性哲学传统。荀子的"性"是本能（instincts），也就是说，他讲的是人与生俱来的动物性。而在这点上，孟子的观点也强调人与动物差别只是"几希"。况且，荀子也主张人性通过教化是可以变的。与西方体系比照，在根本上，荀孟二人在人性上观点又相同。

所以，若研究者具备西方哲学背景的优势，对中国哲学的研究在与思考西方传统的不同语言和不同范畴体系众多问题相联系的时候，就增加了在西方和中华哲学之间比较阐释的能力，能够着眼于分清用来表述精神上活在两个不同世界的两种语言内涵，把两边都看得清楚。安乐哲指出，西方哲学以知识论和形而上学（knowledge and metaphysics）为主，而中国哲学则是以伦理和实践（ethics and practice）为主。中国哲学与文化的体系是开放（disclosure）而非封闭的；如《易经》的"易"，指的是生生不息过程。比照之下，西方哲学体系是属于超然绝对性（transcendental）、断裂的、封闭的（如上帝）；所以詹姆斯（William James）把它称作"封闭的宇宙"（the block universe）。也因此，西方哲学家多是一成不变、超然绝对真理的追寻者，比如God（上帝）、Platonic Form（柏拉图"形式"），或Universals（普世性）。而中国人是"奉天承运"或"顺天成事"，把修身（self-cultivation）作为追求，要"仁由己出"、创造自己（self-creativity），将自己修养成为君子、圣人；目的是参天地，也即"道"的追寻与践行者（dao/way-makers）[1]。

在中西比照哲学阐释视域中，人们才更容易看到，中华哲学与文化的内涵是非常丰富的，中国人才会意识到在哲学与文化上，中华民族没有什么不如人的，才会对自己的传统思想体系真正自信。但是自20世纪初以来，中国人失去了自觉自信，中国哲学总是企图通过以西方哲学为标准的转化而谋求其自身的"合法性"。这个问题今天依然盛行，现在的中国学生们对自己的传统不够尊敬，把它想为是保守的、陈旧的，如同是一份过了夜的午餐。安先生有一次给北京大学学生讲达尔文进化论，一位同学表示不同意这种论说，不接受人是从猴子进化而来的观点，而相信人是上帝创造的。有越来越多的年轻人转向了基督教，基督教在中国发展得很快。这里该注意两点：一是需要意识到，超然绝对性不符合中国哲学；二是中国许多年轻人接受的是不适合自己传统的超绝性。[2]

安乐哲比较中西阐释学术做的是摆脱"西方中心"话语，让中国用自己的话讲述、解释自己的哲学与文化，避免把中华文化强塞进西方概念和话语里。这是在中西哲学文化之间建起的一座桥，目的是解决如何了解另一种文化或如何让一种文化为他者所了解的有效途径。桥本身就是中国与西方哲学与文化不同语义环境之间整体性的阐释比照——在比照之中，分析彼此叙述自己的基本结构——就是向西方阐释（传播）中华文化的必经之路。2007年，原北京外国语大学校长郝平先生邀请安乐哲为大三的学生开一门课，课程内容是安乐哲翻译的中国古代经典著作《老子》、《大学》、《中庸》、《道德经》等。这样的课程有两点重要意义：第一，如何让中国年轻人更好地了解中国的传统经典，特别是从英文角度；第二，从英文角度，为的是让他们学会如何传播这些经典文化。据说，中国有三分之一外交官出自北京外国语大学。所以意义

---

[1] 《北京论坛》记者访谈。
[2] 《北京论坛》记者访谈。

也在于，了解传统文化是一回事，而恰当地传播文化则是另一回事；你到西方去，你必须使用英语、学会用英语传播中国文化。然而，中国传统文化并不像年轻人想得那么简单。比如"孝"的含义，不是现代以来用西方概念理解的仅是听从父母，而是还要"谏"——当父母做错事的时候，要通过恰当方式让父母听从正确的意见，并达到"悦"。这才是"孝"的完整内涵。除去服从，"谏"与"悦"也是"孝"的内容。可这是现在年轻人理解不到的。因此，跨文化向别人传播文化，首先自己要深刻理解，然后才能谈到传播；[1] 而深刻理解自己文化和向别人传播（要了解清楚怎么去讲述它），都离不开在中国与西方哲学与文化的两个语义环境之间进行整体性阐释比照；在比照之中，把彼此叙述自己的基本结构讲述出来，也就把什么是中华哲学和文化向西方人讲清楚了。

二、"角色伦理"是中国哲学向西方讲中国话而达到传播的典范

国家汉办主办、北京外国语大学于2013年承办暑期"尼山国际儒学与中华文化师资班"，还开办了为期一个月的"中华文化跨文化传播师资班"。爱尔兰国立考克大学教授穆勒在讲课时指出，新儒家在中国有点儿影响，但对西方影响微乎其微。儒学及中华文化在西方被接受，安乐哲、罗思文功劳很大。他们讲述中华文化，给西方一个具有信服力的文化复合体印象。"角色伦理"现已成西方学术界空前的新词。它一改历来以西方概念讲述中国造成对中国思想曲解的老做法。它不以西方概念为"高深"，成功将儒学及中华文化"角色伦理"阐释为"中国人的生活"，使它成为全球性接受的道理。

讲述（传播）中华文化，"角色伦理"为什么能如此成功，在于"阐释域境"（interpretive context）这一概念。"阐释域境"就是在你对

---

[1] 《北京论坛》记者访谈。

待一件什么事物,对它加以分析理解时,需要将它放到它自己本来的语义环境中去(英文"contextualization")。这就像中国人常讲的"不能只见树木不见森林"。无论讲西方还是讲中国哲学与文化问题,都不能把问题从它来自的语义环境中孤立和脱离出来,而须通过它本身所处的语义环境将它阐释清楚。这个语义环境是为与其他哲学传统的语义环境进行比照阐释而建立的,称为"阐释域境"。安先生说,讲中国故事,要在中国话的语义环境中去讲;他说,区别于西方形而上学的中国自然宇宙观就是它的"阐释域境",儒家哲学是在这个"阐释域境"发生出来的;着眼这个"阐释域境",人们才有可能在儒家自己的语义话语中理解它的传统。[1]

"角色伦理"的成功,关键在于它具备一套适当的话语。而话语的适当,就在于将中西两个不同"阐释域境"做比照哲学的分析与由此而建立话语。其实不难懂,就是你讲西方哲学问题,要把它放到西方的语义环境中去叙述;也即,要去了解西方哲学体系是在讲什么故事的语义环境之中产生的。讲中国哲学与文化问题也一样,也要把它放到中华语义环境中去叙事,弄明白中国哲学与文化是在讲什么故事的语义环境之中产生的。西方和中国不同语义环境的不同叙事,各自具备一套适合自己叙事内容的语言、话语与术语概念。它关系到各自叙事所属的不同宇宙观、认识论、思维方式、价值观念以及承载着它们的语言结构。

安乐哲比较哲学阐释学向西方讲述(传播)儒学的"角色伦理",就具备这样一套适当的话语。其话语功能体现在用西方和中国两个"阐释域境"(语义环境)的比照分析,叙述出能够帮助了解西方和中华哲学与文化体系各自的大故事。两个大故事各有根植于自己的语言结构。各自的特殊结构,从头到脚,将自己的特殊宇宙观、认识论、思维方法、价值观和语言话语,构筑为一个整体;因而它也是各自"阐释域

---

[1] 安乐哲:《角色伦理学》导言。

境"结构。所以，搞懂各自结构，进行比较结构的阐释，就建立了适当话语，就是在中西两大故事之间建立沟通的桥梁，就有了有效交流和把中华文化讲述（传播）出去的途径。

任何形式的中华文化，只要想让西方人更准确地理解，有效的途径都必须首先考虑，它是比较哲学阐释地向西方讲述。之所以是这样，因为语义环境的整体性比较中西哲学有三点发现：

①西方传统自古希腊一直延续至今，讲述的是围绕"一神"或"绝对真理"为前提意识的文化大故事；中华传统自古以来一直延续至今，讲述的是围绕"道"或"万物"间内在联系意识的哲学大故事。可以说，古代先哲提出"世界万物是从哪里来的"问题，西方的回答是假设一个超然绝对的"神"或"真理"，在中国则是总结人经验得出"道"（或万物之内在联系）的观念。

②一个超绝"神"或"真理"大前提，造成对西方哲学体系起主导的"超绝主义"（即一切话语在其深层都有"一神"或"唯一真理"的潜存含义）与"二元主义"（即一切话语在其深层都有"独立个体"间"对立、冲突"的潜在含义）意识；而"道"或"内在联系"的中国哲学，恰恰不是这种"超绝主义"和"二元主义"。

③因此，西方哲学体系结构（或说"阐释域境"、"语义环境"）可概括为"一多二元"；"一"即"一神"或"唯一真理"，"多"即众多"独立个体"，"二元"即"一"与"多"和/或众多"独立个体"之间，都是"对立、冲突"或单向线性的"甲主宰乙"关系；中华哲学与文化结构概括为"一多不分"；"一"即"道"或"内在联系"或"万物浑然而一"，"多"即"相系不分"万物（相系的多样性），"一"与"万物"或"万物"之间，都是"相互依存"、不可孤立分开的必然关系。

这三点基本发现，人们会说太抽象、深奥、艰涩、难懂，而一旦用它解释实例，就变得浅显易懂。比如，汉语最为日常词汇的"大家"，对应的英语是"everyone或everybody"（硬译是"每个一"或"每个体"）。在比较哲学阐释分析中，二者含义原本风马牛不相及。把二者作为一对互译词汇，效果是：在英语文化中，人们以为"大家"即是"everyone或everybody"，在中华文化中，中国人以为"everyone或everybody"即是"大家"；在事实意义的比较哲学语言结构上，这种含义相互理解其实是双向误解。"everyone或everybody"本身含义是"不可分个体性"（individuality），作为语言或话语，它下意识地隐含"一多二分"结构的世界观主导性；世界由"独立个体"构成，"个体"是"二分"状态；人存在，是作为"个体"性、"独立"性，其作为价值观也隐含在内。

相反，在中国的汉语世界，表达"较多个人"，常用"大家"，因为它是"一多不分"世界观；"大家"表述：人与人的不作为绝对"个体"的"相系不分"。这是自古以来汉语言世界观、认识方法、思维方式、价值观的结构；汉语世界没有西方"everyone或everybody"深层隐含的超绝主义与二元主义。哲学与语义环境建立在这样的下意识上，不同文化的人在这种下意识阻绝之下，在内心思维上是分别处在不同的两个范畴世界中的。

还比如，当今最时髦的政治概念"人权"，它来自且可互译的英语是"human rights"（硬译是"人没有错的行为"）。在比较哲学阐释中分析，这二者含义原本也是风马牛不相及。将二者作为互译的一对词汇，效果是：在英语文化中，人们以为"人权"即是"human rights"，在中华文化中，中国人则以为"human rights"即是"人权"。而在事实的比较哲学语言结构上，这种方式的相互理解彼此含义，其实又是双向误解。"human rights"原本含义是"上帝说人的行为没有错（所以要保护）"，而且这里的"人"是作为"个体"（individuality）。所以，"human rights"这一概念，是以"一己主义"和"上帝"信仰作为先决条件、作为主导意识的，作为语言或话语，显然是"一多二分"结构的世界观，是建立在人作为"个体"性、"独立"性的绝对价值观上的。

而汉语"人权"二字，是出自中国哲学与文化"一多不分"结构叙事。这个"阐释域境"的"一多不分"世界观，是将"人"视为和表述为"相系不分"的；这是自古以来中国人对世界的认识、思维方式和价值观。这里的"人"不是"本质不变"、"个体、独立"的人。还可以说，汉语"人"没有英语"human beings"（"人类"）深层隐含结构的超绝主义与二元主义。"权"也不是"rights"，不是什么"上帝说人的行为没有错"。"权"出自于对人群获益的一种全面视角或考虑。很明显，历来人们认为可以互译、作为同一个含义对待的"人权"与"human rights"，在原本文化含义上属于下意识中两种截然不同范畴结构，它把中国人与英语文化的人们，阻绝在内心思维上分别处在的不同两个语言世界中。所以，不弄懂这两种不同结构（语义环境）的话语，就笼统地以"人权"（"human rights"）概念附会中国的政治现象，自然误导、导致思想意识的混乱。

结合具体实例，比较哲学阐释变得不抽象、不深奥、不艰涩与难懂了。"一多不分"与"一多二元"本身是高度概括的比较中西哲学的两大基本"阐释域境"（语义环境）。牵涉西方和中国两个哲学与文化转动的任何问题，在这两个"阐释域境"比照分析中，分清各自的大故事、各自宇宙观、认识论、思维方法、价值观和各自语言结构；这样建立起比较阐释话语，建立起中西两大故事之间沟通的桥梁；如此，有效地交流和把中华文化讲述（传播）出去的途径被开通。现在我们可以理解了，安乐哲对西方阐述（传播）儒学"角色伦理"，就是这样的路径。为什么穆勒认为"角色伦理"的阐释一改历来以西方概念讲述中国造成对中国思想曲解的老做法，说它不以西方概念为"高深"，说它成功地将儒学及中华文化"角色伦理"阐释为"中国人的生活"，使它成为全球性被接受的道理？原因就在于，安乐哲是在比照分析中西哲学体系的两个基本"阐释域境"（语义环境）过程中把儒学"伦理"从西方

"ethics"分析出来，而不是历来扭曲地用西方"ethics"概念的有色眼镜看和对待它。不以西方概念为"高深"，就是不用形而上学、超绝、二元的主导意识看问题，不以它为普世原理，而且明明白白地告知，儒学"伦理"不属于外在、超绝、"神为中心"的范畴，而是"人为中心"、经验的、内在范畴的。一句话，儒学"伦理"是关于人的生活的思考，不管是什么人，都会面对自己生活存在的与别人关系时所需要的适当角色功能。这自然是谁都能接受的，当然是全球的，所有人类的，原因是：人类谁不生活？

安乐哲这样的比较哲学与文化阐释，令人信服地展示了如何才能达到"向西方讲述（传播）中华文化"的实际效果。"角色伦理"这一概念本身就是比较中西哲学与文化的产物。安乐哲讲儒学为什么要使用"角色伦理"这个西方概念，而不干脆直接用中国人说的"儒学是以'仁'为核心思想伦理哲学"？牟钟鉴先生提出"仁学"，其实干脆用它也很好。但是这里存在一个无法克服的问题，就是翻译问题。儒学"仁"观念几乎用英语无法翻译。曾经流行用"benevolence"作为翻译"仁"的涵义，很不成功，因为它只表述很有限的一层薄薄的"仁"意思，却丧失"仁"绝大部分的丰富含义。而发生这种失掉绝大部分丰富含义的原因，就是因为汉语和英语是蕴含不同语义环境的叙述结构语言。英语是叙述本体超绝、二元、单向线性逻辑功能的语言，而汉语是叙述意象、类比、整体、多向多重、过程变化逻辑功能的语言。应该说"benevolence"表述一种"A—〉B"的单向线性逻辑，而"仁"是可用"通过森林看树木"比喻的，讲的是一棵树木与其所在森林环境各种层次、方向、动态的互为存在关系功能的语言。也即，"仁"是表述人与他人、与物、与社会、与天地、与自然的全方位视角恰当关系的观念，这在西方语言体系中是找不到的。"仁"用什么西方概念翻译都不会成功的，而只能是阐释，这种阐释也须是对两个"语义环境"比照的阐释，才能将"仁"讲得更贴近它的原来含义。不光是"仁"，凡中国哲学与文化的关键观念，都存在这类问题。在这种情况下，安乐哲的新西方术语"角色伦理"才应运而生。

"角色伦理"是安乐哲力图通过比较阐释，将儒学"仁"思想与西方"ethics"相区分而创造的概念。西方"ethics"讲的是"以神为中心"、外在、普世性原理；而"仁"作为伦理道德，与那个"ethics"毫无瓜葛，而是"以人为中心"的经验、是"仁由己出"、是以人生存/生活所必须身在其中的关系出发的"得道"状态。这种区别，在阐释中用英文表达，就成为一种介乎于纯"一多二元"（西方传统）与纯"一多不分"（中华传统）之间的新语言，或者说从一种形而上本体逻辑语言向过程性逻辑转化的新语言。在这个意义上，"角色伦理"是这种变化之中的一个典型范例。还比如安先生在这个节点上常用的"心场"（focus/field）、"域境化"（contextualization）、动名词化（gerundive）等都是他在比较阐释中处理语言问题的创新之处。安先生说：

> 儒学谈的是人，它谈人的道德注重的是其整体性，这是由于需要对我们整个人的经验来思考、解决问题；儒学的生命力就在于它不离我们的日常生活，我们需根据我们自己、根据我们在社会关系网络中所处的地位和所扮演的角色来了解该怎么做（这与康德的伦理不是一回事）。康德要求依靠的是经验以外的东西，他在这方面跟西方哲学的整个形而上学的叙事传统是一致的。[1]

那么，我们是否可以说"角色伦理"这一阐释学概念是可以等同"仁"观念了呢？我以为还是不能这么说。它是在向西方阐释（传播）儒家哲学"仁"观念之权宜意义上创建的术语，它的功能在于与西方哲学体系相区别地阐释"仁"观念，它不等于"仁"观念本身，但比起任

---

[1] 陈晨捷访谈。

何像"benevolence"那样用西方概念强加给儒学的做法,无疑是更理想的接近于原汁原味儒学思想的语言。此外,它有能提升西方哲学,也能提升中国哲学的原因,也在于它是居于跨两个"文化域境"优势地位的。"角色伦理"是中国学者身居自己文化域境内所不可能想到和用来创新的词汇,而这正是启发中国学者从"庐山之外看庐山"的一种角度;它能让中国学者增加更宽阔的视野,对自己的文化理解的更为深刻。

"角色伦理"为什么对西方人讲儒学有效?是因为西方人在"一多二分""阐释域境"之中的思维,他们更熟悉基督教上帝伦理(ethics)或者康德的绝对普世伦理,而不知"仁"为何物。安先生把角色(role)与伦理(ethics)放在一起组建一个新术语,就是明显告诉人们,现在伦理(ethics)不是与上帝相关或者那个普世"ethics",而是与人相关了。它不再是外在、超绝的,而是由人生存/生活所必须身在其中的关系而来的角色的适当性。一句话,伦理(ethics)现在成了人的关系适当性的道理与行为。儒家汉语的"伦理"观念,本身就是关系;伦:就是与不同远近人的关系;理:就是适当关系,就是道或理,应当循此理而行。"角色伦理";"角色"也是关系,是关系决定的地位身份。人有不同"角色",是人有不同关系,人有不同关系的位置、身份。这个"角色",不是演戏的角色。因为演戏角色是"扮演"的,"扮演"就不是自己自然的适当身份,是与自己自然关系身份割裂、二元对立的。而由自己所处各种不同关系决定的角色,不是这样,它是自己自然适当的身份,不是"扮演"的,而是与自己自然身份是相系不分的。在这种意义上,角色就是自己自然身份。这个身份与角色的统一,就是恰当关系的处理,就是伦理。

在这点上,安乐哲指出,明显差异的、关系观念的、承当各种该角色的人,与古代希腊开始就有的"原教旨—己主义"意义上所理解的人,是有天壤之别的。对什么是儒学中"人"的问题,安乐哲对西方人们解释说，像任何杰出儒学哲学家那样，罗思文精辟地告诉我们，看看我们作为人，事实上是如何在根本上是生存/生活于周边"域境"（contextualized）之中、特殊境况之中和各种关系结构之中的人。安先生继续引用罗思文观点说，我们与生俱来就落在一个特定文化群体被抚养成人，使用它的语言，根据它的价值观、它的宗教倾向、习俗、规矩与惯例、秉持它的怎样做人的理念。在这个意义上，儒家一开始就认为从来不存在什么"孤立"的"我"，不是把"人"作为一个抽象概念去思考。"我"是什么？"我"不是什么一成不变"本质认同"（identity）。"我"是"我"在生活中与任何特殊周边之物存在的关系而我具有的所有"角色"。在全体上说，这些关系交织在一起，对我们每个人，都是一种独特的个人身份形式；我的角色变化着，也意味着别人也必然变着，是这样变化的关系决定着"我"身份的不同。[1]

罗思文还精辟地论述，从人的"社会域境化"视角（socially contextualized way）看问题，就会很明显，在很重要意义上，我自己的所谓"身份"（identity）不是我孤立地得到的；我自己是谁，不只是我"孤立的"自己所决定的。当然，为了做一个好人，需要从自己角度做很大的努力，但是，到底会在多大程度上我是谁和我是什么，是取决于我与之互动的人们。这种情况下，我自己的努力只是在某种程度上决定了我是谁和我是什么，同时，我与之互动的人们也是一样，他们的努力也只是在某种程度上决定他们是谁和他们是什么。[2] 安乐哲说，我们作为人，不是我们与生俱来就具有一成不变地作为人的本质，而是我们所做的事情决定着我们是否是人。在这点上，安乐哲是从唐君毅先生提出的"一多不分"自然宇宙观那里获得的启示。他说，唐君毅有一个十分坚实的儒学观点，就是说，我们是学习做人，在最根本上是个成人过程；这个过程，需有一套术语，作为行为原则，实现做人。而且，根据罗思

---

[1] 安乐哲《角色伦理学》序言。
[2] 安乐哲《角色伦理学》序言。

文的儒学角色伦理论述，做人必定是我们在自己的角色上和关系中一起去做的事情，不然就谈不上"做人"。

从上述这些对"角色伦理"观念的"人"的深刻论点，都是在与西方哲学体系的"域境"结构相区别的阐释中独到论述的。为什么会这样论述，就是因为在"一多二分"的"叙事域境"中，"人"概念是抽象的、个体的、不是关系的、而是一成不变本质的，"我"的一切是"我""一己"的，与别人无关的。把这种既成、特有的主导下意识剥离开来阐述，才能让人听得懂，否则达不到效果。这些东西在"一多二分""叙事域境"下是理所当然的，而儒家"人"观念是异样性的，不可思议的，所以必须做"阐释域境"比照才可成为使人懂得的。于中国人也一样，儒学"人"观念在自己"阐释域境"（语义环境）内是理所当然的，而抽象、个体、非关系、一成不变本质"人"的理念是异样性的。知道这点，就能理解为什么对西方人们讲儒学，要提出那么多从中华文化角度让人感到异样性的观点，加以对比，去讲述儒学"人"的关联性，才会在西方叙事域境里讲明白。这种阐释过程中论述的深刻观点，反过来也拓展了从儒学角度极有价值的看问题的视野。

正如安乐哲所说，"角色伦理"是新伦理。为给人类的伦理生活阐发一种敞开心扉的新憧憬，力图把"角色伦理"讲得充分，我们必须要在怎样改善和评价人类行为问题上，保持儒家哲学与现在西方思维方式之间的对话。个人价值的取得，是与个人所在的兴旺家庭共生的、分不开的，它也是与十分深刻的一种"人为中心"（其实无神的）、"诚"（religiosity）天然联系的。恰恰是这种"人为中心"（无神的）、"诚"生成儒学的"宗教性"（religiousness）。[1] 这个"宗教性"是对人与人相系不分的认可与崇信，它相对于教会性质的亚伯拉罕"神为中心"的"宗教"，更构成一种重大意义、更现实（以人为本对非神、尘

---

[1] 安乐哲《角色伦理学》序言。

世）的选择。从这种考虑出发，安乐哲表示，哲学事业的责任，不仅应当帮助人们了解看问题的不同观点，而且还需向人们推荐，哪种理念我们该支持。

很多人对汉语"传播"这一概念有误解。认为"传播"就是"宣传"，就同约瑟夫·奈所说"软实力"有关，是想方设法让一种文化能吸引人、政治价值观能吸引人。它是一种单向线性思维，这同安乐哲的用比较中西阐释摆脱西方中心话语，让中国哲学用中国话讲述、阐释自己，避免把中华文化强塞进西方概念和话语里，是两回事。中华文化"传播"须通过对中西两个不同哲学与文化的"叙事域境"（语义环境）进行比照阐释，通过这样建起的一座桥，目的同是了解另一种文化和让一种文化为别的文化所了解。这是相互的对话、交流，是相互达到理解，是一种建立在促进双方增进适当友好情谊关系之上的学术，而不是单向挑起的政治较量。尤其是中华哲学和文化的向西方"传播"，是讲述自己，是在西方不明或有人不屑明白自己的情况下把自己讲明白。中华文化跨文化"传播"，不是西方式地人为制造话语权斗争。

在2013年夏天国家汉办主办的"中华文化跨文化传播师资班"上，有一位芬兰学者表现出对中华文化"跨文化传播"的很大误解。他公开指责，"这是利用'跨文化传播'概念，培训教师，向人们推广对中国传统与文化的一种理解，适合（中国政府）当今的政治目的"。更值得注意的是，由于缺乏比较中西哲学阐释理论方法，肤浅使用西方概念与简单模仿西方行文叙述方法，有些中国说法也招致误解和不必要的被动。比如，传播中国哲学语文化不能轻易肤浅地与"提高软实力"、"公共外交"、"争夺话语权"等概念联系在一起。这些概念都是特定的西方政治理论术语，鲁莽地运用，起的是损害中华文化对外传播的良好意愿的作用。

安乐哲的"角色伦理"论述，通过中西两个哲学与文化"阐释域境"（语义环境）之间比照分析，所实现的向西方"传播"中华文化，不是简单技巧、方法、方式、手册等的东西，而是智慧的哲学问题。其中必然牵涉语言哲学问题。所以用于中华哲学跨文化传播的语言问题是个敏感、严肃、慎重的问题。此处需提出的是，即使"传播"一词，也不能不假思索地在英文中作为"transmission"、"dissemination"对待，不能用这两个词汇作为汉语"传播"的英语译法，而是应更恰当地理解为"communication"。原因就是"transmission"和"dissemination"都具有一厢情愿地单向线性A→B式地简单递送信息或目的性宣传。"dissemination"的定义是一种"广泛散布的行动"，是使其栽种、增殖（act of disseminating, or spreading widely; "to plant, propagate"）；"transmission"的定义也是单向线A→B式地递送，是使其散布、传送、递送（1. To send from one person, thing, or place to another; convey; 2. To cause to spread; pass on）。"传播"是交流、对话、聊事，在英语中更是"communication"和"conversation"（交谈、交际）。"communication"的定义是双向"交流"行为与过程（the act or process of communicating; fact of being communicated），是相互交流思想、意见和信息interchange of thoughts, opinions, or information）；是"分享"（archaic: share or partake）；是"共同参加、交往"（to be joined or connected）。在中西两哲学与文化"语义环境"间互相比照阐释的意义上，实现西方文化的向中国和同时中国文化的向西方双向"传播"，它不可能是一条线一个方向的"transmission"或"dissemination"，而只能是"communication"。

安乐哲先生常用"走出庐山"或"不识庐山真面目，只缘身在此山中"说法，比喻在中西两个哲学与文化"语义环境"互相比照阐释、理解的必要。在这个比喻意义上理解，则所谓"传播"与其是"让别人了解"，不如说更意味"自己要了解"。"庐山"，比喻的是自己的文化域境；"走出庐山，在它之外看庐山"，是拿着自己已经清楚、了解的对方文化域境作为参照；以横跨反观法以及比仅从自己文化域境更超越的角度,将自己的文化看得更清晰、更深刻。这样得到的对儒家哲学"仁"观念或任何哲学文化意义的解读,都是在自己文化域境中得不到的。此外,"走出庐山"的初衷,还更是避免自己误读对方的文化;因为文化误读产生于只用自己文化语境的叙事所配备的语言、话语和术语来讲述,将对进行解读的哲学文化置入与其自身毫不相干的哲学与文化范畴和问题框架中加以讨论,导致把本来与自己不相干的范畴和问题,误读为自己文化语境的范畴和问题;轻易地忽略被解读对象哲学和文化及为解读它使用的语言,本是出于两个很不同宇宙观、方法论、思维方式、价值观和话语结构的叙事语义环境。结果是,总是对解读对象文化扭曲和误读,把它讲述为面目皆非的东西。这种现象作为中西哲学文化的不对称接触历史,作为双边共同问题,已经存在数百年了。要想改变这种状态,就要把西方哲学放回它自己的域境,讲西方话,让中国哲学与文化讲中国话,使各种中华哲学与文化问题回到自己原来的语义环境。达到这种效果的做法,就是比照,搞清中西两个语义环境各自叙述的宇宙观、方法论、思维方式、价值观念和语言结构到底是什么;在对照视野下找到它们的差别在哪里,差别到底是什么。

三、比较哲学与文化途径的儒学跨文化传播

安乐哲论述"儒家角色伦理"所实践的向西方"传播"中华哲学的比较中西语义环境阐释,它究竟是一个什么样的比较哲学架构或体系呢?从他所著《儒家角色伦理》一书结构看,可得出下面为这个体系提供的关键概念与基本路径:

①提出比较方法论
- 区别于形而上学的归纳概括方法论
- 区别于超绝与二元主义:由概括归纳方法确定的"阐释域境"(语义环境)

- 提出"一多不分"的域境化"心场"（Foci/Fields）概念（即通过森林看树木）

②提出"阐释域境（interpretive context）"（语义环境）概念
- 与单向线性相区别的中国万物互系思维方式（同是高端思想与常识）
- 提出《易经》作为中华特色万物互系宇宙观之源头活水
- 提出传统中医作为中华万物互系宇宙观一脉相承
- 将中华万物互系宇宙作为"生态宇宙"阐述
- 将中华万物互系宇宙作为"道德宇宙"阐述
- 与神为中心宗教相区别，将中华万物互系宇宙作为"宗教性宇宙"（文化英雄传统）表述
- 区别于单向线性逻辑，提出中国的相互与相构性形态关系观
- 区别于西方"创造"是神的专利，提出儒家思想传统创造观：人能弘道——让此生此时充满意义
- 区别于西方本体论宇宙观，借鉴唐君毅提出中国过程观的"一多不分"自然宇宙论

③交代儒学所做的事业：安身立命——至于"仁"的人生观
- 区别于西方一成不变"个体人"的儒家哲学"做人"观
- 安身立命的蓝图：《大学》
- 区别于西方"政治"："治国"为"齐家"的延伸
- "家庭关系"的"话语性"
- 人的个性是礼与角色、关系统一的体现
- "朋友"的延伸性与包融功能
- "人"作为相系不分的"做人"、"成人"和角色
- "做人"、"成人"是人主观能动创造性（区别与上帝无中生有地创造人）
- 唐君毅：人性非一成不变，而是人的作为

- 儒学的"仁"哲学，对于自由个人主义理念，是非同寻常的观点
- 孟子的"做人"、"成人"思想
- 孟子的五行：仁义礼智圣；域境的人而非个体人
- 美国实用主义观念的"人"：与儒学有一致性、也有差别性
- 弄懂"根"、"本"、"性"、"因"四个概念

④阐释、传播儒家"角色伦理"

- "原理"（principle）与"德行"（virtue）从何而来：与西方相区别的"仁（维系适当关系）为价值"
- "子为父隐"：区别与西方形而上本体的"真"，儒学"真"在于"行"
- "致中和"而"万物育焉"
- 礼仪为廉耻之本（对待关系之中产生的荣耀与可耻）
- 贯串角色形态的"成长过程"的"做人"
- 率性之"仁"（行为的恰到好处之"仁"）
- 德是行的，不是定义的；是与角色与关系共生意义的优化
- 道德能力从何而来？——孝为本（孝为伦理强制性）
- 至善人生的追求（圆满人生的愿景）
- 儒学角色伦理阐释词汇表：
- 恕：推己及人
- 忠：鞠躬尽瘁
- 义：正当得度
- 信：践行诺言
- 德：品行至善

⑤与西方宗教意义相区别的儒学"人为中心"宗教性

- 超越"超绝主义"：告别一成不变本体论，走向到生生不息过程宇宙
- 儒学的行进过程语言：从叙述上帝到叙述"道"（从何谓上帝到

如何得道）
- 追溯儒学的"天"、"帝"观之源
- 宇宙如何开始：天地氤氲观"认识论"
- 来自准无神论宗教情结的意义与价值
- 儒学宗教感：积极的生命之花
- "创造"的本质："与天地参"的宗教感

必须首先认识到，实行中西哲学与文化的比较，从彼此系统中归纳概括出贯穿始终的结构性特质和差别是十分必要的；而且这两个不同哲学文化传统结构的总结归纳，必须是基于对中西两大哲学与文化体系做过详尽的深入浅出调查基础之上。此外，还应认识到，试图进行两个哲学文化传统之间的比较，将不可避免地必须使用类比方法，而这些类比方法，有一致性类比，也有反差性类比。例如，在安乐哲论述美国实用主义哲学方法与儒家进行类比时，既使用了一致性类比也使用了反差性类比。应该说，安乐哲方法论有三个关键概念：归纳概括法（generalizations）、"阐释域境"（Interpretive Contexts）和"一多不分"的域境化"心场"（Foci/Fields）观（通过森林看树木）。

"阐释域境"（interpretive context；也可称"语义环境"），是论述"角色伦理"或在中西哲学文化语义环境之间进行比照阐释，把任何一个中西哲学文化问题分析清楚的根本途径或方法论概念。没有"阐释域境"概念，就没有安乐哲的比较哲学，也就没有对中西哲学文化体系作整体性比较的切入点。通过"阐释域境"，安乐哲归纳概括了西方"一多二元"和中国"一多不分"两大"域境"（或"语义环境"）；进而在中国"阐释域境"（"语义环境"）中，归纳概括了中华哲学与文化域境区别于西方的超绝主义、二元对立思维的、称作中国独具特色的"互系性思维"（Correlative Thinking）。"互系性思维"不仅属于中国文化传统高端哲学思维方式，也是弥漫于普通百姓的常识性思维。如可顺手拈来的"将心比心"、"塞翁失马，焉知非福"，就是常识性互系思维。常识性互系思维，即习惯地将一事物与其他事物下意识地视为不可分地联系起来的思考。安乐哲认为，互系思维的源头活水从《易经》而来，从经典《易经》给予的一个独具中国特色的互系宇宙"观"那里而来。

互系思维发生于中国远古先哲从"观"（"认识论"）得到的对天地宇宙万物浑然而一的认识。它区别于西方宇宙观的关键，在于不假设一个超然绝对本体和由它开始的单一秩序。《易经》给出的宇宙论之中国特点，在于世界是由相系不分万物组成，"万物"背后没有超绝的"一"作为开始与主宰；因此，不存在"一"与"多"的二元对立，也不存在万物作为本体"独立个体"之间的二元对立。中国先哲的"观"可区别于西方"形而上学"认识论；也即，中国的得到宇宙观不是预设命题，而是人经验的总结归纳。这个归纳是整体性类比方法，既给出宇宙一般性看法，也容纳特殊性。这是因为它把宇宙看成是互系的，而互系的最一般总括，就是任何事物以及整个宇宙的阴阳相互作用的动态构成与相系不分。所以总结归纳出的经验结论包括总体趋势，也容纳例外现象，是符合中国特点互系逻辑的。

安乐哲指出，其实中国特点的互系宇宙观，最实在的描述是传统中医。传统中医就是一套对中国古代哲学深邃阐述而形成的医学体系。传统中医形成自己术语，中医通过这些术语阐发的意义，都是在中国哲学与文化语义环境所提供的意象观念与文化象征之上开发、延伸的。所以，对传统中医而言，任何将人体只作一个物件对待，都是粗暴的、不符合互系宇宙的生态和整体性与过程性真实，都不符合基于此而延伸而来的传统中医原则。此外，安乐哲将中国互系宇宙论在英语世界以"生态宇宙"作为表述；"气"作为一种生态域境，相对于以任何一件事物作为着眼点，处在着眼点事物的特殊性、总是处于变化，就构成人的经验。在这个意义上，如果用英语表述，事物似乎就是动名词性的，因为动名词是事物的变化过程状态概念表述，同时，万物本身，也由于它们的总处于变化而构成之间的生态关系。

安乐哲还用英语世界可表述性的"道德宇宙"、"宗教感宇宙"、"相互、相构形态关系观"、"创造力"和"过程宇宙论"等术语将中国与"道"、"阴阳"、"浑然而一"必然联系的天地宇宙自然观,进行了与西方类似相应概念的比照阐释,将它讲述、传播为在英语世界更接近于原汁原味的中国思想。

交代了大范畴的哲学与文化语义环境之后,安乐哲开始在阐释儒家安身立命的追求——培养以"仁"为核心人生观:人在万物相系不分之中的至善之德。为追求将儒家阐释为在英语世界人们能弄懂的哲学,安乐哲在十四个思想问题意识上对儒家的"仁"核心进行了与西方英语世界问题意识反差性类比:"个体人"与"成人"、儒家追求"蓝图"、"家"与"国家"关系的相通性、个性在于角色与关系、友谊作为关系延伸、"做人"与角色、"成人"是创造力、人性是人的作为、与自由个人主义的反差类比、孟子"做人"的思想、"五行篇"域境的人与"一己"反差类比、与美国实用主义理念的一致与反差类比,比较阐释"根、本、性、因"四观念等。

阐释清楚儒家安身立命、以"仁"为核心人生观的追求之后,安乐哲才开始对更具体特殊性强的"角色伦理"进行阐释。这个阐释工程的问题意识有:"仁"作为儒学价值与西方的反差类比、"子为父隐"的"真"与西方反差类比、"和"则"兴"、以关系为源的荣耻观、"成人/仁"是角色成熟、恰到好处为仁、德喻于行、孝为德之本、至善人生等以及做出阐释传播的儒家词汇:恕、忠、义、信、德。这是一整套体系性的对儒家角色伦理进行中西哲学彼此语义环境阐释传播的途径路向。它树立了样板,对任何中华哲学与文化的问题意识进行跨文化的阐释与传播,都可以参照这一途径。

相当于做出一个总结,安乐哲在提供儒家角色伦理的比较哲学阐释传播途径之后,对儒家角色伦理乃至其整体哲学体系与西方宗教理念做出了反差性类比阐释。这是一种整体、结构性的比照阐释，为的是在宗教感含义上将儒家哲学可传播性提升得更高、更深、更适当、更可懂。安乐哲提出，相对于西方哲学文化"以神为中心"特点，儒家"以人为中心"。他对在"宗教"层面意义做出的反差类比阐释是这样的：从英语世界"宗教"含义出发，儒家哲学不是宗教，但是宗教感的。因为英语宗教一词"religion"是组织结构性的，而儒家不是。但在宗教性"religiousness"上说，它表示人对关系的自然情结；"宗教"在远古组织结构化之前，也只是一种表现人与人关系的人群活动。所以在这个意义上说，儒家具有西方意义的宗教感，这对西方人来说，是好懂的。此外，安乐哲还强调：儒家哲学超越西方超绝主义，它是一种优越于一成不变本体宇宙论的生生不已过程性宇宙观；儒家哲学是一套表述过程的语言，不是为叙述上帝而服务，而是服务于叙述"道"，叙述遵行"道"而生活。中国人对分别究竟"天"与"帝"是否是超绝的概念没有兴趣，因为他们最关心的是看得见的万物本身是怎么回事；中国人得到一个浑然而一的天地万物世界，不是通过形而上学的认识论，而是通过"观"，是对人经验的实在归纳概括而得来的，这是中国意义的"认识论"。如果探究儒家哲学围绕的是什么意义和价值，应该说是对非神性、人与人关系执着的情结。就角色伦理而言，所谓创造力，如果使它在英语世界变得可理解，要说它是"以人为本"协同的创造力，它发生的范畴是对人与万物互系不分的情结上。因此，最后可以说，是在对以人与万物相系不分（西方宗教感意义的）执着情结为出发点上，儒家具有所说的"君子自强不息"精神。

值得注意的是，最后，安乐哲认为儒家伦理是有局限性的，即是：角色伦理学似乎夸大了人的作用；可能具有一种类似西方"意志主义"倾向。尽管这一点，在比较哲学阐释意义上，在中国学者的争议之中，仍然是个需要继续商榷的问题，但是我们仍然可以做出一种共识性的结论，安乐哲的儒家角色伦理，确实通过比较中西哲学与文化语义环境的途径，把儒家思想向英语世界阐释和传播得比西方历来任何对中国思想的认识，都更接近于原汁原味。我们不能不感到庆幸，不能不给予安乐哲的比较哲学与文化途径的儒学跨文化传播，并将其作为迄今空前有效实践的认同。

我本人认为，安乐哲所做工作起到的作用，是继续利玛窦所做的事业，但他是将利玛窦等人扔到西方基督教筐里的中华哲学与文化，又从中鉴别出来，还给它本来的面目；而且通过对两个哲学文化语义环境反差类比的分辨，使得儒家哲学讲中国话，用自己的话讲述自己，一改以西方话讲中国哲学的局面，让人们看到，这是具有中国哲学国际化意义的新选择。安乐哲指出：

> 中国有两千多年的过程性的思想，中国没有西方的本体论，而是有它自己的宇宙论，所以中国的过程性思想可以刺激、激发西方思想。可以大胆地讲，20世纪康德是我们的黄金样板，而在21世纪，在过程哲学意义上，诸如《易经》的哲学才应该是我们的模范……假如解决全球当前的"困境"，需要我们改变自己的价值、意志和行为，那么其中的文化资源之一就是儒学。这个改变就是"必须"的……我们现在要做的把儒学变成国际性的文化，就是出于这样的考虑。[1]

（作者单位：北京外国语大学国际中国文化研究院）

---

[1] 陈晨捷访谈。

国外中国传统文化研究前沿目录

密歇根BAS数据库与儒学相关的法语研究论著目录

伍昕瑶　张明明　译*

法语专著（1990—2005）

Lacrosse, Joachim, éd. *Philosophie comparée: Grèce, Inde, Chine*《比较哲学：希腊、印度、中国》, Paris: Librarie Philosophique J. Vrin, 2005.

书中章节：

1. Chenet, François, Du sens de la philosophie comparée "论比较哲学的意义", Lacrosse, Joachim, éd. *Philosophie comparée: Grèce, Inde, Chine*. Paris: Librarie Philosophique J. Vrin, 2005. 187 p.（Annales de l'Institut de philosophie de l'Université de Bruxelles）, pages 79-97.

2. Gernet, Jacques, Sur notre perception du monde "关于我们对世界的感知", May, Rachel; Minford, John, eds. *A birthday book for Brother Stone: for David Hawkes, at eighty*. Hong Kong: Chinese University

---

* 本文分工："法语论文"部分为伍昕瑶译，"法语专著""书中章节"部分为张明明译。

Press; Hong Kong: Hong Kong Translation Society, 2003. xi, 365 p., pages 119-125.

3. Jullien, François; Lacrosse, Joachim, La Grèce et la Chine: comparer, dé-comparer. Un entretien avec François Jullien〔interview conducted by Joachim Lacrosse〕"希腊与中国：比较，去比较——与弗朗索瓦·于连对谈》, Lacrosse, Joachim, éd. *Philosophie comparée: Grèce, Inde, Chine.* Paris: Librarie Philosophique J. Vrin, 2005. 187 p. (Annales de l'Institut de philosophie de l'Université de Bruxelles), pages 65-78.

4. Lacrosse, Joachim, Introduction: La philosophie grecque à l'épreuve de la Chine et de l'Inde "引论：面对中国和印度的希腊哲学", Lacrosse, Joachim, éd. *Philosophie comparée: Grèce, Inde, Chine.* Paris: Librarie Philosophique J. Vrin, 2005. 187 p. (Annales de l'Institut de philosophie de l'Université de Bruxelles), pages 7-20.

5. Levy, André, tr. Haoran zhi qi〔translation into French of Mencius, Book II, 'Gongsun Chou', Part I, Chapter 2, and of Liaozhai zhiyi IV. 156, by Pu Songling〕"浩然之气", May, Rachel; Minford, John, eds. *A birthday book for Brother Stone: for David Hawkes, at eighty.* Hong Kong: Chinese University Press; Hong Kong: Hong Kong Translation Society, 2003. xi, 365 p., pages 309-318.

6. Reding, Jean-Paul, L'origine de la philosophie en Grèce et en Chine "希腊与中国哲学的起源", Lacrosse, Joachim, éd. Philosophie comparée: Grèce, Inde, Chine. Paris: Librarie Philosophique J. Vrin, 2005. 187 p. (Annales de l'Institut de philosophie de l'Université de Bruxelles), pages 21-42.

7. Robinet, Isabelle, De quelques effets du bouddhisme sur la problématique taoïste: aspects de la confrontation du taoïsme au bouddhisme

"论佛教之于道教论争的若干影响：道教与佛教比照的若干方面"，Lagerwey, John, ed. *Religion and Chinese society*. Volume I：ancient and medieval China. Volume II：Taoism and local religion in modern China. Hong Kong：Chinese University Press；Paris：École française d'Extrême-Orient, 2004. xxxiv, 927 p., pages 411-516.

8. Cheng, Anne, Paroles des sages et écritures sacrées en Chine ancienne "古代中国的贤者之言与圣书写作"，Alleton, Viviane, éd. *Paroles à dire, paroles à écrire：Inde, Chine, Japon*. Paris：Editions de l'Ecole des hautes études en sciences sociales, 1997. 282 p.（Recherches d'histoire et de sciences sociales = Studies in history and the social sciences, 75）, pages 139-155.

9. Cheng, Anne, Si c'était à refaire... ou：de la difficulté de traduire ce que Confucius n'a pas dit "如可重来——论翻译孔子未言之处的困难"，Alleton, Viviane; Lackner, Michael, éds. *De l'un au multiple：traduction du chinois vers les langues européennes* = Translations from Chinese into European languages. Paris：Éditions de la Maison des sciences de l'homme, 1999. viii, 341 p., pages 203-217.

10. Cheng, Anne, Yi：mutation ou changement? Quelques réflexions sur le commentaire de Wang Bi（226-249）au Livre des Mutations（Yijing）"易或变？关于王弼《周易注》的若干思考"，Alleton, Viviane; Volkov, Alexei, éds. *Notions et perceptions du changement en Chine：textes présentés au IXe Congrès de l'Association Européenne d'Études Chinoises*. Paris：Collège de France, Institut des Hautes Études Chinoises, 1994. xxvi, 267 p.（Mémoires de l'Institut des Hautes Études Chinoises, vol. 36）, pages 13-20.

11. Faure, Bernard, Le bouddhisme Chan entre l'écrit et l'oral "写与说之间的禅"，Alleton, Viviane, éd. *Paroles à dire, paroles à écrire：*

Inde, *Chine*, *Japon*. Paris: Editions de l'Ecole des hautes études en sciences sociales, 1997. 282 p. (Recherches d'histoire et de sciences sociales = Studies in history and the social sciences, 75), pages 115-138.

12. Gernet, Jacques, A propos des influences de la tradition confucéenne sur la société chinoise "儒家传统对中国社会的影响", Mizoguchi, Yuzō; Vandermeersch, Léon, éds. Confucianisme et sociétés asiatiques. Paris: L'Harmattan; Tokyo: Sophia University, 1991. 190 p., pages 29-37.

13. Gernet, Jacques, Sur la notion de changement en Chine "中国的变的观念", Alleton, Viviane; Volkov, Alexei, éds. *Notions et perceptions du changement en Chine: textes présentés au IXe Congrès de l'Association Européenne d'Études Chinoises.* Paris: Collège de France, Institut des Hautes Études Chinoises, 1994. xxvi, 267 p. (Mémoires de l'Institut des Hautes Éstudes Chinoises, vol. 36), pages 1-12.

14. Ghiglione, Anna, La causalité et l'abstraction dans la pensée chinoise ancienne: les métaphores de la causalité "古代中国思想中的偶然与抽象：偶然之隐喻", Le Blanc, Charles; Rocher, Alain, éds. Tradition et innovation en Chine et au Japon: regards sur l'histoire intellectuelle. Montréal: Les Presses de l'Université de Montréal; Cergy: Publications Orientalistes de France, 1996. xxxi, 342 p., pages 41-67.

15. Holzman, Donald, A propos de Confucius "关于孔子", Koch-Miramond, Lydie, et al. La Chine et les droits de l'homme. Paris: L'Harmattan, 1991. 270 p., 16 p. of plates., pages 35-36.

16. Lewis, Mark Edward, Les rites comme trame de l'histoire "作为历史脉络的礼仪", Alleton, Viviane; Volkov, Alexei, éds. Notions et perceptions du changement en Chine: textes présentés au IXe Congrès de l'Association Européenne d'Études Chinoises. Paris: Collège de France,

Institut des Hautes Études Chinoises, 1994. xxvi, 267 p.（Mémoires de l'Institut des Hautes Éstudes Chinoises, vol. 36）, pages 29-39.

法语论文（2000—2009）：

1. Billeter, Jean-François, Note sur l'étude de Zhuangzi en Chine 评中国庄子研究, T'oung Pao 95, nos. 1-3（2009）, pp.196-198.

2. Espesset, Grégoire, Les Directives secrètes du Saint Seigneur du Livre de la Grande paix et la préservation de l'unité 《太平经圣君秘旨》与"守一"之法, T'oung Pao 95, nos. 1-3（2009）, pp. 1-50.

3. Grazianni, Romain, Persuasion à la pointe de l'épée: l'imagination thérapeutique en action. Étude du chapitre 30 du Zhuangzi 'Shuo Jian' 说剑:《庄子说剑第三十》研究, Études chinoises 28（2009）, pp. 193-229.

4. Tao, Hanwei, Le taoïsme dans les romans de François Cheng [analyzes Taoism as a major theme in Cheng's novels Le dit de Tianyi and L'éternité n'est pas de trop] 论程抱一文学作品中的道家思想, Fu Jen Studies: Literature & Linguistics, no. 42（May 2009）, pp. 69-82.

5. Arrault, Alain, Bussotti, Michela, Statuettes religieuses et certificats de consécration en Chine du Sud（XVIIe-XXe siècle）17世纪—20世纪中国南方地区宗教雕像及仪式, Arts asiatiques 63（2008）, pp. 36-60.

6. Billioud, Sébastien, Thoraval, Joël, Anshen liming ou la dimension religieuse du confucianisme "安身立命"及儒家思想中的宗教元素, Perspectives chinoises, no. 3（2008）, pp. 96-116.

7. Crossley, Pamela Kyle, Noël, Sophie tr., Pluralité impériale et identités subjectives dans la Chine des Qing 中国清朝: 帝国的多民族状况与主观身份认同, Annales: Histoire, Sciences Sociales, no. 3（May-Jun

2008), pp. 597-621.

8. Formoso Bernard, Identité tai lue et résurgence de la culture bouddhique dans les Sipsong Panna du Yunnan (République populaire de Chine) 勐泐傣族及中国云南西双版纳地区佛教文化的重现, Aséanie, no. 21 (Jun 2008), pp. 147-174.

9. Ji, Zhe, Song, Gang tr., Éduquer par la musique. De l''Initiation des enfants à la musique classique' à la 'culture de soi' confucéenne des étudiants 音乐启蒙：从儿童的古典音乐启蒙到学生的儒家自我修养, Perspectives chinoises, no. 3 (2008), pp. 118-129.

10. Billioud, Sébastien, 'Confucianisme', 'tradition culturelle' et discours officiels dans la Chine des années 2000 21世纪中国的儒家学说、文化传统及官方对话, Perspectives chinoises, no. 3 (2007), pp. 53-68.

11. Billioud, Sébastien, Thoraval, Joël, Jiaohua: Le renouveau confucéen en Chine comme projet éducatif 教化：儒学作为教育计划在中国的复兴, Perspectives chinoises, no. 101 (2007), pp. 4-21.

12. Bujard, Marianne, Ju, Xi, Mémoire des temples, mémoire de pierre: aperçu de l'épigraphie religieuse de Pékin 寺庙的记忆，石的记忆：北京宗教铭文概述, Perspectives chinoises, no. 101 (2007), pp. 22-30.

13. Guo, Weiwei, La Logique mohiste: une traduction commentée du Canon mohiste 墨家学说：墨家经典译注, Études chinoises, 26 (2007), pp. 267-283.

14. Ji, Zhe, Mémoire reconstituée: les stratégies mnémoniques dans la reconstruction d'un monastère bouddhique [reconstruction of the Balin Chan Temple] 重塑记忆：在佛教寺院重建中的记忆策略（林禅寺的重建） Cahiers Internationaux de Sociologie, 122 (Jan-Jun 2007), pp. 145-164.

15. Wang-Toutain, Françoise, Une représentation sino-tibétaine du bodhisattva Ksitigarbha: Etude d'une illustration du 'Tétraglotte' conservé

au Musée Guimet 地藏王菩萨在中国和西藏的表现形式：集美博物馆藏画作《Tétraglotte》研究，Arts asiatiques，62（2007），pp. 140-145.

16. Wang, Frédéric, Yang Jian（1140—1226）et sa critique de la notion d'intention（yi）杨简（1140—1226）及其对"意"的评述，Études chinoises，26（2007），pp. 163-189.

17. Fava, Patrice, Billeter, Jean-François, Patrice Fava et Jean-François Billeterautour de Contre François Jullien 范华、毕来德驳于连，Études chinoises，25（2006），pp. 173-199.

18. Charleux, Isabelle, Copies de Bodhgayā en Asieorientale：les stupas de type Wuta à Pékin et Kökeqota（Mongolie-Intérieure）菩提伽耶在东亚：从北京五塔寺到呼和浩特五塔寺，Arts asiatiques，61（2006），pp. 120-142.

19. Le Mentec, Katiana, Barrage des Trois Gorges：les cultes et le patrimoine au cœur des enjeux：étude sur les vestiges culturels et la religion populaire locale dans le xian de Yunyang（municipalité de Chongqing）三峡大坝：宗教和重要遗产，重庆云阳县文化遗迹及地方宗教信仰研究，Perspectives chinoises，no. 94（Mar-Apr 2006），pp. 2-12.

20. Sigwalt, Patrick, Le rite funéraire Lingbao à travers le Wulianshengshijing（Ve siècle）通过《五炼生尸经》（5世纪）看灵宝葬礼，T'oung Pao，92，nos. 4-5（2006），pp. 325-372

21. Lü, Pengzhi, Sigwalt, Patrick, Les Textes du Lingbao-Ancien dans l'Histoire du Taoisme 道教史上的《古灵宝经》，T'oung Pao 91，nos. 1-3（2005），pp. 183-209.

22. Riboud, Pénélope, La diffusion des religions du monde iranien en Chine entre le VIe et le Xe siècle 6世纪—10世纪伊朗宗教在中国的传播，Études chinoises 24（2005），pp. 269-283.

23. Trombert, Eric, Dunhuang avant les manuscrits：conservation,

diffusion et confiscation du savoir dans la Chine médiévale〔conservation, diffusion and appropriation of learning in medieval China〕中世纪中国知识的记录、流传和习得, Études chinoises 24（2005）, pp. 11-55.

24. De la Vaissière, Étienne, Mani en Chine au VIe siècle 六世纪摩尼教在中国, Journal asiatique 293, no. 1（2005）, pp. 357-378.

25. Wang-Toutain, Françoise, Circulation du savoir entre la Chine, la Mongolie et le Tibet au XVIIIe siècle. Le prince mGon-poskyabs 18世纪中、蒙、藏之间的知识流动:以工布查布为例, Études chinoises 24（2005）, pp. 57-111.

26. Wang-Toutain, Françoise, Les cercueils du tombeau de l'empereur Qianlong 乾隆陵墓考, Arts asiatiques 60（2005）, pp. 62-84.

27. Despeux, Catherine, La gymnastique daoyin dans la Chine ancienne（gymnastics as a therapeutic means to maintain the vital principle）中国古代的体操导引术, Études chinoises 23（2004）, pp. 45-86.

28. Espesset, Grégoire, À vau-l'eau, à rebours ou l'ambivalence de la logique triadique dans l'idéologie du Taiping jing 放任与情执:《太平经》中的"三合相通"思想, Cahiers d'Extrême-Asie, 14（2004）, pp. 61-94

29. Kamenorovic, Ivan, À propos de l'Un et du Multiple dans les textes de Xunzi et d'Héraclite d'Ephèse 荀子及赫拉克勒特作品中的"一与多", Cahiers d'Extrême-Asie 14（2004）, pp. 55-60.

30. Kim, Stephanie Daeyeol, Poisson et dragon：symboles du véhicule entre l'ici-bas et l'au-delà 鱼与龙：从人世到冥间的载体符号, Cahiers d'Extrême-Asie, 14（2004）, pp. 269-290.

31. Lagerwey, John, Deux écrits taoïstes anciens 两部道家经典（《太上灵宝五符序》与《太上老君中经》）, Cahiers d'Extrême-Asie, 14（2004）, pp. 139-171.

32. Levi, Jean, Les Leçons sur Tchouang-tseu et les Études sur Tchouang-tseu de Jean-François Billeter〔review article〕庄子的智慧及毕来德的庄子研究, Études chinoises, 23（2004）, pp. 415-444.

33. Pastor, J. C., De l'esprit déterminé（chengxin）à l'infinitude（wuxian）: l'intuition taoïste est-elle intellectuelle? 由"成心"到"无限": 道家玄理有无智慧？Cahiers d'Extrême-Asie, 14（2004）, pp. 131-137.

34. Vandermeersch, Léon, De l'ideographie divinatoire à Confucius et Zhuangzi 从占卜表意文字到孔子和庄子, Cahiers d'Extrême-Asie, 14（2004）, pp. 43-53.

35. Gernet, Jacques, Logique du discours et logique combinatoire 话语逻辑与联合逻辑, Études chinoises, 22（2003）, pp. 19-46.

36. Allès, Elisabeth, L'enseignement confessionnel musulman en Chine 中国伊斯兰教的信仰教育, Perspectives chinoises, no.74（Nov-Dec 2002）, pp. 21-30.

37. Cauquelin, Josianne, Chamanes et papier découpés chez les Nung du Guangxi 广西侬族的萨满和剪纸文化, Péninsule, no. 44（2002）, pp. 127-142.

38. Destrebecq, Marie-Anne, Le symbolisme de la fleur de prunier dans la philosophie, la politique et l'esthétique chinoises des Song à nos jours 宋代至今梅花在中国哲学、政治和美学中的象征意义, Études chinoises 21, nos. 1-2（Spr-Fall 2002）, pp. 197-209.

39. Lacerda, Teresa, Images de l'autre: Japonais et Chinois vus par les jésuites 他者的画像: 耶稣会士眼中的日本人和中国人, Revue d'etudes japonaises, nos. 12-13（Fall-Spr 2002—2003）pp. 21-53.

40. Mathieu, Rémi, Connaissance du dao: Approche de l'épistémologie du Huainan zi 道家学说: 《淮南子》的认识论研究, Asiatische-

Studien 56, no. 1（2002）, pp. 49-92,

41. Thoraval, Joël, Expérienceconfucéenne et discours philosophique: réflexions sur quelques apories du néo-confucianisme contemporain 儒家经验与哲学对话：对当代新儒学疑惑的几点思考, Perspectives chinoises, no. 71（May-Jun 2002）, pp. 64-83.

42. Venture, Olivier, L'écriture et la communication avec les esprits en Chine ancienne 中国古代精神的书写和交流, Museum of Far Eastern Antiquities Bulletin, no. 74（2002）, pp. 34-65.

43. Daigle, Jean-Guy, Li, Shenwen, Notables et mandarins à Chongqing: la gestion de troubles de 1886 重庆名门及官员：1886年教案的处理, Études chinoises 20, nos. 1-2（Spr-Fall 2001）, pp. 85-126.

44. Diény, Jean-Pierre, Le saint ne rêve pas. De Zhuangzi à Michel Jouvet 圣人无眠：从庄子到米歇尔·朱维特, Étude schinoises 20, nos. 1-2（Spr-Fall 2001）, pp. 127-200.

45. Harbsmeier, Christoph, La rationalité dans l'histoire intellectuelle de la Chine 中国思想史的合理性, Études de Lettres, no. 3（2001）, pp. 127-151.

46. Jagou, Fabienne, La politique religieuse de la Chine au Tibet 中国西藏的宗教政策, Revue d'études comparatives est-ouest 32, no. 1（Mar 2001）, pp. 29-54.

47. Masson, Michel, Les rapports entre le Saint-Siège et la Chine: un dialogue non abouti 教廷与中国关系史：一场无成果的对话, Revue d'études comparatives est-ouest 32, no. 1（Mar 2001）, pp. 55-84.

48. Scharfstein, Ben-Ami, Relativisme et unicité 相对与唯一, Études de Lettres, no. 3（2001）, pp. 49-57.

49. Kuo, Liyin, Sur les apocryphes bouddhiques chinois 论中国佛教伪经, Bulletin de l'École Française d'Extrême-Orient 87, no. 2（2000）, pp.

677-705.

50. Lagerwey, John, Du caractère rationnel de la religion locale en Chine 中国本土宗教的合理之处, Bulletin de l'École Française d'Extrême-Orient 87, no. 1 (2000), pp. 301-315.

51. Lesbre, Emmanuelle, La conversion de Hārītī au Buddha: origine du thème iconographique et interprétations picturales chinoises 由诃利帝母到佛的转变: 中国肖像主题和绘画阐释的根源, Arts asiatiques, 55 (2000), pp. 98-119.

52. Verellen, Franciscus, Société et religion dans la Chine médiévale: le regard de Du Guangting (850-933) sur son époque 中古世纪中国的社会和宗教: 杜光庭(850-933)对时局的看法, Bulletin de l'École Française d'Extrême-Orient 87, no. 1 (2000), pp. 267-282.

53. Wang-Toutain, Françoise, Quand les maîtres chinois s'éveillent au bouddhisme tibétain: Fazun: le Xuanzang des temps modernes 中国大师初遇藏传佛教: 法尊——现代玄奘, Bulletin de l'École Française d'Extrême-Orient 87, no. 2 (2000), pp. 707-727.

（译者单位：法国巴黎高等社会科学研究院；北京外国语大学国际中国文化研究院）

《国际儒学研究通讯》征稿启事

为及时反映和沟通世界各国以儒学为核心的中国传统文化研究的基本状况、最新进展和动向，联络和介绍世界各国儒学研究机构、研究者的情况及活动，更好地为儒学在世界的研究与传播提供服务，国际儒学联合会与北京外国语大学联合创办了《国际儒学研究通讯》。《通讯》由北外中国海外汉学研究中心承办，以辑刊的形式出版，每年4期，涉及的领域包括儒学及与儒学相关的历史、哲学、文学等。

《通讯》目前设置的栏目有：

一、学术研究

以儒学为核心的中国传统文化研究的学术性论文或综述，包括对于整体研究状况和趋势的评论、对于最新理论和研究方法的讨论、对于重大问题及热点、难点问题的分析。

二、以儒学为核心的中国传统文化经典翻译

以儒家典籍为主体的中国传统文化经典翻译的介绍和述评。

三、以儒学为核心的中国传统文化研究学者及研究机构、儒学教育情况介绍对各国以儒学为核心的中国传统文化研究者、研究机构的成就及特点进行推介，对各国儒学教育进行报道。

四、学术动态

对世界范围内召开的儒学相关学术会议进行介绍；对各国学者主持的儒学研究项目进行追踪；对与儒学相关的最新研究成果进行评述；对知名学者、儒联成员、儒联各国分支机构重要活动进行报道。

五、儒学研究年度进展目录

按国家和地区编辑年度儒学研究著作、论文目录索引。

本辑刊反对一稿多投，来稿一律不退，请作者自留底稿，2个月内未接到采用通知，稿件请自行处理。来稿请附作者简介、工作单位、通讯地址及联系方式。本辑刊不收取版面费，来稿一经采用，即致酬。

来稿请寄：北京外国语大学国际中国文化研究院《国际儒学研究通讯》编辑部收

邮编：100089

电话：010-88818289

投稿邮箱：gjrxyjtx@163.com

《国际儒学研究通讯》撰稿体例

本辑刊鼓励撰稿人撰写中文稿件。中文研究性论文稿件的撰文体例如下：

一、论文或报告结构

论文基本内容应包括：题名、作者、摘要（中、英文）、关键词（中、英文）、正文、注释。

标题一般不超过3行。题注用星号（*）表示。

作者按署名顺序排列，姓前名后。作者非中国籍时，其中文名（或译名）后用括号附上其外文名（非西文的外文名要罗马化），名和姓的首字母大写。

中、英文摘要一般均不超过200字，应能概述全文内容（研究目的、过程、方法、结论）；不能含有参考文献；如用缩略语，应用括号加以说明。

中、英文关键词以3—8个为宜。英文关键词除专有名词大写外，全部小写；英文关键词之间用"，"分隔。

正文后附作（译）者单位，放在括号内。

插图、表格等均需按其在正文中被引用的先后顺序,用阿拉伯数字统一编号。

二、正文体例

1.正文中的各级标题采用三级标题,第一级用"一、""二、"……;第二级用"(一)""(二)""(三)"……,第三级用"1""2"……。第一级标题用宋体小四号字,加粗;第二级标题用宋体五号字,加粗;第三级用宋体五号字。

2.正文使用五号宋体字,单倍行距。

3.首次出现的非中国籍人名、非中文书名需在括号内标明原文,非中国籍人有通用的中文名者应以其中文名称谓。如:美国汉学家费正清的英文名是John King Fairbank;美国传教士丁韪良的英文名是W.A.P. Martin。非英文人名的翻译,应采用其固定的英文拼写方式,如日本作家大桥健三郎英文名为作Ohhashi Kenzaburou;俄罗斯汉学家比丘林英文名为Iakinf Bichurin。非中文书名,如黄仁宇的《万历十五年》,英文版书名是*1587, A Year of No Significance*。对于英文原著的作者,包括华裔作者,要使用原署名,不必加拼音。如黄仁宇的英文署名是Ray Huang。

4.非英语国家的地名,在提供原文名称的同时,应尽量查找相关的工具书进行翻译。

5.英文之外的外文文献,用该文献通行的拼写方式。如日文《東洋史研究》的表示法是Tōyōshikenkyū。非英文文献的出版机构,也要查找其拉丁化的拼写名称。如日本东洋文库的拼写规范是Toyobunko。

6.正文中的引文,若独立成段,请用五号楷体字,并且左右各缩进2字符。

7.正文中如有英、法、拉丁文等外文词句,保留外文词、句段,并在其后加括号附上中文译文。外文句段较长的,正文中使用中文译文,页下脚注附上外文原文。

三、注释体例

1.请用页下脚注［1］［2］［3］……，编号方式采取每页重新编号。

2.所涉参考书第一次出现时注明作者、出版地、出版社、出版时间和页码。

3.引用中国古典文献材料一般只须注明书名和篇名。注释方法如下：《论语·学而》。

4.引用现代汉语著作及文章或现代翻译的著作及文章，注释方法如下：

王瑶：《中古文学史论》，北京：北京大学出版社，1985年，第87页；

〔美〕格里德著，鲁奇译：《胡适与中国的文艺复兴》，南京：江苏人民出版社，1996年，第67页；

〔德〕海德格尔：《走向语言之途》，载《文化与艺术论坛》，香港：艺术潮流杂志社，1992年，第166页。

5.同一著作及文章的第二次出注，请省略出版社、出版年代、版本，只标注作者、书名或文章名以及页码，如：王瑶：《中古文学史论》，第88页。

6.引用外文著作与文章应保留原文书名、作者等内容。

如〔美〕爱德华·W.赛义德《东方学》注出：Edward W. Said, *Orientalism*. Random House, 1979, p.2, 即可。

〔美〕温迪·马丁：《安娜·布莱特斯惴特》（Wendy Martin, "Anne Bradstreet"），载艾默利·艾利特《文学传记词典·第24卷·北美殖民地作家1606—1734》（Emory Elliott, *Dictionary of Literary Biography*, Volume 24, *American Colonial Writers*, *1606-1734*. Gale Research Company, 1984, pp.29-30.）。

注意，英语原文书名请用斜体，如：*Orientalism*；文章名请用双引号，如："Anne Bradstreet"。引文跨两页以上者用双"p"，如：pp.29-30。

四、参考文献

本辑刊不设"参考文献",请把相关信息融入注解中。

《国际儒学研究通讯》编辑部

2016年3月

《国际儒学研究通讯》目录撰稿体例

《国际儒学研究通讯》设有"中国传统文化研究年度进展目录"栏目,按国家和地区编辑中国传统文化研究的著作、论文年度目录,其具体格式如下:

一、整理者序言

在正式目录前,整理者应对所整理目录进行简要的介绍,内容包括目录来源、范围、整理方法等。

二、目录语言

目录采用双语形式,以论著产生国的语言为主体。如果是著作,将著作名翻译成中文(全书已译成中文正式出版的,使用中文版译名;如果还未经出版,则由整理者译成中文),空一格附在原文名后面;如果是论文,将论文名翻译成中文(文章已经译成中文在国内期刊发表的,使用中文版译名;如果还未译成中文发表,则由整理者译成中文),空一格附在原文名后面,期刊名不必翻译。

三、目录字体与行距

西文采用calibri五号字,中文采用宋体五号字,单倍行距。

四、目录具体条目格式

1. 书籍:作者姓名(姓在前,名在后,中间用逗号隔开,空一格),

书名（斜体，空一格附中文译名），出版地，出版社，出版年。

例：Chan，AlanK.L.，*Mencius：contexts and interpretations* 孟子：语境和文本解释. Honolulu：University of Hawaii Press，2002.

2.专书论文：书籍中文译名（书籍作者姓名［姓在前，名在后，中间用逗号隔开］，书籍英文名［斜体］，出版地，出版社，出版年，总页数）。出自该书的文章或章节作者名（姓在前，名在后，中间用逗号隔开，空一格），文章或章节名（中文译名），章节页码。

例：出自《"道"的古典儒家哲学指南》（Shen，Vincent，ed.，*Dao companion to classical Confucian philosophy*，Dordrecht；New York：Springer，2014. vi，404p.）的论文如下：

1. Chan，Wing-cheuk，Philosophical thought of Mencius（孟子的哲学思想），pages 153-178.

2. Cua，Antonio S.，Early Confucian virtue ethics：the virtues of junzi（早期儒家的美德伦理学：君子的美德），pages 291-334.

3. 期刊论文：作者姓名（姓在前，名在后，中间用逗号隔开，空一格），论文名（空一格附中文译名），期刊名（斜体），刊次，页码。

例：Deeg，Max，From scholarly object to religious text-the story of the Lotus-su，train the West 从学术对象到宗教文本——《莲华经》故事在西方的传播，*Journal of Oriental Studies 22*（Aug 2012），pp. 133-153.

4. 论文集论文：作者姓名（姓在前，名在后，中间用逗号隔开，空一格），论文名（空一格附中文译名），论文集编者姓名，论文集名称（斜体，空一格附中文译名），出版地，出版社，出版年，论文所在页码。

例：Terjesen，Andrew，Is empathy the 'one thread' running through Confucianism? 移情是贯穿儒家思想的一个线索吗？Angle，Stephen C.，Slote，Michael，eds. *Virtue ethics and Confucianism* 美德伦理与儒家思想 New York；London：Routledge，2013，pp. 201-208.